Aumente o poder do seu cérebro

JOHN MEDINA

Aumente o poder do seu 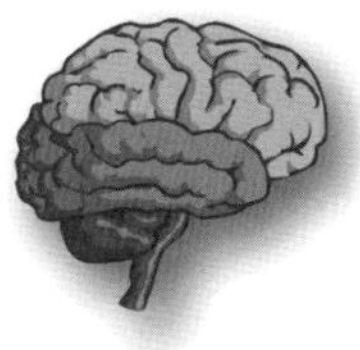 cérebro

SEXTANTE

Título original: *Brain Rules*

tradução
Ana Ban

preparo de originais
Valéria Prest

revisão
Ana Grillo, Cristhiane Ruiz e Rebeca Bolite

revisão das legendas do DVD
Alice Dias

adaptação do DVD
Bravo Estúdios

projeto gráfico e diagramação
DTPhoenix Editorial

capa
Miriam Lerner

impressão e acabamento
Bartira Gráfica e Editora S/A

CIP-BRASIL. CATALOGAÇÃO-NA-FONTE
SINDICATO NACIONAL DOS EDITORES DE LIVROS, RJ

M443a Medina, John
Aumente o poder do seu cérebro / John Medina [tradução Ana Ban]; Rio de Janeiro: Sextante, 2010.

Tradução de: Brain rules
ISBN 978-85-7542-586-2

1. Cérebro. 2. Neurociência cognitiva. I. Título.

CDD: 612.82
10-3214 CDU: 612.82

Rua Voluntários da Pátria, 45 - Gr. 1.404 - Botafogo
22270-000 - Rio de Janeiro - RJ
Tel.: (21) 2538-4100 - Fax: (21) 2286-9244
E-mail: atendimento@esextante.com.br
www.sextante.com.br

Para Joshua e Noah

Meus queridos meninos, obrigado por sempre me lembrarem de que a idade só é importante se formos um queijo.

Sumário

Introdução

Vamos lá, faça de cabeça o seguinte cálculo: 8.388.628 x 2. Você é capaz de dar a resposta em poucos segundos? Existe um menino que consegue multiplicar esse número por dois *24 vezes* seguidas num piscar de olhos. Há outro garoto que sabe dizer a hora exata do dia a qualquer momento, até mesmo quando está dormindo. E uma menina que determina com precisão as dimensões de qualquer objeto a 6m de distância. Sem falar em uma garotinha que, aos 6 anos, criava desenhos tão realistas e impressionantes que foi presenteada com a exposição de seus trabalhos em uma galeria da Madison Avenue, em Nova York. No entanto, nenhuma dessas crianças aprendeu a amarrar o sapato. Aliás, nenhuma delas tem Q.I. acima de 50.

O cérebro é algo fascinante.

Talvez o seu cérebro não seja assim tão peculiar, mas não é menos extraordinário. Com certeza o sistema de transferência de informação mais sofisticado da Terra, esse órgão consegue extrair sentido de todos os rabisquinhos pretos que você está vendo nesta folha branca. E com a maior perfeição. Para realizar esse milagre, ele envia impulsos elétricos que passam chispando por centenas de quilômetros de cabos compostos de células cerebrais tão pequenas que milhares delas caberiam no ponto no final desta frase. Fazemos tudo isso em menos tempo do que levamos para piscar. Aliás, foi o que você acabou de fazer. Também é incrível constatar que, apesar de mantermos uma relação muito íntima com o cérebro, não temos a mais vaga ideia de como ele funciona.

Isso acarreta consequências estranhas. Tentamos falar ao celular e dirigir ao mesmo tempo, apesar de ser impossível para o cérebro executar simultaneamente várias tarefas que exigem atenção. Criamos alto nível de estresse nos ambientes de trabalho, embora isso reduza a produtividade do cérebro. As escolas, por sua vez, operam de um modo que faz com que quase todo o verdadeiro aprendizado ocorra em casa. Isso até seria engraçado se não fosse tão prejudicial. Em grande parte, esse problema acontece porque os neurocientistas raramente conversam com professores, especialistas em educação, pedagogos, executivos e presidentes de empresas. A não ser que as pessoas leiam publicações na área de neurociências, elas ficam sem saber de nada.

Este livro tem o objetivo de levar esse conhecimento até você.

As 12 Regras do Cérebro

Minha intenção é apresentar 12 questões relacionadas ao funcionamento do cérebro. Essas questões eu chamo de Regras do Cérebro. Vou falar sobre os dados científicos que fundamentam cada uma delas e oferecer sugestões para investigar como podem ser aplicadas ao dia a dia, principalmente no ambiente de trabalho e na escola. O cérebro é complexo, por isso abordo somente informações básicas sobre cada assunto – além de não serem muito abrangentes, elas são fáceis de entender. O DVD Regras do Cérebro, incluído neste livro, e o site *www.brainrules.net* (em inglês) são partes do projeto. Você pode usar o DVD como introdução e depois ler o livro. Veja uma amostra das ideias que encontrará:

- Para começar, não estamos acostumados a ficar sentados diante de uma mesa durante oito horas por dia. Na perspectiva evolucionista, o cérebro se desenvolveu enquanto fazíamos exercícios – caminhávamos quase 20km por dia. Esse órgão continua a ansiar por esse tipo de experiência, sobretudo quando se trata de um grupo sedentário. É por isso que a atividade física aumenta o poder do cérebro (Regra nº 1) quando passa a ser feita por quem não está habituado a se exercitar. As pessoas que fazem exercícios superam aquelas que se entregam ao sofá. Elas apresentam um desempenho melhor em termos de memória de longo prazo, raciocínio, atenção e tarefas de resolução de problemas. Tenho certeza de que integrar exercícios à nossa jornada de oito horas de trabalho e ao dia escolar seria algo inteiramente natural.
- Caso você já tenha realizado uma apresentação para uma plateia, deve ter reparado que as pessoas não prestam atenção em coisas chatas (Re-

gra nº 4). Temos segundos para capturar a atenção de quem está ali e só conseguimos mantê-la por meros 10 minutos. Aos nove minutos e 59 segundos, precisamos fazer algo para renovar o interesse do público e zerar o relógio – e deve ser alguma coisa pertinente ao tema e que desperte emoções. Além disso, o cérebro precisa de uma folga. É por isso que, neste livro, conto histórias para exemplificar muitas das minhas opiniões.

- Você já se sentiu cansado lá pelas três horas da tarde? Isso acontece porque o cérebro está precisando de uma soneca. Talvez a sua produtividade aumente se você tirar um cochilo. Um estudo mostrou que uma dormidinha de 26 minutos foi capaz de melhorar o desempenho de pilotos da NASA em 34%. E a privação de sono à noite afeta a agilidade mental no dia seguinte. Durma bem, pense bem (Regra nº 7).
- Vou apresentar um homem que consegue ler duas páginas de livro ao mesmo tempo - uma com cada olho - e se recorda para sempre do que leu. A maioria de nós, porém, tende muito mais a se esquecer do que a se recordar das coisas, é claro. E é por isso que precisamos repetir para nos lembrar (Regra nº 5). Quando você compreender as regras do cérebro relativas à memória, verá por que pretendo destruir o conceito do dever de casa.
- Você também descobrirá por que as crianças de 2 anos, que de tão ativas parecem rebeldes, na verdade só estão manifestando a forte necessidade que sentem de explorar. Embora os bebês não tenham muitos conhecimentos sobre o mundo, eles sabem muito bem como obtê-lo. Somos grandes exploradores naturais (Regra nº 12), e esse impulso nunca nos abandona, apesar dos ambientes artificiais que construímos para nós mesmos.

Nada de receitas

As ideias que apresento no final de cada capítulo não são receitas. Meu objetivo com elas é chamar a atenção para a necessidade de fazermos experiências na vida real. Isso tem a ver com a atividade profissional que desenvolvo. Minha especialidade de pesquisa é a base molecular dos distúrbios psiquiátricos, no entanto o meu verdadeiro interesse é tentar compreender a fascinante distância que existe entre os genes e o comportamento. Durante a maior parte da minha vida, trabalhei como consultor de empresas privadas, sou um verdadeiro entusiasta de projetos de pesquisa que precisam de um biólogo molecular especializado em desenvolvimento. Tive o privilégio de observar uma série de iniciativas de pesquisa que envolvem cromossomos e função mental.

Nessas jornadas, de vez em quando eu esbarrava em artigos e livros que faziam afirmações surpreendentes, com base em "avanços recentes" nas pesquisas do cérebro, sobre como mudar a forma de ensinar as pessoas e fazer negócios. Eu entrava em pânico, imaginando se os autores haviam lido um material que estivesse fora da tela do meu radar. Falo vários dialetos das neurociências, e não conhecia nada naqueles universos que fosse capaz de ditar práticas melhores para a educação e as atividades profissionais. Na verdade, se compreendêssemos inteiramente como o cérebro humano sabe pegar um copo d'água, isso representaria uma grande conquista.

Não há necessidade de entrar em pânico. Podemos atrair de modo responsável qualquer olhar céptico afirmando que as pesquisas sobre o cérebro são capazes de nos dizer, sem erro, como nos tornar melhores professores, pais, líderes profissionais ou alunos. Este livro convida à pesquisa porque não sei o suficiente para dar receitas. Ele é uma tentativa de nos vacinar contra mitos, como o "efeito Mozart", a influência dos hemisférios esquerdo e direito do cérebro na definição da personalidade e a ideia de que nossos filhos conseguirão ingressar em excelentes universidades se os colocarmos para ouvir gravações de línguas estrangeiras enquanto ainda estiverem no útero.

De volta à selva

O que sabemos sobre o cérebro nos é transmitido por biólogos que estudam os tecidos desse órgão; por especialistas em psicologia experimental, que pesquisam o comportamento; por neurocientistas cognitivos, que investigam como esses dois objetos de estudo se relacionam; e por biólogos evolucionistas. Apesar de termos pouquíssimas informações a respeito do funcionamento do cérebro, o histórico da evolução humana nos diz o seguinte: esse órgão parece ter sido projetado para resolver problemas relacionados à sobrevivência em um ambiente externo instável e para atuar em movimento quase constante. Chamo isso de *envelope de desempenho** do cérebro.

* *N. do E.*: O autor faz uma referência à expressão *performance envelope* (envelope de voo), uma representação gráfica empregada na aviação para mostrar as linhas-limite que definem as condições de operação normal de determinada aeronave em termos de velocidade, altitude, aceleração, peso, carga e temperatura, entre outros fatores.

Cada um dos temas deste livro – atividade física, sobrevivência, conexões, atenção, memórias de curto e longo prazos, sono, estresse, integração sensorial, visão, diferenças entre os sexos e exploração – está relacionado a esse envelope de desempenho. Movimento corresponde a exercício. A instabilidade ambiental foi o que tornou possível ao cérebro fazer as suas conexões de modo extremamente flexível, nos permitindo solucionar problemas por meio da exploração. Aprender com os nossos erros para que conseguíssemos sobreviver na natureza implicava prestar atenção em determinadas coisas, e não em outras, e também criar memórias específicas. Embora passemos décadas com o cérebro enfurnado em salas de aula e em outros ambientes fechados, ele foi feito para sobreviver em selvas e savanas. Nós ainda não deixamos isso para trás.

Embora eu seja um cara bacana, sou um pesquisador rabugento. Para que um estudo esteja presente neste livro, ele precisou passar por um teste que algumas pessoas na Boeing Company (empresa para a qual prestei consultoria) chamam de FMR, ou Fator Medina de Rabugice. Isso significa que a pesquisa que embasa cada um dos tópicos que defendo foram primeiramente veiculadas em publicações científicas com a revisão de especialistas e, depois, repetidas com sucesso. Muitos desses estudos foram realizados dezenas de vezes. (Para facilitar a leitura o máximo possível, não inseri todas as referências neste livro, mas elas estão disponíveis em inglês no site *www.brainrules.net*.)

Vistas em seu conjunto, o que essas pesquisas mostram? Principalmente o seguinte: se quiséssemos criar um espaço educacional oposto àquele que pode fazer o cérebro aprender o máximo possível, inventaríamos algo parecido com uma sala de aula comum. Se desejássemos criar um ambiente profissional oposto àquele que pode fazer o cérebro produzir o máximo possível, construiríamos algo parecido com uma sala de trabalho comum. E, se *quisermos* mudar as coisas, talvez tenhamos que destruir tudo e começar de novo.

Em muitos aspectos, este livro é sobre começar de novo.

Atividade física

Regra nº 1

Os exercícios aumentam o poder do cérebro

Se as câmeras de TV não tivessem gravado as cenas e se os repórteres não tivessem feito todo aquele alvoroço com transmissões ao vivo, provavelmente ninguém acreditaria na história que vou contar.

Um homem foi algemado e jogado na água no porto de Long Beach, na Califórnia, e rapidamente amarrado a um cabo flutuante. A outra ponta do cabo foi presa a 70 barcos que estavam lá se agitando nas águas, cada um deles carregando uma pessoa. Lutando contra fortes ventos e correntes, o homem começou a se deslocar, puxando os 70 barcos (e passageiros) atrás de si, movendo-se por 2,4km até a ponte Queen's Way. Aquele cidadão, Jack LaLanne, estava comemorando o seu aniversário de 70 anos.

Nascido em 1914, LaLanne já foi chamado de padrinho do movimento *fitness* americano e apresentou na TV um dos programas de ginástica que ficaram mais tempo no ar nos Estados Unidos. Inventor prolífico, ele projetou os primeiros aparelhos de extensão de pernas, os primeiros *pulleys* com cabos e os primeiros seletores de peso – todos esses equipamentos básicos em qualquer academia atualmente. Ele até recebeu o crédito por inventar um exercício que leva o seu nome, o Jumping Jack (polichinelo). LaLanne hoje está com 96 anos, e essas façanhas nem são o aspecto mais interessante da história desse célebre fisiculturista.

Se você tiver a oportunidade de ouvi-lo em uma entrevista, perceberá que o que se destaca não é a potência dos seus músculos, e sim a força da sua *mente*. LaLanne é mentalmente ágil, bem mais do que o comum. Seu senso de humor é ao mesmo tempo rápido como um raio e de improviso. "Digo às pessoas que não posso me dar ao luxo de morrer. Vai estragar a minha imagem!", afirmou ele em um talk show. É comum LaLanne olhar para a câmera e dar bronca: "Por que eu sou tão forte? Você sabe quantas calorias há na manteiga, no queijo e no sorvete? Você acordaria o seu cachorro de manhã para lhe dar uma xícara de café e um biscoito?" Ele garante que não come sobremesa desde 1929. E possui o alto nível de energia, as opiniões fortes e o vigor intelectual de um atleta na casa dos 20 anos.

Então, não é difícil perguntar: "Será que existe uma relação entre exercícios físicos e agilidade mental?" A resposta é sim.

Os mais fortes sobrevivem

Uma boa parte da história da evolução humana continua envolta em controvérsias, porém há pelo menos um fato com que todos os paleantropologistas do planeta concordam. Ele pode ser resumido em três palavras:

Nós nos *movimentávamos*.

E muito. Quando as florestas que nos forneciam seus abundantes recursos começaram a se reduzir, extinguindo a oferta de alimento local, fomos forçados a caminhar de um lado para outro em um cenário cada vez mais seco em busca de árvores que nos oferecessem algo para comer. Acontece que essas fontes de alimento acabaram desaparecendo por completo. Assim, deixamos de nos deslocar para cima e para baixo nos complexos ambientes com árvores, em três dimensões, o que exigia muita habilidade, e passamos a caminhar para a frente e para trás em savanas áridas, em duas dimensões, e isso demandava muita energia.

"De 10 a 20km por dia para os homens", diz o antropólogo Richard Wrangham, "e cerca da metade no caso das mulheres." Essa é a extensão que os pesquisadores estimam que percorríamos *todos os dias* naquela época. Portanto, o nosso cérebro refinado não se desenvolveu enquanto descansávamos, e sim enquanto nos exercitávamos.

O primeiro maratonista da nossa espécie foi um predador muito mau chamado *Homo erectus*. Assim que a sua família se desenvolveu, há cerca de 2 milhões de anos, ele começou a se afastar de casa. Nosso ancestral direto, o *Homo sapiens*, fez a mesma coisa rapidamente - teve origem na África há 100 mil anos e chegou à Argentina há 12 mil anos. Pesquisadores sugerem que a extensão que percorríamos aumentava em assombrosos 40km por ano.

Essa é uma façanha impressionante, considerando a natureza do mundo que os nossos ancestrais habitavam. Eles atravessavam rios e desertos, selvas e cadeias de montanhas, tudo sem a ajuda de mapas e, na maior parte do tempo, sem ferramentas. Acabaram fabricando barcos que enfrentavam o oceano, e sem contar com as facilidades proporcionadas pela roda e pela metalurgia. Depois, singraram o Pacífico de cima a baixo contando apenas com habilidades básicas de navegação. Pelo caminho iam encontrando novas fontes de alimento, novos predadores, novos perigos físicos. E era comum se ferirem, terem doenças estranhas e dar à luz e criar crianças – tudo isso sem o benefício de manuais e da medicina moderna.

Considerando a nossa relativa fragilidade no mundo animal (nem sequer temos pelos corporais suficientes para sobreviver a uma noite muito fria), esses dados revelam que, ou nos desenvolvíamos em ótima forma física ou nem chegávamos a crescer. E também nos dizem que o cérebro humano se transformou no mais potente do mundo sob condições em que o movimento estava sempre presente.

Se as nossas habilidades cognitivas peculiares foram moldadas na fornalha da atividade física, será que os exercícios ainda têm influência sobre elas? Será que as capacidades cognitivas de uma pessoa com bom condicionamento físico são diferentes das de alguém que está mal nesse aspecto? E se um indivíduo em má forma se esforçar e adquirir condicionamento físico? Essas questões podem ser testadas de maneira científica. As respostas estão diretamente relacionadas àquilo que permite que Jack LaLanne continue sendo capaz de fazer piada sobre comer sobremesa. E com mais de 90 anos.

Será que você vai envelhecer como Jim ou como Frank?

Os efeitos benéficos da atividade física sobre o cérebro foram descobertos por meio da observação de grupos de idosos. Fiquei sabendo disso por causa de um cidadão comum chamado Jim e de um homem famoso chamado Frank. Conheci os dois enquanto assistia à televisão. Um documentário sobre casas de repouso americanas mostrava pessoas em cadeiras de rodas - muitas delas estavam com cerca de 90 anos. Ocupando os corredores de um lugar mal iluminado, ficavam sentadas ali sem fazer nada, aparentemente à espera da morte. Um desses idosos era Jim. Seu olhar parecia vago, melancólico, sem alegria. Ele podia começar a gritar a qualquer momento, mas, em vez disso, passara os últimos anos de vida olhando para o nada. Mudei de canal. Foi quando vi o então jovem repórter Mike Wallace. Ele estava entrevistando o arquiteto Frank Lloyd Wright, que na época tinha quase 90 anos. Eu estava prestes a ouvir uma entrevista fascinante.

- Quando entro na Catedral de St. Patrick (...) aqui em Nova York, sou envolvido por uma sensação de reverência - disse Wallace enquanto batia a cinza do cigarro. Aquele senhor olhou fixamente para o jornalista e perguntou:

- Tem certeza de que não é complexo de inferioridade?

- Só porque a construção é grande e eu sou pequeno? É isso que o senhor está dizendo?

- É.

- Acho que não.

- Espero que não.

- O senhor não sente nada quando entra na St. Patrick?

- Arrependimento. - Wright respondeu de chofre. - Porque a catedral não representa o espírito de independência e a soberania do indivíduo do modo como ele deveria ser simbolizado nos edifícios dedicados à cultura.

Fiquei impressionado com a agilidade da resposta de Wright. Em poucas frases, já dava para perceber a clareza de sua mente, sua visão inabalável e sua disposição de pensar de maneira diferente. O resto da entrevista foi igualmente emocionante, assim como toda a sua vida. Ele terminou o projeto do Museu Guggenheim, sua última obra, em 1957, quando estava com 90 anos.

Mas também fiquei surpreso com outra coisa. Enquanto me encantava com as respostas de Wright, me lembrei de Jim, da casa de repouso. *Ele tinha a mesma idade de Wright.* Aliás, esse era o caso da maior parte dos internos daquele asilo. De repente, percebi que estava diante de duas formas distintas de envelhecer. Jim e Frank tinham vivido praticamente o mesmo tempo. Mas uma das mentes havia se apagado quase por completo, enquanto a outra permanecia incandescente. Qual seria a diferença no processo de envelhecimento desses dois indivíduos? A resposta a essa pergunta envolve uma questão que há tempos intriga os pesquisadores. Não é de hoje que os cientistas sabem que algumas pessoas envelhecem com energia e vigor, mantendo-se produtivas até bem depois dos 80 ou 90 anos, enquanto outras parecem se despedaçar ao longo do processo e, com frequência, nem chegam aos 70 anos. Tentativas de explicar essas desigualdades propiciaram muitas descobertas importantes, que agrupei como respostas a seis perguntas.

1. *Existe algum fator que indique se o envelhecimento de uma pessoa ocorrerá em boas condições ou não?*

Essa foi sempre uma pergunta difícil. Os pesquisadores identificaram muitas variáveis, da natureza à forma de criação, que contribuem para a nossa capacidade de envelhecer em boas condições. É por isso que a comunidade científica recebeu tanto com aplausos quanto com desconfiança um grupo de estudiosos que descobriu uma influência ambiental fortíssima. E esse resultado deve ter provocado um grande sorriso no rosto de Jack LaLanne. Eles concluíram que um dos fatores que mais pesam na previsão de que o envelhecimento ocorrerá com boa qualidade de vida é a presença ou ausência do sedentarismo. Para simplificar: se você é aquele tipo de pessoa que fica deitadona no sofá, é mais provável que envelheça como Jim, isso se chegar aos 80 anos. Por outro lado, se o seu estilo de vida é ativo, é provável que atravesse o tempo como Frank Lloyd Wright e talvez até ultrapasse os 90 anos.

O principal motivo dessa diferença parecia ser o fato de que os exercícios físicos melhoram a saúde cardiovascular, o que, por sua vez, reduz o risco de problemas como ataque cardíaco e acidente vascular cerebral (AVC). Mas os pesquisadores ficaram se perguntando por que as pessoas que envelheciam em boas condições também pareciam ter mais agilidade mental. Isso suscitou uma pergunta óbvia que você verá a seguir.

2. Será que a mente dessas pessoas é ágil mesmo?

Foram aplicados aos participantes das pesquisas praticamente todos os testes mentais possíveis. Qualquer que fosse o método usado para a avaliação, a resposta era sempre positiva. A prática de exercícios durante toda a vida pode resultar em uma melhora do desempenho cognitivo, que às vezes é surpreendente quando comparada aos resultados obtidos por indivíduos sedentários. Pessoas que fazem atividades físicas se saem melhor do que as que se entregam ao sofá. É o que indicam os testes que avaliam a memória de longo prazo, o raciocínio, a atenção, a aptidão para solucionar problemas e até mesmo o desempenho nas chamadas tarefas de inteligência fluida. Essas atividades aferem a capacidade de raciocinar rápido e de pensar de maneira abstrata usando dados conhecidos para resolver um problema novo. Essencialmente, os exercícios aprimoram uma série de habilidades valorizadas nos ambientes de ensino e de trabalho.

Nem todas as armas do arsenal cognitivo podem ser aperfeiçoadas com a atividade física. Habilidades de memória de curto prazo, por exemplo, e alguns tipos de tempo de reação parecem não estar vinculados aos exercícios. E, embora quase todo mundo apresente progressos, o grau do benefício varia bastante entre as pessoas. A questão é que esses dados, por mais contundentes que fossem, mostravam apenas uma associação entre os fatos, e não que a prática da atividade física causava efetivamente uma melhora nas habilidades cognitivas. Para descobrir se havia uma ligação direta entre as duas coisas, foi necessário realizar um conjunto de experiências mais aprofundadas. Os pesquisadores tiveram que fazer a pergunta que você verá a seguir.

3. Dá para transformar um Jim em um Frank?

Os pesquisadores reuniram um grupo de pessoas que se rendiam ao sofá, mediram a sua capacidade cerebral, pediram-lhes que fizessem uma atividade física durante determinado período e voltaram a examinar sua capacidade cerebral. Em todos os casos, descobriram que, quando os indivíduos sedentários dão início a um programa de exercícios aeróbicos, todos os tipos de habilidades mentais começam a entrar nos eixos de novo. Resultados positivos foram observados depois de apenas quatro meses de treinamento. Isso também aconteceu com crianças em idade escolar. Em um estudo, os alunos foram orientados a correr por meia hora duas ou três vezes por semana. Após 12 semanas, o seu desempenho cognitivo apresentou progressos significativos em comparação com os níveis anteriores à experiência. Quando o programa de exercícios foi suspenso, as taxas despencaram, retornando aos níveis originais. Os pesquisadores haviam identificado uma associação direta. Dentro de certo limite, de fato parece que a atividade física pode transformar um Jim em um Frank ou, pelo menos, fazer com que um Jim se torne uma versão mentalmente mais ágil de si mesmo.

À medida que os efeitos dos exercícios sobre a cognição foram se tornando cada vez mais evidentes, os pesquisadores começaram a refinar as suas perguntas. Uma das mais importantes – e que está entre as cruciais para a turma que aprecia o sofá – era: para que esses benefícios sejam obtidos, que tipo de exercício é necessário fazer e em que quantidade? Tenho tanto boas quanto más notícias.

4. Qual é a má notícia?

É surpreendente, mas, depois de anos de pesquisas com grupos de pessoas mais velhas, a resposta à questão da quantidade ideal de exercícios é: *moderada*. Se a única coisa que você faz é caminhar várias vezes por semana, o seu cérebro já está sendo beneficiado. Até mesmo os sedentários que são irrequietos obtêm mais efeitos positivos do que as pessoas menos agitadas. O corpo parece clamar pelo retorno às suas raízes de hiperatividade nas planícies do Serengeti, na África. Qualquer sinal na direção desse passado, por menor que seja, é saudado com vivas cognitivos. Nas experiências em laboratório, a indicação ideal parece ser o exercício aeróbico em sessões de 30 minutos, duas ou três vezes por semana. E a inclusão de um programa de fortalecimento muscular promove ainda mais benefícios.

É claro que os resultados individuais variam, e ninguém deve dar início a um treinamento rigoroso sem consultar previamente um médico. Exercícios em excesso, assim como a exaustão, podem prejudicar a capacidade cognitiva. Os dados mostram apenas que devemos praticar uma atividade física. Os exercícios fazem bem para o cérebro – é o que nos dizem milhões de anos de caminhadas em terras remotas. E a extensão desses benefícios foi o que surpreendeu quem buscava a resposta para a próxima pergunta.

5. Os exercícios são capazes de tratar distúrbios cerebrais?

Levando em conta o expressivo efeito dos exercícios sobre o desempenho cognitivo típico, os pesquisadores quiseram saber se eles poderiam ser usados para tratar o desempenho atípico. Por exemplo, dariam resultado no caso de doenças como a demência relacionada à idade e o seu primo mais pesquisado, o mal de Alzheimer? E quanto aos distúrbios afetivos, como a depressão? Os cientistas examinaram tanto a prevenção quanto a intervenção. Com experiências reproduzidas em todo o mundo, que envolveram milhares de pessoas, em geral estudadas durante décadas, as conclusões são categóricas. O risco de ter demência geral ao longo da vida cai pela metade para quem pratica atividades físicas em suas horas livres. O exercício aeróbico parece ser o segredo. No caso do mal de Alzheimer, o benefício é ainda maior: esse tipo de exercício diminui em mais de 60% a probabilidade de ocorrência dessa doença.

Mas quanto exercício é necessário fazer? Também nesse caso, a quantidade moderada é mais proveitosa. Os pesquisadores mostraram que basta praticar uma modalidade qualquer de exercício duas vezes por semana para se obter o benefício. Intensificando o programa para uma caminhada de 20 minutos todos os dias, cai em 57% o risco de ocorrência de AVC – uma das principais causas de deficiências mentais nos idosos.

O principal responsável por estimular essa linha de questionamento foi o Dr. Steven Blair. Sua tese seminal sobre boa forma e mortalidade se destaca como exemplo marcante de como realizar trabalhos com integridade nesse campo. O rigor de suas descobertas inspirou outros pesquisadores. Eles perguntaram: em vez de usar os exercícios apenas como prevenção, que tal empregá-los também como intervenção para tratar distúrbios mentais, como depressão e ansiedade?

E isso se revelou uma boa linha de questionamento. Um número cada vez maior de estudos sugere que a atividade física pode afetar profundamente o desenvolvimento de ambas as doenças. Acreditamos que isso ocorre porque o exercício regula a liberação dos três neurotransmissores mais associados à manutenção da saúde mental: serotonina, dopamina e norepinefrina. Embora a atividade física não possa substituir o tratamento psiquiátrico, o seu efeito sobre o humor é tão marcante que muitos psiquiatras começaram a adicionar um programa de exercícios à terapia regular. Mas, em uma das experiências com indivíduos deprimidos, atividades físicas intensas foram de fato usadas para substituir os remédios antidepressivos. Até mesmo quando comparados ao controle dos distúrbios por meio de medicação, os resultados do tratamento foram surpreendentes por seu nível de sucesso. Os exercícios proporcionam benefícios imediatos e a longo prazo tanto para a depressão quanto para a ansiedade. São igualmente eficientes para homens e mulheres. Além disso, quanto maior a duração do programa de treinamento, maiores são os seus efeitos. Os exercícios são muito úteis em casos graves e para pessoas mais velhas.

A maior parte dos dados que estou mencionando diz respeito a estudos com grupos de idosos. E isso nos leva à sexta pergunta.

6. As bênçãos cognitivas do exercício são apenas para as pessoas mais velhas?

Quando descemos na escala da idade, os efeitos da atividade física sobre a cognição ficam menos claros. A principal explicação para isso é que ainda não foi feito um número significativo de estudos com grupos mais jovens. Apenas há pouco tempo a ciência começou a se voltar para esse segmento. Uma das melhores pesquisas nesse sentido envolveu mais de 10 mil funcionários públicos britânicos com idade entre 35 e 55 anos para examinar o hábito de praticar exercícios, que foi classificado em três graus: baixo, médio e alto. Aqueles que tinham um nível baixo de atividade física estavam mais propensos a apresentar um desempenho cognitivo fraco. A inteligência fluida, do tipo que exige habilidades de improviso para solucionar problemas, era a mais afetada pelo estilo de vida sedentário. Estudos realizados em outros países confirmaram a descoberta.

Enquanto o número de estudos com grupos de meia-idade é pequeno, a quantidade de pesquisas sobre os efeitos da prática de exercícios por crianças é absolutamente microscópica. Apesar de ainda serem necessárias muitas investigações nessa área, os dados apontam na mesma direção, embora isso talvez aconteça por razões diferentes.

A Dra. Antronette Yancey, cientista que estuda os efeitos da atividade física em mentes em desenvolvimento, diz que a sua descoberta nesse campo é idêntica à de outros pesquisadores: os exercícios são benéficos para as crianças. Aquelas que se encontram em boa forma física identificam estímulos visuais com muito mais rapidez do que as sedentárias - parece que se concentram melhor. Estudos de ativação cerebral mostram que crianças e adolescentes bem condicionados fisicamente destinam mais recursos cognitivos a uma tarefa e fazem isso por períodos mais extensos.

"As crianças prestam mais atenção em um assunto depois de um período de atividade", diz Yancey. "Elas têm menos probabilidade de se comportar mal na sala de aula quando são ativas, pois se sentem melhor consigo mesmas e a sua autoestima é elevada. Além disso, sofrem menos de depressão e de ansiedade, distúrbios que podem atrapalhar o desempenho acadêmico e a atenção."

É claro que há uma série de ingredientes na receita do rendimento escolar. Identificar os componentes mais importantes – sobretudo quando desejamos obter melhoras – é muito difícil. Saber se o exercício é um desses itens é ainda mais complicado. Mas essas constatações preliminares mostram que temos todos os motivos para ser otimistas em relação aos resultados a longo prazo.

Os exercícios constroem novas "estradas" em nosso corpo

No nível molecular, o motivo que torna os exercícios tão bons para o cérebro pode ser explicado pelas pessoas que participam de concursos para ver quem come mais. A Federação Internacional da Alimentação Competitiva representa indivíduos que marcam o tempo para ver quanto conseguem comer em determinado evento. Seu brasão traz o slogan (não estou inventando) *In Voro Veritas*, que significa literalmente: "Em devorar está a verdade."

Assim como em qualquer organização esportiva, os competidores que participam dessas disputas têm seus heróis. O atual rei dos glutões é Takeru Kobayashi, mais conhecido como "Tsunami". Ele já recebeu diversos prêmios por seu desempenho nesses eventos, como o da competição de almôndegas vegetarianas (83 almôndegas engolidas em oito minutos) e o de hambúrguer (97 em oito minutos). Kobayashi já foi também campeão mundial na atividade de comer salsichas. Uma das poucas vezes que perdeu foi para um urso-pardo de quase 500kg. Em 2003, a Fox transmitiu o especial *Homem X animal*, e o poderoso Kobayashi consumiu apenas 31 salsichas em comparação com o urso-pardo, que devorou 50 - tudo isso em cerca de dois minutos e meio. Kobayashi perdeu a coroa da salsicha em 2007 para Joey Chestnut, que traçou 66 salsichas em 12 minutos (o Tsunami conseguiu ingerir somente 63).

Mas não quero falar de velocidade. Vou tratar do que se passa com todas essas salsichas depois que elas deslizam pela garganta do Tsunami. Como ocorre com qualquer um de nós, o corpo desse glutão usa os dentes, o ácido estomacal e os intestinos em formato de minhoca para desmembrar a comida e, se for necessário, para reconfigurá-la.

Isso acontece basicamente por um único motivo: transformar os alimentos em glicose, um tipo de açúcar que é uma das fontes de energia preferidas do corpo. A glicose e outros produtos metabólicos são absorvidos na corrente sanguínea por meio do intestino delgado. Os nutrientes se deslocam para todas as partes do corpo, onde são depositados nas células que formam os diversos tecidos do organismo. As células agarram esse combustível como se fossem tubarões desesperados para comer. Substâncias químicas das células dilaceram com furor a estrutura molecular da glicose para extrair a sua energia açucarada. Isso se dá de forma tão violenta que os átomos são literalmente retalhados.

Como em qualquer processo de manufatura, essa atividade tão intensa gera uma grande quantidade de lixo tóxico. No caso da comida, essa sujeira consiste em uma pilha asquerosa de fragmentos de elétrons excedentes que são extraídos dos átomos nas moléculas de glicose. Se nada for feito, esses elétrons se chocam com outras moléculas dentro da célula, transformando-as em uma das substâncias mais tóxicas conhecidas da humanidade - os radicais livres. Quando não são capturados com rapidez, eles instalam o caos dentro da célula e, de maneira cumulativa, no resto do corpo. Esses elétrons são capazes, por exemplo, de causar mutações no nosso próprio DNA.

O que nos impede de morrer de overdose de elétrons é o fato de inspirarmos oxigênio, cuja principal função é atuar como um eficiente conjunto de esponjas de absorção de elétrons. Ao mesmo tempo que o sangue carrega nutrientes para os tecidos, ele também leva as esponjas de oxigênio. Os elétrons em excesso são absorvidos pelo oxigênio e, depois de um pouco de alquimia molecular, transformam-se em dióxido de carbono, que é igualmente nocivo, mas que agora pode ser transportado. O sangue é conduzido de volta aos pulmões, onde o dióxido de carbono sai da corrente sanguínea e é eliminado do organismo pela expiração. Então, tanto faz se comemos para competir ou de maneira normal, o ar rico em oxigênio que inspiramos não deixa que os alimentos ingeridos nos matem.

Transportar nutrientes até os tecidos e levar até a porta de saída os elétrons tóxicos são, evidentemente, questões de deslocamento, ou de acesso. É por isso que o sangue tem que alcançar todos os pontos dentro do corpo. Como ele tem a função dupla de garçom e de exterminador daquelas toxinas, qualquer tecido que não o receba em quantidade suficiente pode morrer de fome – incluindo o cérebro. Isso é importante porque o apetite de energia desse órgão é voraz. O cérebro representa apenas 2% do peso corporal da maior parte das pessoas e, no entanto, é responsável por cerca de 20% do uso de energia total do nosso organismo – cerca de 10 vezes mais do que seria de esperar. Quando esse órgão está funcionando em sua capacidade máxima, ele consome mais energia por unidade de peso de tecido do que o quadríceps em atividade máxima. Aliás, o cérebro humano não é capaz de ativar simultaneamente mais de 2% dos neurônios. Caso ele ultrapasse essa marca, o fornecimento de glicose acabará tão rápido que poderemos desmaiar.

Se estiver passando pela sua cabeça que o cérebro precisa de muita glicose – e, com isso, gera muito lixo tóxico –, você acertou na mosca. Isso significa que esse órgão requer muito sangue com uma grande quantidade de oxigênio. Quanto lixo ele é capaz de gerar em apenas alguns minutos? Considere os seguintes números: os três elementos fundamentais para a vida humana são alimento, água e ar fresco. No entanto, quando se trata dos efeitos que a sua ausência acarreta à sobrevivência, eles seguem prazos diferentes. Somos capazes de viver cerca de 30 dias sem comida e conseguimos passar quase uma semana sem beber líquido. Mas o cérebro é tão ativo que não pode ficar sem oxigênio mais do que cinco minutos sem correr o risco de sofrer danos graves e permanentes. Os elétrons tóxicos se acumulam em quantidades excessivas porque o sangue não consegue distribuir esponjas de oxigênio em número suficiente. Até mesmo em um cérebro saudável, o sistema de acesso do sangue pode ser melhorado. É nesse ponto que entram os exercícios. Isso me faz lembrar de uma ideia aparentemente banal que mudou a história da humanidade.

O homem que teve essa ideia se chamava John Loudon McAdam. Engenheiro escocês que viveu na Inglaterra no início do século XIX, ele percebeu a dificuldade que as pessoas tinham de transportar bens e suprimentos em estradas de terra esburacadas, quase sempre enlameadas e que, muitas vezes, ficavam intransitáveis. Sua maravilhosa solução foi elevar o nível das estradas com camadas de pedras e britas. Isso permitiu imediatamente que as vias ficassem mais estáveis, com menos lama e menos propensas a se encharcar. À medida que os condados foram implantando esse sistema, hoje chamado de macadamização, aconteceu algo surpreendente. As pessoas obtiveram acesso mais rápido e confiável aos bens e serviços umas das outras. Estradas vicinais se multiplicaram, e logo regiões interioranas estavam ligadas a áreas remotas através de artérias em boas condições de tráfego. O comércio cresceu. As pessoas se tornaram mais ricas. Modificando o modo como as coisas se moviam, McAdam transformou a maneira como os indivíduos viviam. O que isso tem a ver com os exercícios físicos? O objetivo central daquele engenheiro não era aprimorar os bens e serviços, e sim melhorar o *acesso* a eles. Você pode fazer a mesma coisa pelo seu cérebro aumentando a quantidade de estradas em seu corpo – isto é, o número de vasos sanguíneos – por meio da atividade física. Os exercícios não nos suprem de nutrientes e oxigênio. O que eles fazem é fornecer ao corpo mais *acessos* a esses recursos. E é fácil entender como isso funciona.

Quando você se exercita, há um aumento no fluxo de sangue nos tecidos do corpo. Isso acontece porque a atividade física estimula os vasos a formar uma molécula poderosa, que regula o fluxo sanguínco, chamada óxido nítrico. À medida que a circulação melhora, o corpo cria novos vasos sanguíneos, que penetram cada vez mais fundo nos tecidos. Isso permite mais acesso aos bens e serviços da corrente sanguínea, que incluem distribuição de nutrientes e eliminação de toxinas. Quanto mais você se exercita, mais tecidos o sangue pode nutrir e mais lixo tóxico consegue remover. Esse processo se dá em todo o corpo. É por isso que os exercícios aprimoram o desempenho da maior parte das funções orgânicas. Eles estabilizam as estruturas de transporte existentes e adicionam outras, exatamente como as estradas de McAdam. Em pouco tempo, você já está mais saudável.

O mesmo se verifica no cérebro humano. Estudos com imagens mostraram que a atividade física aumenta o volume de sangue em uma parte desse órgão chamada giro dentado. Isso é muito importante. O giro dentado é uma região vital do hipocampo, área profundamente envolvida na formação de memórias. Essa intensificação do fluxo sanguíneo, que pode resultar do surgimento de novos vasos capilares, permite que as equipes de nutrição e eliminação de lixo tóxico do sangue tenham acesso a um número maior de células cerebrais.

Descobriu-se outro efeito específico dos exercícios sobre o cérebro que não tem tanto a ver com estradas, e sim com fertilizantes. No nível molecular, estudos iniciais indicam que a atividade física estimula também um dos fatores de crescimento mais potentes do cérebro, o BDNF,* que ajuda no desenvolvimento de tecidos saudáveis. O efeito que o BDNF exerce sobre determinados neurônios se parece com o de um fertilizante. A proteína mantém os neurônios jovens e saudáveis, fazendo com que fiquem muito mais dispostos a se interconectar. Também estimula a neurogênese, isto é, a formação de novas células no cérebro. As células mais sensíveis a isso estão no hipocampo, dentro das regiões mais profundamente envolvidas na cognição. A atividade física aumenta o nível de BDNF disponível no interior dessas células. Quanto mais você se exercita, mais fertilizante cria – é o que acontece com as cobaias de laboratório. Hoje existem indicações de que esse processo também ocorre com os seres humanos.

Somos capazes de recuperar o condicionamento físico

Todas as evidências apontam em uma direção: os exercícios são o carro-chefe da cognição. Somos capazes de promover um amplo recondicionamento físico da nossa espécie. Para isso, basta nos exercitarmos. Quando pensamos em grandes casos de superação, nos vêm à mente atletas como o ciclista americano Lance Armstrong, que, depois de se curar do câncer, venceu o Tour de France sete vezes consecutivas (de 1999 a 2005). Uma das

* *N. do E.*: De *brain derived neurotrophic factor* (fator neurotrófico derivado do cérebro).

maiores histórias desse tipo, porém, ocorreu muitos anos antes, em 1949, com Ben Hogan, lendário jogador de golfe americano.

Hogan era implicante a ponto de ser antipático. Certa vez, disse brincando a respeito de um desafiante: "Se fosse possível atarraxar outra cabeça em cima dos ombros dele, teria sido o maior jogador de golfe da história." Seu temperamento rude ressaltava sua firme determinação. Ele venceu o PGA (torneio internacional de golfe) em 1946 e em 1948, ano em que também ganhou o título de Jogador do Ano desse evento. Tudo isso terminou de maneira abrupta com um acidente de carro. Em uma noite nublada do inverno de 1949 no Texas, o automóvel em que Hogan e a sua mulher estavam foi atingido de frente por um ônibus. Hogan fraturou todos os ossos importantes para a prática do golfe: clavícula, pelve, tornozelo e costela. Além disso, havia em seu corpo coágulos que podiam pôr fim à sua vida. Os médicos disseram que ele talvez nunca mais voltasse a caminhar, muito menos a jogar golfe.

Ignorando todos os prognósticos, Hogan retornou aos gramados um ano após o acidente e venceu o U.S. Open. Três anos depois, jogou uma das melhores temporadas individuais do golfe profissional. Saiu vitorioso de cinco dos seis torneios em que se inscreveu, incluindo os três campeonatos mais importantes do ano (façanha hoje conhecida como Hogan Slam). Ao comentar a sua volta triunfal, ele falou com o sarcasmo de sempre: "As pessoas vivem me dizendo o que eu não posso fazer." Ele se aposentou em 1971.

Quando penso nos efeitos dos exercícios sobre a cognição e no que podemos tentar fazer para retomar os seus benefícios, me lembro desses casos de superação. A civilização, ao mesmo tempo que nos proporciona avanços tão benéficos quanto a medicina moderna, também tem o seu lado negativo. Ela nos deu mais oportunidades de ficar sentados sem fazer nada. Seja em um ambiente de ensino, seja no local de trabalho, vamos deixando gradualmente de nos exercitar como os nossos ancestrais. E o resultado disso é igual ao de um acidente de trânsito.

Lembre-se de que, no contexto da evolução da espécie, os nossos ancestrais caminhavam quase 20km *por dia*. Isso mostra que o cérebro humano teve o suporte de um corpo de compleição olímpica durante a maior parte do nosso histórico evolutivo. Não tínhamos o hábito de passar oito horas seguidas sentados em uma sala de aula nem diante de uma mesa de trabalho. Se ficássemos paradões lá no Serengeti por oito horas – por oito *minutos*! –, acabaríamos virando o almoço de alguém. Não tivemos milhões de anos para nos adaptar ao estilo de vida sedentário que levamos hoje em dia. Isso mostra que precisamos nos recondicionar. Sair da inércia é o primeiro passo. Com certeza, praticar exercícios durante o tempo que ficamos no trabalho ou na escola não vai nos tornar *mais inteligentes*. Só vai nos deixar *normais*.

Ideias

Não há dúvida de que estamos em meio a uma epidemia de obesidade, mas não vou me estender sobre esse assunto aqui. Os benefícios dos exercícios parecem quase infinitos porque o seu impacto é abrangente, uma vez que afeta a maior parte dos sistemas fisiológicos. Por exemplo, a atividade física fortalece os músculos e os ossos, além de aumentar a força e o equilíbrio. Ajuda a regular o apetite, altera os níveis de lipídios no sangue, reduz o risco de ocorrência de mais de 10 tipos de câncer, protege contra os efeitos nocivos do estresse (veja o Capítulo 8) e contribui para o bom funcionamento do sistema imunológico, ou imunitário. Ao melhorar o sistema cardiovascular, os exercícios diminuem a probabilidade de doença cardíaca, AVC e diabetes. Quando agregamos esses resultados aos efeitos intelectuais que a atividade física parece proporcionar, temos nas mãos o recurso mais parecido com uma pílula mágica para favorecer a saúde humana que a medicina moderna pode nos oferecer. Deve haver meios de atrelar esses benefícios ao mundo prático da educação e do trabalho.

Exercícios duas vezes por dia

Nos Estados Unidos, como as crianças dependem cada vez mais de boas notas para permanecer na escola, muitas instituições de ensino estão acabando com a educação física e o recreio. Levando em conta os efeitos cognitivos benéficos da atividade física, isso não faz sentido. Veja a seguir o relato da Dra. Antronette Yancey sobre uma experiência nessa área.

"Ao reduzirem o tempo de matérias acadêmicas e o destinarem a aulas de educação física (...), eles descobriram que, de maneira geral, isso não atrapalhava o desempenho das crianças nos testes acadêmicos. (...) Quando professores treinados eram responsáveis pela educação física, as crianças acabavam obtendo resultados melhores em linguagem, em leitura e na bateria básica de provas."

Eliminar os exercícios – a atividade que mais parece favorecer o desempenho cognitivo – para conseguir melhores resultados em provas é o mesmo que parar de comer para tentar engordar. E o que aconteceria se as escolas inserissem a atividade física no currículo regular até mesmo duas vezes por dia? E, se depois de submetidas a avaliações médicas, as crianças passassem de 20 a 30 minutos toda manhã fazendo exercícios aeróbicos e, à tarde, de 20 a 30 minutos realizando treinamento de força? A maior parte dos grupos estudados acredita que essa prática pode gerar benefícios se adotada apenas duas ou três vezes por semana. Se funcionasse, poderia ser o ponto de partida para outras ideias. Talvez até promovesse uma total reformulação do conceito do uniforme escolar. Qual seria o novo modelo? Apenas roupas de ginástica, usadas durante todo o dia.

Esteiras nas salas de aula e no local de trabalho

Está lembrado da experiência com crianças que melhoraram o seu desempenho cognitivo depois que passaram a fazer exercício aeróbico e cujas notas nas provas caíram depois que o programa foi suspenso? Segundo os pesquisadores, esse resultado indicou que o nível de condicionamento físico não é tão importante quanto o aumento contínuo do fornecimento de oxigênio ao cérebro (caso contrário, a melhora da acuidade mental não teria desaparecido com tanta rapidez). Por isso eles fizeram outro teste. Descobriram que oxigênio suplementar ministrado a jovens adultos saudáveis que não se exercitavam garantia um progresso cognitivo similar.

Isso suscita uma ideia interessante que pode ser testada em sala de aula (não se preocupe, não se trata de dopar estudantes com oxigênio para que eles tirem notas mais altas). A sugestão é: e se as crianças assistissem às aulas andando em esteiras em vez de ficarem sentadas em suas carteiras? Os alunos poderiam ouvir as lições de matemática enquanto caminhassem 1,5 a 3km por hora ou estudar inglês em uma esteira adaptada para acomodar um tampo. O uso desse tipo de equipamento na classe pode proporcionar os benefícios do aumento natural do fornecimento de oxigênio e, ao mesmo tempo, garantir todas as outras vantagens do exercício regular. Será que uma medida como essa, aplicada durante o ano letivo, poderia transformar o desempenho acadêmico? Até que neurocientistas e pesquisadores da área educacional se unam para mostrar os resultados dessa experiência na vida real, a resposta é: ninguém sabe.

A mesma ideia poderia ser aplicada no local de trabalho com a instalação de esteiras nas empresas e o incentivo para que os funcionários se exercitassem em intervalos pela manhã e à tarde. Reuniões de diretoria poderiam se realizar com as pessoas caminhando 3km por hora. Será que isso melhoraria a resolução dos problemas? Será que alteraria as taxas de criatividade ou as modificaria da mesma maneira que acontece nas experiências em laboratório?

Embora a ideia de encaixar a atividade física no horário de trabalho possa parecer estranha, não é difícil aplicá-la. Instalei uma esteira na minha sala e agora faço intervalos regulares que não são dedicados ao cafezinho, e sim aos exercícios. Mandei construir um pequeno suporte ao qual o meu laptop se adapta, para que eu possa escrever e-mails enquanto caminho. No começo, foi difícil me acostumar a uma atividade híbrida tão estranha. Demorei surpreendentes 15 minutos para conseguir digitar direito enquanto andava a cerca de 3km por hora.

Não sou o único que pensa desse jeito. A Boeing, por exemplo, está começando a levar o exercício a sério em seus programas de treinamento de liderança. Equipes de resolução de problemas costumavam trabalhar até tarde da noite. Agora, as pessoas devem terminar tudo durante o dia para que tenham tempo de se exercitar e dormir. Com isso, um número maior de equipes está alcançando os seus objetivos de desempenho. A vice-presidente de liderança da Boeing também colocou uma esteira em sua sala e diz que o exercício esvazia a mente e a ajuda a se concentrar. Altos executivos da companhia estão pensando em como integrar a atividade física ao expediente.

Na perspectiva dos negócios, há dois motivos muito interessantes para que ideias tão radicais quanto essa sejam implementadas no local de trabalho. Os gestores empresariais já sabem que, se os funcionários se exercitassem regularmente, haveria uma diminuição dos custos com assistência médica. E não há dúvida de que cortar pela metade o risco de alguém sofrer de doenças terríveis, como o mal de Alzheimer, é também uma contribuição maravilhosa do ponto de vista humanitário. Além disso, a atividade física pode incrementar a força intelectual de uma organização. Colaboradores em boa forma física são mais capazes de mobilizar o seu Q. I. do que os sedentários. Para empresas cuja competitividade depende da potência intelectual criativa, uma iniciativa desse gênero pode corresponder à vantagem estratégica. Nas experiências em laboratório, a prática regular de exercícios aprimora – às vezes de maneira acentuada – a capacidade de resolução de problemas, a inteligência fluida e até a memória. Será que isso daria certo no trabalho? Que tipo de atividade física deve ser praticada e com que frequência? Isso é algo que vale a pena investigar.

Resumo

Regra nº 1

Os exercícios aumentam o poder do cérebro

- O cérebro foi feito para que caminhássemos 20km por dia!
- Para melhorar a capacidade de pensar, temos que nos *mexer.*
- Os exercícios levam sangue para o cérebro, transportando até ele a glicose, que se transforma em energia e oxigênio para absorver os elétrons tóxicos excedentes. E também estimulam a proteína, que mantém os neurônios conectados.
- Duas sessões de exercício aeróbico por semana bastam para reduzirmos à metade o risco de demência generalizada e em 60% a probabilidade de ocorrência do mal de Alzheimer.

Sobrevivência

Regra nº 2

O cérebro também evoluiu

Quando estava com 4 anos, meu filho Noah pegou um galho de árvore no quintal e me mostrou.

- Que galho legal você arranjou, querido! - eu disse.

Ele respondeu, todo sério:

- Não é um galho. É uma espada! Mãos ao alto!

E eu levantei os braços. Nós dois rimos. Ainda me lembro dessa breve interação com ele por um simples motivo: quando entrei em casa, percebi que Noah tinha acabado de exibir quase todas as habilidades de raciocínio que um ser humano possui e que demoraram milhões de anos para ser produzidas. E ele fez isso em menos de dois segundos.

É um trabalho pesado para alguém de 4 anos. Outros animais também têm habilidades cognitivas importantes, mas existe algo de diferente do ponto de vista qualitativo na maneira como os seres humanos pensam nas coisas. A jornada que nos levou das árvores para a savana nos proporcionou elementos estruturais que nenhuma outra criatura possui – e maneiras únicas de usar os elementos que compartilhamos. Como e por que o nosso cérebro evoluiu dessa maneira?

Lembre-se do envelope do desempenho: o cérebro parece ter sido projetado (1) para resolver problemas (2) relacionados à sobrevivência (3) em um ambiente externo instável e (4) para atuar em movimento quase constante. Esse órgão se adaptou dessa forma por mera estratégia de sobrevivência, isto é, para nos ajudar a viver o suficiente para transmitir os nossos genes à próxima geração. É verdade, tudo acaba em sexo. Os ecossistemas são impiedosos, esmagam a vida com a mesma facilidade que a preservam. Pesquisadores estimam que 99,99% de todas as espécies que já viveram estão extintas hoje. Nosso corpo - incluindo o cérebro, é claro - acolheu todas as adaptações genéticas que contribuíram para a nossa sobrevivência. Esse fato, além de estabelecer a base das Regras do Cérebro, explica como conquistamos o mundo.

Existem duas maneiras de vencer a crueldade do ambiente: ficar mais forte ou ficar mais inteligente. Nós escolhemos a segunda alternativa. Parece improvável que uma espécie tão fraca do ponto de vista físico conseguisse dominar o planeta aumentando o número de neurônios no cérebro e não a quantidade de músculos no corpo. Mas foi o que fizemos, e há pesquisadores que se empenharam muito na tentativa de descobrir como isso aconteceu. É o caso de Judy DeLoache, da Universidade da Virgínia, que estudou a fundo essa questão. O tema da sua pesquisa é a inteligência humana. Ela se interessa sobretudo pela maneira como a nossa cognição se distingue do modo como os outros animais entendem os seus respectivos mundos.

Uma de suas maiores contribuições foi identificar a característica humana que de fato nos diferencia dos gorilas: a capacidade de usar o raciocínio simbólico. Foi o que o meu filho fez quando empunhou um galho como se fosse uma espada. Quando vemos uma figura geométrica de quatro lados, não nos limitamos a identificá-la apenas como um losango. Temos também facilidade para imaginá-la como um balão. O nosso cérebro é capaz de considerar um objeto simbólico como algo real por si só e, ao mesmo tempo, como a representação de outra coisa. Talvez até de *outras coisas*. DeLoache chama isso de teoria representacional dual. Em termos formais, ela corresponde à nossa habilidade de atribuir a determinadas coisas características e significados que, na verdade, não fazem parte delas. De modo informal, isso quer dizer que inventamos coisas que não existem. É a capacidade de fantasiar que nos distingue como seres humanos.

Desenhe uma linha vertical na sua mão. Ela tem que continuar sendo uma linha vertical? Não, se você souber lhe atribuir uma característica que ela não apresenta de modo intrínseco. Vá em frente, faça um traço horizontal embaixo dela. Agora você tem o número "1". Coloque um pingo em cima. Pronto, ela se tornou a letra "i". Uma linha não precisa corresponder a uma linha. Ela pode ter qualquer sentido que você queira. O significado pode ser vinculado a um símbolo simplesmente porque não é forçado a se ligar a mais nada. A única coisa que você deve fazer é garantir que todas as pessoas estejam de acordo em relação ao significado do símbolo.

Somos tão bons em fazer representações duais que juntamos símbolos para fabricar uma série de significados. Isso nos capacita a ter a linguagem e também a escrevê-la. Além disso, nos proporciona a habilidade de pensar matematicamente e, ainda, de criar arte. Associações de círculos e quadrados se transformam em geometria e em pinturas cubistas. Combinações de pontos e rabiscos se tornam música e poesia. Existe uma linha intelectual ininterrupta entre o raciocínio simbólico e a capacidade de produzir cultura. E nenhum outro tipo de criatura consegue fazer isso.

Quando nascemos, essa capacidade ainda não está formada por completo. DeLoache conseguiu mostrar isso com muita segurança em uma experiência com meninas de 3 anos e de 2 anos e meio. Em seu laboratório, uma garotinha brincava com uma casa de boneca. A sala ao lado era idêntica à sala da casa de boneca, porém, é claro, no tamanho natural. DeLoache colocava um cãozinho de plástico embaixo do sofá da casa de boneca e, depois, incentivava a menina a ir até a sala "grande" e encontrar uma versão do cachorro em tamanho normal. O que a criança fazia? As que tinham 3 anos, iam para a sala grande, olhavam imediatamente embaixo do sofá e achavam o cão verdadeiro. Mas as de 2 anos e meio não faziam ideia de onde procurá-lo. Ainda não raciocinavam de maneira simbólica e, assim, não vinculavam a sala de brinquedo àquele espaço real. Um número considerável de estudos revela que o raciocínio simbólico, essa característica humana tão importante, só se torna funcional após quase três anos de experiência. Parece que não somos muito diferentes dos macacos antes de ultrapassarmos a terrível idade dos 2 anos.

Característica útil

O raciocínio simbólico se revelou um recurso versátil. Nossos ancestrais remotos não cairiam sempre no mesmo poço de areia movediça se conseguissem avisar os outros da localização daquele perigo ou, melhor ainda, se aprendessem a colocar sinais de alerta. As palavras e a linguagem nos permitiram obter muito conhecimento sobre a nossa situação de vida sem que precisássemos sempre experimentar suas duras lições diretamente. Desse modo, faz sentido termos preservado o raciocínio simbólico depois que o cérebro o desenvolveu. Por ser um tecido biológico, esse órgão segue as regras da biologia. E não existe regra mais importante nessa área do que a evolução por meio da seleção natural: aqueles que conseguem alimento sobrevivem, aqueles que sobrevivem fazem sexo e aqueles que fazem sexo transmitem suas características para a geração seguinte. No entanto, por quais estágios passamos até chegarmos ao ponto em que estamos? Como traçar o desenvolvimento do cérebro, que pesa em torno de 1,4kg?

Talvez você se lembre daqueles antigos cartazes que mostravam a evolução da raça humana como uma série linear de criaturas cada vez mais avançadas. Tenho um desses na minha sala de trabalho. O primeiro desenho é o de um chimpanzé; o último, o de um executivo da década de 1970. Entre eles vemos uma estranha mistura de criaturas variadas, com nomes como homem de Pequim e australopiteco. Há dois problemas com esses cartazes. Em primeiro lugar, quase tudo neles está errado. Em segundo lugar, ninguém sabe na verdade como corrigir essas falhas. Um dos principais motivos para a nossa falta de conhecimento é o fato de existirem pouquíssimas provas físicas. A maior parte dos fósseis dos nossos ancestrais caberia em uma garagem e ainda sobraria lugar para uma bicicleta e um cortador de grama. As provas de DNA ajudam, e existem fortes razões para acreditar que viemos da África em algum momento entre 7 e 10 milhões de anos atrás. Praticamente tudo o que se diz além disso é contestado em algum lugar por algum profissional rabugento.

Compreender o nosso progresso intelectual tem sido igualmente difícil. A maior parte dele foi mapeada com base na melhor prova disponível: a fabricação de ferramentas. Essa não é a forma mais acurada de se fazer isso e, ainda que fosse, os registros não impressionam. Durante os primeiros milhões de anos da nossa existência, quase sempre usávamos pedras para bater nas coisas. Os pesquisadores, talvez na tentativa de resgatar um pouco da nossa dignidade, chamaram essas pedras de "machados de mão". Um milhão de anos depois, o nosso progresso ainda estava longe de ser sensacional. Continuávamos a utilizar os machados de mão, porém começamos a batê-los contra outras pedras, deixando-os mais pontudos. Foi quando passamos a ter instrumentos mais afiados.

Embora não fosse muito, era o suficiente para que começássemos a nos distanciar do nosso útero no leste da África e, de fato, de qualquer outro nicho ecológico. As coisas foram ficando mais impressionantes - da descoberta do fogo ao cozimento da comida. Por fim, acabamos migrando para longe da África em ondas sucessivas. Os primeiros ancestrais diretos do *Homo sapiens* fizeram essa jornada há 100 mil anos. Até que há 40 mil anos algo incrível aconteceu. Parece que de uma hora para outra passamos a fazer pinturas e esculturas, criando arte e joias refinadas. Ninguém sabe o que desencadeou mudanças tão abruptas. E elas foram profundas. Trinta e sete mil anos depois, estávamos construindo as pirâmides. Cinco mil anos mais tarde, produzíamos combustível de foguete.

Mas o que nos fez dar início à nossa jornada? Será que a fase de progresso pode ser explicada pelo surgimento da capacidade de representação dual? A resposta está envolta em controvérsias, no entanto a explicação mais simples é, de longe, a mais clara. Parece que as nossas maiores conquistas tiveram a ver principalmente com uma desagradável mudança climática.

Novas regras de sobrevivência

A maior parte da pré-história humana se deu em climas como o das florestas da América do Sul: quente e úmido, daquele tipo que impõe uma indiscutível necessidade de ar condicionado. E era confortavelmente previsível. Mas a situação mudou. Pesquisadores estimam que houve nada menos do que 17 eras do gelo ao longo dos últimos 40 milhões de anos. Algo parecido com aquele clima original e sufocante de milhões de anos atrás agora só existe em poucos lugares, como as florestas tropicais da Amazônia e da África. Colunas de gelo retiradas da Groenlândia indicam que um calor insuportável foi dando lugar a um frio terrível. Há apenas 100 mil anos, podíamos ter nascido em um ambiente quase ártico. Contudo, poucas décadas depois, já estaríamos tirando as nossas tangas para nos bronzear ao sol da savana.

É evidente que uma instabilidade climática desse tipo teria forte efeito sobre qualquer ser vivo forçado a suportá-la. A maioria deles não foi capaz de aguentar. As regras de sobrevivência estavam mudando, e uma nova classe de criaturas começaria a preencher o vácuo criado com o crescente desaparecimento de outros seres. Essa foi a crise que os nossos ancestrais enfrentaram à medida que os trópicos do leste e do norte da África foram se transformando em planícies secas e empoeiradas. A transição não foi imediata, mas inexorável, e esse processo provavelmente se iniciou há 10 milhões de anos. Alguns pesquisadores culpam a cadeia do Himalaia, que, por ter alcançado uma altura tão significativa, chegou a modificar as correntes atmosféricas globais. Para outros, o motivo da mudança foi o aparecimento repentino do istmo do Panamá, que interferiu na composição das correntes dos oceanos Pacífico e Atlântico e alterou os padrões do clima global, assim como o El Niño faz hoje.

Seja qual for a razão, as mudanças foram intensas o bastante para afetar o clima em todo o mundo, inclusive no nosso berço africano. Mas não foram assim tão abruptas nem tão sutis – o fenômeno é chamado de efeito Goldilocks. Se as mudanças tivessem sido repentinas demais, a violência climática teria matado os nossos ancestrais de imediato, e eu não teria escrito este livro para você. Caso tivessem sido muito lentas, talvez não houvesse motivo para desenvolvermos o nosso talento para o simbolismo e, mais uma vez, nada de livro. Em vez disso, as condições foram perfeitamente adequadas. A mudança foi suficiente para sacudir aquelas árvores confortáveis e nos fazer saltar dos galhos, porém não tão brutal a ponto de nos matar quando atingimos o solo.

Mas chegar ao chão foi só o início do trabalho árduo. De cara, descobrimos que o nosso novo lar tinha dono. Os moradores locais já haviam se apoderado das fontes de alimento, e a maior parte deles era mais forte e mais rápida do que nós. No chão da savana, e não mais encarapitados em árvores, fomos apresentados, sem rodeios, à ideia de "superfície plana". É constrangedor pensar que começamos a nossa jornada evolutiva em uma planície desconhecida com a mensagem "Pode me devorar, sou presa" colada no nosso traseiro ancestral.

O conhecimento e a capacidade de improvisar

Você pode estar desconfiado de que a probabilidade de que sobrevivêssemos era mínima. E está certo. Acredita-se que no grupo inicial dos nossos ancestrais não houvesse mais do que 2 mil indivíduos. Há quem pense que talvez fossem apenas algumas centenas de integrantes. Então, como foi que passamos de uma população pequena e tão frágil a uma força humana de quase 7 bilhões de representantes e que não para de crescer? De acordo com Richard Potts, diretor do Programa de Origens Humanas do Museu Nacional de História Natural do complexo Smithsonian, só existe um modo de isso ter ocorrido: abrindo mão da estabilidade. Não é possível tentar lutar contra as mudanças. É necessário deixar de querer manter a regularidade dentro de determinado hábitat, porque ela não é opção. É preciso se adaptar à variação.

Foi uma estratégia brilhante. Em vez de aprendermos a sobreviver em apenas um ou dois nichos ecológicos, dominamos todo o planeta. Aqueles que não tinham capacidade para solucionar novos problemas com rapidez nem para aprender com os próprios erros não sobreviviam para transmitir os seus genes. O resultado dessa evolução foi que não nos tornamos mais fortes, e sim mais inteligentes. Descobrimos como criar dentes caninos não na boca, mas na cabeça. E essa se revelou uma estratégia muito sábia.

Seguimos em frente e conquistamos os pequenos vales do leste da África. Depois disso, nos apoderamos do mundo.

Para Potts, a teoria de que evoluímos graças à nossa capacidade de responder às variações do ambiente é uma tentativa de explicar por que os nossos ancestrais foram ficando cada vez mais avessos à falta de flexibilidade e à burrice. Pouca coisa nos registros fósseis serve para esclarecer como foi a progressão exata – outro motivo de controvérsias inflamadas –, porém todos os pesquisadores aceitam dois pontos. Um deles é o bipedalismo, isto é, a capacidade que desenvolvemos de nos locomover sobre os dois pés. O outro tem a ver com o crescimento da nossa cabeça.

Essa teoria defende alguns pontos bem simples sobre o aprendizado humano. Um deles é que há interação entre duas características muito importantes do cérebro: um banco de dados em que armazenamos conhecimentos e a nossa capacidade de improvisar com base nessa fonte. O primeiro aspecto nos permite saber quando cometemos erros, enquanto o segundo nos dá a oportunidade de aprender com eles. Ambos nos proporcionam a capacidade de adicionar novas informações sob condições que se modificam com rapidez. E os dois são relevantes para a maneira como projetamos salas de aula e locais de trabalho.

Qualquer ambiente de aprendizado que lide apenas com um dos dois tipos de instintos - os do banco de dados ou os de improvisação - ignora metade da nossa capacidade. E está fadado ao fracasso. Isso me faz pensar em guitarristas de jazz. Para que esses artistas façam sucesso, não basta que conheçam teoria musical - eles têm também que saber improvisar em um show ao vivo. Algumas escolas e locais de trabalho dão ênfase ao banco de dados fixo, assimilado de forma automática, e ignoram os instintos de improvisação que foram incutidos em nós ao longo de milhões de anos. A criatividade sofre. Outros ambientes como esses, contudo, privilegiam o uso imaginativo do banco de dados sem antes instalar uma base de conhecimento. Eles mandam para o espaço a nossa necessidade de conhecer profundamente determinado assunto, o que inclui a memorização e a organização de uma base de dados ricamente estruturada. Assim, vemos pessoas que são ótimas em improvisar, mas que não possuem grande saber. Talvez você conheça alguém assim no seu local de trabalho. Esses indivíduos podem parecer músicos de jazz e dar a impressão de que estão participando de uma *jam session*, entretanto, no fim das contas, não sabem nada. Estão tocando um trompete intelectual que não existe.

Sobre os dois pés

A teoria mencionada por Potts torna possível o contexto para a representação dual, mas dificilmente nos conduz às ideias de Judy DeLoache e à nossa capacidade única de inventar o cálculo e de escrever romances. Afinal de contas, muitos animais constroem reservas de conhecimento, e boa parte deles fabrica ferramentas – que até são usadas de maneira criativa. Ainda assim, não é como se os chimpanzés elaborassem sinfonias ruins, enquanto nós criássemos música de altíssima qualidade. Esses primatas não compõem nada, ao passo que nós somos capazes de produzir obras musicais maravilhosas. Deve haver mais algum aspecto no nosso histórico evolutivo que tornou os seres humanos singulares.

Uma das mutações genéticas aleatórias que nos garantiram vantagem adaptativa está relacionada com o fato de termos aprendido a andar eretos. As árvores estavam desaparecendo ou já não existiam mais, de modo que precisamos lidar com algo novo na nossa experiência: percorrer distâncias cada vez maiores entre as fontes de alimento. Com o tempo, isso acabou nos fazendo usar as duas pernas de maneira diferente. O bipedalismo nos serviu como um excelente recurso para enfrentar o desaparecimento da floresta tropical. Mas representou também uma grande mudança. No mínimo, significou a reconfiguração da pelve de modo que esta não mais impulsionasse as patas de trás para a frente (que é o que acontece com os símios). Em vez disso, a pelve passou a ser entendida como um mecanismo destinado a sustentar peso e manter a nossa cabeça acima da relva (é isso que ela faz por você). Caminhar usando apenas os dois pés produziu várias consequências. Para começo de conversa, liberou as nossas mãos. Além disso, foi eficiente em termos do consumo energético, pois exige menos calorias do que o ato de caminhar sobre quatro apoios. Nosso corpo ancestral não usou a energia excedente para reforçar os músculos, e sim para aprimorar a mente – a ponto de o cérebro que temos hoje, que corresponde a 2% do peso corporal, utilizar 20% da energia que consumimos.

Essas mudanças na estrutura do cérebro acabaram por produzir a obra-prima da evolução, a região que distingue os seres humanos de todas as outras criaturas: uma área especializada do lobo frontal, logo atrás da testa, chamada de córtex pré-frontal.

Tivemos as primeiras pistas sobre as suas funções por meio de um homem chamado Phineas Gage, que sofreu a lesão ocupacional mais famosa da história das neurociências. O ferimento não o matou, mas é provável que a sua família tenha desejado isso. Gage era o contramestre de uma equipe de construção de estradas de ferro de quem todo mundo gostava. Era engraçado, inteligente, dedicado ao trabalho e responsável – o tipo de cidadão que qualquer pai teria orgulho de chamar de genro. No dia 13 de setembro de 1848, Gage foi encarregado de colocar pólvora em um buraco em um rochedo que estava sendo dinamitado. Ele fez isso usando uma barra de ferro de cerca de 1m de comprimento e 2,5cm de diâmetro. No instante em que pressionou a pólvora, o atrito deflagrou uma faísca que detonou o explosivo. A barra foi então lançada em direção a Gage, penetrando no seu crânio – entrou logo abaixo do olho e destruiu o seu córtex pré-frontal. Ele sobreviveu por milagre, porém tornou-se grosseiro, impulsivo e desrespeitoso. Abandonou a família e começou a vagar sem rumo, pulando de um emprego para outro. Seus amigos disseram que ele não era mais a pessoa que tinham conhecido.

Essa foi a primeira evidência real de que o córtex pré-frontal comanda diversos talentos cognitivos unicamente humanos, chamados de "funções executivas", que envolvem a solução de problemas, a manutenção da atenção e o controle de impulsos emocionais. Em resumo, essa região governa muitos dos comportamentos que nos distinguem dos animais. E dos adolescentes.

Conheça melhor o cérebro

O córtex pré-frontal é apenas a região que o cérebro adquiriu mais recentemente. Na verdade, há três cérebros dentro da nossa cabeça, e partes da estrutura de cada um deles levaram milhões de anos para se formar. (A "teoria do cérebro trino" é um dos diversos modelos que os pesquisadores usam para descrever a disposição estrutural desse órgão em camadas.) Nossa estrutura neural mais antiga é o tronco encefálico, ou "cérebro de lagarto". Esse rótulo nada pomposo quer dizer o seguinte: o tronco encefálico funciona da mesma maneira em nós e nesse tipo de réptil. Ele controla quase todas as funções básicas do organismo. Seus neurônios regulam a respiração, os batimentos cardíacos, o sono e o despertar. Está sempre ativo e mantém o cérebro em funcionamento quer estejamos acordados, quer estejamos dormindo.

Acomodada sobre o tronco encefálico há uma estrutura que se parece com a escultura de um escorpião carregando um ovo meio enrugado nas costas. É o cérebro paleomamífero. Ele também é encontrado em vários mamíferos, como gatos domésticos, e é por isso que tem esse nome. Está mais relacionado com a nossa sobrevivência animal do que com o nosso potencial humano. A maioria das suas funções envolve quatro pontos principais: lutar, alimentar, escapar e se reproduzir.

Você tem três cérebros

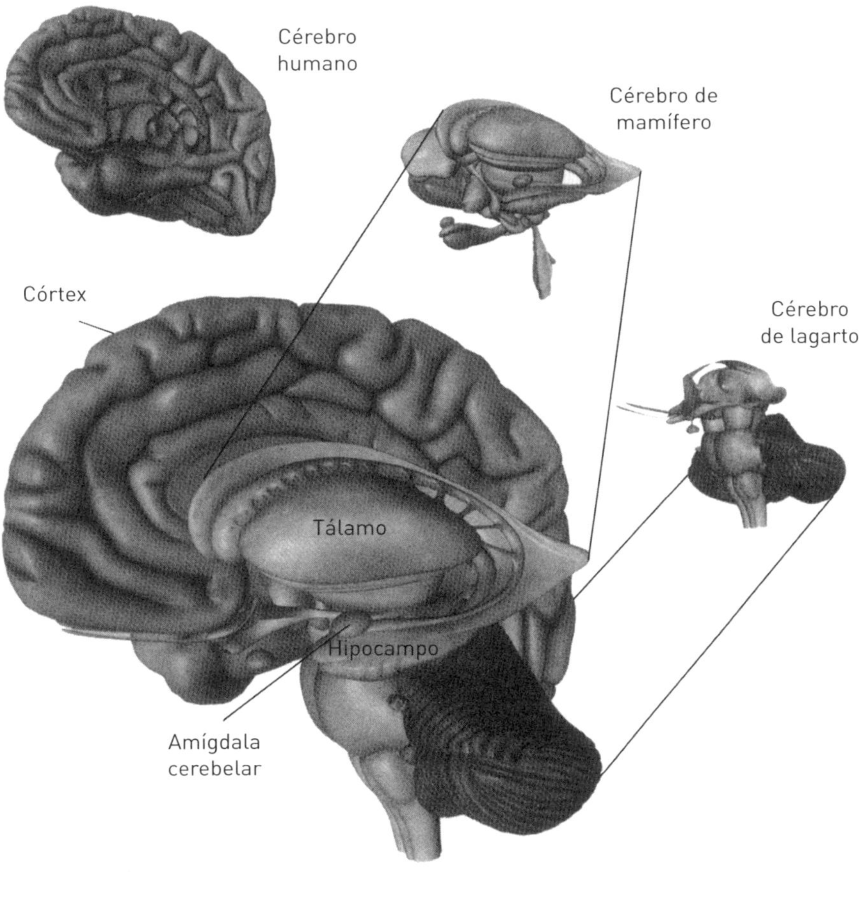

Várias partes desse "segundo cérebro" desempenham papéis importantes nas Regras do Cérebro. A garra do escorpião, chamada de amígdala cerebelar, nos permite sentir raiva, medo e prazer. E também nos proporciona as lembranças de experiências que envolveram essas emoções. A amígdala cerebelar é responsável tanto pela criação de emoções quanto pelas memórias que elas geram. A perna que liga a garra ao corpo do escorpião se chama hipocampo. É ele que converte memórias de curto prazo em memórias de longo prazo. A cauda do escorpião se curva no formato da letra C sobre a estrutura em forma de ovo, como se a estivesse protegendo. O ovo é o tálamo, uma das regiões mais ativas e mais bem conectadas do cérebro – uma espécie de torre de controle dos sentidos. Posicionado no meio do cérebro, ele processa sinais enviados de quase todos os cantos do nosso universo sensorial e, depois, os encaminha para áreas cerebrais específicas.

Como isso acontece é um mistério. Grandes rodovias neurais correm sobre esses dois cérebros, unindo-se a outras estradas, repentinamente desmembrando-se em milhares de saídas e depois mergulhando na escuridão. Os neurônios se acendem para a vida, depois se apagam e voltam a se iluminar. Circuitos complexos de informações elétricas piscam em padrões coordenados e repetidos e, em seguida, se obscurecem, transmitindo as suas mensagens a destinatários desconhecidos.

Disposto em forma de arco sobre essas estruturas, fica o "cérebro humano", o córtex, que, em latim, significa "casca". O córtex é a superfície do cérebro. Ele mantém uma profunda comunicação elétrica com o interior do órgão. Sua espessura é variada - de 1 a 4mm. Parece ter sido apertado em um espaço pequeno demais para a sua extensão. De fato, se fosse esticado, teria quase o tamanho de uma manta de bebê.

Sua aparência uniforme, lembrando uma casca de noz, enganou os anatomistas durante séculos. Até a Primeira Guerra Mundial, ninguém fazia a menor ideia de que cada região do córtex era altamente especializada, com seções específicas, por exemplo, para a fala, a visão e a memória. Aquele foi o primeiro conflito com um expressivo número de combatentes atingidos por estilhaços de metal e em que o conhecimento médico os ajudou a sobreviver. Alguns dos ferimentos afetavam apenas a periferia do cérebro, destruindo pequenas partes do córtex e deixando todo o resto intacto. O número de soldados feridos foi tão grande que os pesquisadores conseguiram estudar detalhadamente as lesões e os comportamentos estranhos que elas provocavam. Confirmando as suas descobertas durante a Segunda Guerra Mundial, eles acabaram por montar um mapa completo das funções estruturais do cérebro – e mostrar como o órgão se transformara ao longo das eras.

Descobriram que, à medida que o cérebro evoluía, a cabeça também se desenvolvia: ambos foram ficando cada vez maiores. Quadril inclinado e cabeça grande não são, porém, características anatômicas muito compatíveis. Como a pelve e o canal vaginal têm uma largura fixa, o parto de crianças que tinham a cabeça grande se tornou um problema. Muitas mães e bebês morreram até que a nossa espécie alcançasse o equilíbrio anatômico. A gravidez humana ainda é arriscada sem a intervenção da medicina moderna. A solução? Dar à luz enquanto a cabeça do neném ainda é pequena o suficiente para passar pelo canal vaginal. A consequência? Com isso criamos a infância. O cérebro poderia muito bem concluir os seus programas de desenvolvimento fora do útero. E o resultado foi uma criatura que permaneceria vulnerável a predadores durante anos e que demoraria mais de uma década para chegar à idade reprodutiva. Esse tempo é uma eternidade quando se vive na natureza, e foi onde nós estivemos por séculos. De todo modo, valeu a pena. Ao longo desse tempo de vulnerabilidade extrema, havia um ser capaz de aprender quase tudo e que, pelo menos nos primeiros anos de vida, não fazia muito mais além disso. Assim surgiram os conceitos de aluno e, para os adultos, de professor. Era do nosso interesse ensinar bem: a nossa sobrevivência genética dependia da capacidade de proteger as crianças.

É claro que não adiantaria nada ter bebês que demoravam anos para crescer se os adultos fossem devorados antes de concluírem a sua zelosa função de pais. Seres fracos como nós precisavam de uma tática que nos permitisse superar as criaturas que dominavam o ambiente, fazendo com que o nosso novo lar fosse mais seguro para o sexo e para a prole. Optamos por uma solução estranha. Decidimos tentar nos entender uns com os outros.

Você me ajuda e eu...

Suponha que você não seja o sujeito mais forte da sua rua, mas que tenha milhares de anos para alcançar esse objetivo. O que você faz? Se for um animal, a abordagem mais direta é se tornar maior do ponto de vista físico, como o macho alfa de uma matilha, com a seleção natural favorecendo músculos e ossos. Acontece que existe outra maneira de dobrar a sua biomassa. Não é criando um corpo, e sim conseguindo um aliado. Se você for capaz de estabelecer acordos de cooperação com alguns de seus vizinhos, duplicará o seu poder, ainda que a sua força permaneça a mesma. Você pode dominar o mundo. Imagine-se tendo que enfrentar um mamute. Se estiver sozinho, a luta vai parecer Bambi x Godzilla. No entanto, se três ou quatro pessoas iguais a você coordenarem o seu comportamento e estabelecerem o conceito de "trabalho em equipe", passarão a ser um desafio terrível para aquele animal. Vocês podem, por exemplo, descobrir como atraí-lo para que ele despenque de um penhasco. Existem muitas evidências de que era exatamente isso que fazíamos.

Isso muda as regras do jogo. Aprendemos a cooperar uns com os outros, ou seja, a criar um objetivo compartilhado que leva em consideração os interesses dos nossos aliados além dos nossos próprios. É claro que, para compreender os interesses de outras pessoas, temos que entender as suas motivações, incluindo os seus sistemas de recompensa e de punição. Precisamos saber quais são os seus desejos.

Compreender como a criação dos filhos e o comportamento em grupo nos permitiu dominar o mundo pode ser tão simples quanto entender algumas ideias por trás da seguinte frase: o marido morreu e depois a mulher morreu. Não há nada de interessante nessa afirmação, mas veja o que acontece se eu adicionar duas palavrinhas ao fim: o marido morreu e depois a mulher morreu de tristeza. De repente, temos uma visão, ainda que breve, do interior psicológico da mulher. Temos uma impressão do seu estado mental, talvez até conhecimento da sua relação com o marido.

Essas inferências são a marca registrada da chamada teoria da mente. Nós a ativamos o tempo todo. Tentamos ver tudo em termos de motivações. Chegamos a atribuí-las aos nossos animais de estimação e até a objetos. Essa habilidade nos ajuda a escolher o parceiro, a lidar com as questões cotidianas quando moramos com alguém e a criar os filhos. A teoria da mente é algo que usamos como nenhuma outra criatura. É aquilo que podemos fazer de mais parecido com a leitura da mente.

Essa habilidade de espiar dentro da vida mental de outra pessoa e fazer previsões requer uma quantidade tremenda de inteligência e, como era de se esperar, de atividade cerebral. Saber onde encontrar frutas na floresta é brincadeira cognitiva de criança em comparação com a capacidade de antever motivações e manipular outros indivíduos em um grupo. Muitos pesquisadores acreditam que existe uma ligação direta entre o desenvolvimento desse dom e o domínio intelectual que adquirimos do planeta.

Quando tentamos prever o estado mental de alguém, temos muito poucos indícios físicos em que nos basear. Não há placas sobre a cabeça das pessoas dizendo em letras grandes quais são as suas motivações. Precisamos detectar características que não são nem um pouco óbvias. Esse talento é tão automático que nem percebemos quando o usamos. Está lembrado da linha que podemos transformar em "1" e em "i"? Agora você tem a representação dual: a linha e aquilo que ela representa. Nossa grande capacidade intelectual - passando pela linguagem, a matemática e a arte - pode ter surgido da forte necessidade de prever o que acontece no interior psicológico dos outros.

Os sentimentos e o aprendizado

Essas ideias nos levam à conclusão de que a nossa capacidade de aprender tem raízes profundas nos relacionamentos. Se for assim, o nosso desempenho nessa área pode ser intensamente afetado pelo ambiente emocional em que o aprendizado ocorre. Esse conceito é embasado em dados empíricos surpreendentes. A qualidade da educação pode depender em parte da relação entre o aluno e o professor, assim como o sucesso profissional pode estar parcialmente vinculado ao relacionamento entre o funcionário e o seu supervisor.

Um instrutor de voo me falou certa vez sobre a melhor aluna que ele já teve e da grande lição que aprendeu sobre o processo de ensinar aquela moça especificamente. Ela teve um excelente desempenho no treinamento em solo. Obteve as notas mais altas nas simulações e nas matérias. No ar, mostrou uma surpreendente habilidade natural, com capacidade de improvisar rápido, ainda que sob condições climáticas instáveis. Um dia, enquanto ela pilotava, o instrutor a viu fazer uma tolice. Ele não estava muito bem-humorado e acabou lhe dando uma bronca. Tirou as mãos dela do manche e apontou nervoso para um instrumento. Sem entender nada, ela tentou corrigir o que havia feito, mas, no estresse do momento, cometeu mais erros e disse que não estava conseguindo pensar. Depois, enterrou o rosto nas mãos e começou a chorar. O professor assumiu o controle da aeronave e realizou o pouso. Durante muito tempo, a aluna se recusou a entrar naquela cabine. Além de afetar a relação profissional entre os dois, o incidente prejudicou a sua capacidade de aprendizado. E deixou o professor arrasado. Se ele tivesse sido capaz de prever a maneira como ela reagiria a seu comportamento ameaçador, ele nunca teria tomado aquela atitude.

Quando uma pessoa não se sente segura com um professor ou com um chefe, o seu desempenho pode não ser tão bom. Se um aluno sc considera incompreendido porque o mestre não é capaz de entender a maneira como ele aprende, esse estudante pode se isolar. Essa foi a questão central do fracasso da aluna de voo. Como mostrarei no capítulo sobre estresse, alguns tipos de aprendizado se desvanecem diante do estresse traumático. E no capítulo que trata da atenção, você verá que, se o professor não conseguir manter o interesse do estudante, o conhecimento não será codificado da forma adequada no banco de dados do cérebro. Neste capítulo, você leu sobre a importância das relações quando tentamos ensinar seres humanos. Nesse caso, mencionei a experiência altamente intelectual de pilotar uma aeronave. Mas ficou claro que o sucesso nessa atividade depende inteiramente dos sentimentos.

É surpreendente observar que tudo isso ocorreu por causa de uma insignificante mudança no clima. No entanto, a clara compreensão desse fato nos dá a primeira percepção real de como os seres humanos adquirem conhecimento: aprendemos a improvisar com base em um banco de dados e graças à capacidade crescente de pensar de maneira simbólica a respeito do nosso mundo. No passado, precisamos dessas duas habilidades para sobreviver na savana. E ainda necessitamos delas, apesar de hoje vivermos em salas de aula e em ambientes de trabalho.

Resumo

Regra nº 2

O cérebro também evoluiu

- Nós não temos apenas um cérebro, e sim três. Começamos com um "cérebro de lagarto" para nos manter respirando. Depois adquirimos um cérebro idêntico ao de um gato e cobrimos os dois com uma camada de gelatina chamada córtex – o terceiro e poderoso cérebro "humano".
- Ocupamos todo o planeta por meio de adaptações à mudança em si, depois de sermos forçados a descer das árvores para a savana quando alterações no clima destruíram as nossas fontes de alimento.
- O fato de termos deixado de andar sobre quatro apoios e nos tornado bípedes que passaram a caminhar na savana liberou energia para desenvolvermos um cérebro complexo.
- O raciocínio simbólico é um talento tipicamente humano. Pode ter surgido da nossa necessidade de compreender as intenções e motivações uns dos outros, permitindo assim que nos organizássemos em grupos.

Conexões

Regra nº 3

Todo cérebro tem conexões específicas

Em 1994, Michael Jordan, um dos melhores jogadores de basquete do mundo – o maior atleta do século XX, segundo a ESPN –, resolveu mudar de ramo e jogar beisebol. Seu fracasso foi retumbante, com uma das piores médias entre os atletas regulares na única temporada que disputou do início ao fim. Embora pareça inacreditável que alguém com a sua capacidade física possa ser um horror em qualquer modalidade esportiva a que decida se dedicar, o fato de Jordan não ter se qualificado nem para as ligas menores prova que isso é possível, sim.

Seu fracasso foi ainda muito mais vergonhoso porque outra lenda dos esportes, Ken Griffey Jr., chegava aos campos de beisebol naquele mesmo ano. Griffey era nota 10 em todas as habilidades que pareciam faltar a Jordan – e demonstrava isso nas maiores ligas. Na época jogando na badalada equipe dos Seattle Mariners, ele manteve a excelência durante a maior parte da década de 1990.

Assim como Jordan, Griffey Jr. jogava no *outfield* (o campo externo), mas, diferentemente do colega, ficou conhecido por pegar bolas tão espetaculares que parecia flutuar. Flutuar? Não era isso que Jordan estava acostumado a fazer? Acontece que a atmosfera sagrada do campo de beisebol se recusou a lhe dar uma chance, e ele acabou retomando a modalidade esportiva em que o seu cérebro e os seus músculos se saíam melhor do que ninguém, acrescentando uma sequência lendária a uma carreira já espetacular no basquete.

O que havia de diferente no corpo desses dois atletas? Por que a capacidade que o cérebro tem de se comunicar com os músculos e o esqueleto tornou os talentos de ambos tão especializados? Isso estava relacionado à programação mental de cada um deles. Para que você compreenda o que isso significa, falarei sobre o que ocorre no cérebro durante o aprendizado. Vou explicar também o importante papel que a experiência exerce no desenvolvimento desse órgão – mostrando inclusive que gêmeos idênticos realizando a mesma experiência apresentam configurações cerebrais distintas – e dizer por que temos um neurônio específico para Jennifer Aniston. Não estou brincando.

Ovos fritos e ervilhas

Desde o ensino fundamental, você ouve dizer que os seres vivos são feitos de células, e de modo geral isso é verdade. Não há muita coisa nas criaturas biológicas complexas que não envolva células. Talvez você não demonstre muita gratidão por essa significativa contribuição à sua existência, mas as células dão o troco à sua indiferença mantendo-se livres do seu controle. Em geral, elas ronronam e cantarolam de satisfação nos bastidores, contentes por supervisionar quase tudo o que você vai experimentar na vida, ainda que a maior parte disso esteja fora da sua percepção. Algumas delas são tão modestas que só executam a sua função plenamente depois que já estão desativadas. A superfície da nossa pele, por exemplo – em todos os seus 4kg –, está literalmente morta. É isso que proporciona ao restante das células proteção contra vento, chuva, lesões e outras agressões externas. Podemos dizer com certeza que quase todo centímetro da nossa aparência física está morto.

As estruturas biológicas das células que estão vivas são fáceis de entender. A maioria delas se parece com um ovo frito. A clara é chamada de citoplasma, enquanto a gema no centro é o núcleo. Este último contém a molécula que carrega as informações necessárias para formar um novo ser vivo e para que ele possa se reproduzir - o DNA (ou ácido desoxirribonucleico), que se tornou também o mais novo salvador daqueles que são condenados injustamente. No DNA estão os genes, fragmentos de instruções biológicas que determinam todas as nossas características – da estatura à maneira como reagimos ao estresse. Dentro desse núcleo com cara de gema cabe muito material genético. São quase 180cm dessa carga enfurnada em um espaço medido em micrômetros. Um micrômetro corresponde à milionésima parte do metro - isso significa que colocar o DNA no núcleo da célula é como enfiar quase 50km de linha de pescar em uma ervilha.

Uma das descobertas mais surpreendentes dos últimos anos mostrou que o DNA não é inserido no núcleo de qualquer jeito - não é como se estivéssemos enchendo uma almofada com espuma ou estofando um boneco de algodão. Em vez disso, ele é dobrado de forma complexa e firmemente controlada. Qual o motivo de se fazer esse origami molecular? Permitir a formação de vários tipos de células. Se o DNA for dobrado de determinada maneira, a célula se transformará em um integrante do fígado. Caso seja dobrado de outro modo, a célula fará parte da corrente sanguínea. Se for dobrado de uma terceira forma, teremos uma célula nervosa, ou neurônio, e a capacidade de ler esta frase.

Então, qual é a aparência de uma dessas células nervosas? Esmague aquele ovo frito com o pé e espalhe-o no chão. A gororoba resultante vai se parecer com uma estrela de muitas pontas. Agora, estique uma dessas pontas e puxe-a bem. Depois, usando o polegar, esmague a extremidade dessa ponta que você acabou de esticar. Isso cria uma versão menor daquela estrela com vários prolongamentos. Duas estrelas amassadas separadas por uma linha comprida e fina. Pronto, você criou um neurônio típico. Há células nervosas de diversos tamanhos e formatos, porém a maioria delas tem essa estrutura básica. O ovo frito achatado com o pé se chama corpo do neurônio. As várias pontas da estrela resultante são os dendritos. A ponta que você esticou se chama axônio, e a estrela menor, feita com o polegar na outra extremidade, é denominada terminal axônico.

Essas células ajudam a mediar um mecanismo tão sofisticado quanto o pensamento. Para entender esse processo, precisamos viajar pelo mundo liliputiano do neurônio. Por isso vou tomar emprestada uma ideia que vi em um filme quando eu era criança - *Viagem fantástica*, escrito por Harry Kleiner e popularizado depois em um livro do lendário autor de ficção científica Isaac Asimov. Na história, um grupo de pesquisadores explora os mecanismos internos do corpo humano a bordo de um submarino microscópico. E nós também vamos entrar nessa embarcação, que nos permitirá circular pelo interior de uma célula nervosa e pelo mundo aquoso em que ela se localiza. A primeira escala da nossa viagem será em um neurônio que mora no hipocampo.

Quando chegamos a esse neurônio, parece que estamos aportando em uma antiga floresta submersa. De algum modo, ela foi eletrificada, e isso significa que precisaremos tomar cuidado. Por toda parte, há aglomerados de galhos, ramos e grandes objetos em forma de tronco de árvores. E, em todos os lugares, fagulhas de corrente elétrica correm para cima e para baixo nesses troncos. De vez em quando, imensas nuvens de substâncias químicas minúsculas são lançadas de uma ponta dos troncos depois que eles são chacoalhados pela eletricidade que os atravessa.

Esses objetos não são pedaços de árvores, e sim neurônios, com algumas distinções estruturais peculiares. Ao pairar sobre um deles, por exemplo, percebemos que a "casca" se parece muito com gordura. E *é* gordura. No macio interior do corpo humano, a parte externa do neurônio, a bicamada de fosfolipídios, tem a consistência de óleo de cozinha. São as estruturas internas que dão a forma ao neurônio, mais ou menos como o esqueleto humano dá formato ao corpo. Quando mergulhamos no interior da célula, uma das primeiras coisas que vemos é esse esqueleto.

Então, vamos mergulhar.

De cara, vemos que o ambiente está terrivelmente abarrotado e é até hostil. Temos que navegar em meio a perigosos "andaimes" de formações proteicas pontiagudas, parecidas com corais: o esqueleto neural. Embora essas densas formações deem ao neurônio a sua forma tridimensional, muitas de suas partes esqueléticas estão em movimento constante – por isso temos que ficar nos desviando delas o tempo todo. Milhões de moléculas também se chocam contra o nosso submarino, e somos sacudidos por descargas elétricas em intervalos de poucos segundos. Não é bom passar muito tempo por aqui.

Navegando entre mensageiros

Escapamos por uma das pontas do neurônio. Agora já não estamos mais rodeados de emaranhados perigosos de proteínas, e sim flutuando livremente em um cânion aquoso que parece não ter fundo. Vemos que mais à frente há uma vaga forma de outro neurônio. Estamos no espaço entre dois neurônios, chamado de fenda sináptica, e a nossa primeira constatação é que não estamos sozinhos. A impressão é de que estamos navegando em meio a grandes cardumes de minúsculas moléculas. Na forma de uma corrente, elas saem do neurônio que acabamos de visitar e correm aos solavancos na direção do outro que se encontra à nossa frente. Em poucos segundos, mudam de direção e nadam de volta para o primeiro neurônio. Ele as engole no mesmo instante. Esses grupos de moléculas se chamam neurotransmissores, e há uma grande variedade deles. Essas moléculas funcionam como pequeninas mensageiras, e os neurônios as usam para transmitir informações de um lado ao outro do cânion (ou, para usar o termo mais apropriado, da fenda sináptica). A célula que os deixa escapar se chama neurônio pré-sináptico, e a célula que os recebe é o neurônio pós-sináptico.

Os neurônios liberam essas substâncias químicas na sinapse (local de contato, onde ocorre a transmissão de impulsos nervosos de uma célula para outra) geralmente como resposta a um estímulo elétrico. O neurônio que as recebe pode reagir de maneira negativa ou positiva quando elas chegam. Em uma espécie de ataque histérico celular, ele pode se desligar do resto do mundo neuroelétrico (processo que recebe o nome de inibição). Como também pode ser estimulado pela eletricidade, o que permite que um sinal seja transferido do neurônio pré-sináptico para o pós-sináptico: "Fui acionado e estou passando a boa notícia para você." Em seguida, os neurotransmissores retornam para a célula de origem, em um processo chamado de reabsorção. Quando essa célula os engole, o sistema é zerado e fica pronto para lidar com outro sinal.

Dando uma olhada de 360° em nosso ambiente sináptico, reparamos que a floresta neural, grande e aparentemente distante, é tão complexa que chega a nos deixar confusos. Pense nos dois neurônios entre os quais estamos flutuando. Estamos a meia distância de dois pontos de conexão. Para visualizar a situação de dois neurônios que estão interagindo, imagine duas árvores que são arrancadas do chão e depois viradas, de modo que as suas raízes fiquem frente a frente e então se juntem. E esse é apenas o caso mais simples. Em geral, milhares de neurônios se unem, todos ocupando uma pequena área do terreno neural. Os galhos estabelecem conexões uns com os outros formando uma barafunda. Costumam ser 10 mil pontos de conexão, e cada um deles é separado por uma sinapse, um daqueles cânions aquosos em que nos encontramos.

Olhando para essa floresta submersa do hipocampo, vemos muitas imagens estranhas, como cobras se contorcendo ao ritmo de alguma flauta química e galhos que parecem estar se movendo. De vez quando, a ponta de um neurônio incha e aumenta muito de diâmetro. As extremidades terminais dos outros neurônios se dividem ao meio como uma língua fendida, criando duas conexões onde antes só havia uma. A eletricidade estala através desses neurônios em movimento a ofuscantes 400km por hora, alguns bem perto de nós, com nuvens de neurotransmissores que preenchem os espaços entre os troncos enquanto a corrente elétrica passa.

Nesse momento, devemos tirar os sapatos e fazer um gesto de reverência no submarino, pois chegamos à Terra Santa Neural. Aquilo que estamos observando é o processo de *aprendizado* no cérebro humano.

Reconfiguração total

O pesquisador Eric Kandel é o principal responsável pela descoberta da base celular desse processo. Por esse trabalho, ele e outros dois cientistas receberam o Prêmio Nobel de Fisiologia/Medicina em 2000. Kandel mostrou que, quando aprendemos alguma coisa, as nossas conexões cerebrais mudam. Suas pesquisas revelaram que a aquisição até mesmo de informações muito simples envolve a alteração física da estrutura dos neurônios que participam do processo. De maneira mais abrangente, essas mudanças físicas resultam na organização funcional e na reorganização do cérebro. Isso é surpreendente. O cérebro está sempre aprendendo algo, de modo que se reconecta sem parar.

Kandel percebeu isso pela primeira vez não pela observação de seres humanos, e sim de lesmas-do-mar. Ele logo constatou, não sem nos fazer sentir um tanto insultados, que os nossos nervos aprendem as coisas do mesmo jeito que os nervos dessas lesmas. E isso também vale para muitas outras criaturas que se situam entre esses animais e os seres humanos. O Prêmio Nobel lhe foi concedido em parte porque o seu trabalho cuidadoso descrevia os processos de pensamento de praticamente todos os seres que têm capacidade de pensar.

Vimos essas mudanças físicas enquanto o nosso submarino navegava pela fenda sináptica entre dois neurônios. À medida que aprendem, os neurônios incham, oscilam e se dividem. Eles interrompem a sua interação em um ponto, deslizam para uma região próxima e formam conexões com os novos vizinhos. Muitos permanecem parados apenas fortalecendo as suas conexões elétricas, aumentando a eficiência da transferência de informações entre eles. Você pode sentir dor de cabeça só de pensar que, lá no fundo do seu cérebro, neste exato momento, fragmentos de neurônios estão se movendo como répteis, esgueirando-se até novas áreas, avolumando-se em uma ponta ou criando ramificações em outras extremidades. Tudo isso para que você possa se lembrar de alguma coisa sobre Eric Kandel e as suas lesmas-do-mar.

Mas, bem antes de Kandel, ainda no século XVIII, o cientista italiano Vincenzo Malacarne fez uma série de experiências biológicas de natureza surpreendentemente moderna. Ele treinou um grupo de passarinhos para fazer truques complicados e depois matou todos eles e dissecou o seu cérebro. Descobriu que os pássaros amestrados tinham padrões de dobras mais extensos em regiões cerebrais específicas do que outros que não haviam recebido o treinamento. Cinquenta anos depois, Charles Darwin observou diferenças similares entre o cérebro de animais selvagens e de animais domésticos - no caso dos primeiros, esse órgão era 15% a 30% maior. Parece que o mundo árduo da natureza força os animais selvagens a aprender o tempo todo. Essas experiências criam conexões muito diferentes em sua cabeça.

Isso acontece também com os seres humanos. E pode ser observado tanto em lugares como os bares de Nova Orleans, onde se bebe cerveja ao som da agitada música local, quanto nas compenetradas salas da Filarmônica de Nova York. Ambos são o hábitat natural de violinistas, e o cérebro desses instrumentistas é muito estranho se comparado ao das pessoas que não tocam violino. No caso desses artistas, as regiões neurais que controlam a mão esquerda, que precisam fazer movimentos complexos e sutis quando tocam nas cordas, parecem ter passado um bom tempo se empanturrando com uma alimentação altamente gordurosa. Essas regiões são maiores do que o comum, inchadas e entremeadas de associações complexas. Em contraste, as áreas que controlam a mão direita, que maneja o arco, parecem anoréxicas, com muito menos complexidade.

O cérebro age como um músculo: quanto mais atividade fazemos, maior e mais complexo ele tem condições de se tornar. Se isso pode nos proporcionar mais inteligência é outra questão, mas algo é indiscutível: aquilo que fazemos na vida modifica a aparência física do nosso cérebro. Podemos conectar e reconectar os nossos circuitos cerebrais simplesmente escolhendo praticar determinado esporte ou tocar um tipo específico de instrumento.

Cérebro em construção

Quer saber como funciona essa fantástica biologia? O cérebro de todo recém-nascido devia vir com um adesivo com a frase "Ainda não está pronto". Quando nascemos, esse órgão está apenas parcialmente construído e só assumirá a sua forma final depois de anos. Os maiores programas cerebrais se concluem somente quando entramos na casa dos 20 anos, e os ajustes de sintonia fina terminam por volta dos 45 anos.

Um recém-nascido tem quase o mesmo número de conexões cerebrais que os adultos. Isso não dura muito. Quando a criança completa 3 anos, as conexões em regiões específicas do seu cérebro já duplicaram ou até triplicaram. (Isso deu origem à crença popular de que o desenvolvimento do cérebro na primeira infância é o segredo para o sucesso intelectual na vida. Não é verdade, mas essa questão fica para outro momento.) Esse aumento também não tem vida longa. O cérebro logo usa milhares de minúsculas tesouras para podar boa parte desse trabalho árduo. Por volta dos 8 anos, a criança já voltou a ter o mesmo número de conexões que um adulto. Se ela nunca passasse pela puberdade, esse seria o fim da história. Entretanto, isso é só a metade dela.

Na puberdade, tudo recomeça. Tem início o desenvolvimento de diferentes regiões do cérebro. Mais uma vez, há um frenético crescimento neural seguido de poda furiosa. É somente quando a garotada já está no ensino médio, pensando em seu ingresso na universidade, que o seu cérebro retoma (mais ou menos) a forma adulta. É como se fosse um camelo com suas duas corcovas. Do ponto de vista da conectividade, há muita atividade na terrível idade dos 2 anos e muito mais ainda durante a apavorante adolescência.

Embora isso lembre uma rígida formação de soldados celulares obedecendo a ordens de crescimento, não há absolutamente nada que se pareça com a precisão militar no bagunçado mundo do desenvolvimento cerebral. E é nesse ponto impreciso que entra a Regra do Cérebro de que estamos tratando. Até mesmo uma inspeção superficial dos dados revela variações notáveis nos padrões de progresso de cada pessoa. O exame tanto de crianças quanto de adolescentes mostra que regiões diferentes do cérebro evoluem em velocidades distintas. Há um grau notável de diversificação nas áreas específicas que crescem e são aparadas e no nível de entusiasmo com que isso é feito.

Eu me lembro disso toda vez que vejo as fotografias que registraram a jornada da minha mulher pelo ensino fundamental. Sua turma se manteve basicamente a mesma durante todo aquele período (e ela continuou amiga da maioria dos colegas). Embora os penteados antigos das professoras sejam motivo de muita risada para nós, com frequência me concentro na aparência que a meninada tinha naqueles tempos. Isso ainda me causa espanto.

Na primeira foto, as crianças estão na primeira série. Embora não pareça, todas elas têm mais ou menos a mesma idade. Há as baixinhas. Outras são altas. Algumas possuem o corpo de pequenas atletas. Outras dão a impressão de ter acabado de largar as fraldas. As meninas quase sempre parecem mais velhas do que os meninos. As diferenças são ainda mais flagrantes nas fotos da oitava série dessa turma. Dá para notar que alguns meninos não se desenvolveram muito desde a terceira série. Outros já estão começando a ter bigode. Algumas mocinhas que ainda não exibem curvas nem seios podem ser confundidas com garotos. Outras parecem prontas para ter filho.

Por que toquei nesse assunto? Se tivéssemos uma visão de raios X capaz de penetrar no pequeno crânio desses meninos e meninas, descobriríamos que o seu cérebro apresenta *o mesmo grau de desenvolvimento irregular* do corpo.

Um neurônio específico para Jennifer Aniston

Nascemos com diversos circuitos pré-programados. Eles controlam funções básicas que mantêm o organismo funcionando - é o caso da respiração, dos batimentos cardíacos, da capacidade que temos de saber onde está o nosso pé ainda que não o estejamos vendo, e assim por diante. Os pesquisadores chamam isso de programação que "não depende de experiência". Mas o cérebro também deixa algumas partes de seu projeto de construção neural inacabadas, para que se concluam após o nosso nascimento com a experiência externa. Essas programações "à espera de experiência" estão relacionadas a áreas como a da acuidade visual e talvez a da aquisição de linguagem. Por fim, temos as programações "dependentes de experiência". A melhor forma de explicar essa questão é mencionando uma história que envolve a atriz Jennifer Aniston, a célebre Rachel da série de TV *Friends*. Se você for uma pessoa que tem nojo de cenas de cirurgia, é melhor pular o próximo parágrafo.

Está pronto? Um homem está deitado na mesa de operação com o cérebro parcialmente exposto. Ele está consciente. E só não está berrando de agonia porque o cérebro não tem neurônios que transmitem a sensação de dor. Portanto, ele não sente os eletrodos afiados como agulha que estão espetados em suas células nervosas. Esse paciente está prestes a se submeter a uma cirurgia para a remoção de um pedaço de seu tecido neural – chamada resseção, no jargão médico – porque tem um tipo de epilepsia impossível de tratar e que ameaça a sua vida. De repente, um dos cirurgiões pega uma foto de Jennifer Aniston e mostra a ele. Um neurônio na cabeça do homem se acende com a toda a intensidade. O médico solta um grito de alegria.

Está pensando que isso é o roteiro de um filme B? Essa experiência aconteceu de verdade. O neurônio em questão reagiu a sete fotografias da atriz Jennifer Aniston ao mesmo tempo que praticamente ignorou 80 outras imagens dos mais variados tipos, incluindo fotos de pessoas famosas e de anônimos. O pesquisador responsável pelo estudo, Quian Quiroga, disse: "Na primeira vez que vimos um neurônio se acender com sete fotos diferentes de Jennifer Aniston – e nada mais –, nós literalmente pulamos da cadeira." Existe um neurônio aí dentro da sua cabeça que só se estimula quando Jennifer Aniston está à vista.

Um *neurônio* para Jennifer Aniston? Como assim? Certamente não existe nada no nosso histórico evolutivo sugerindo que essa atriz seja uma moradora fixa das nossas conexões cerebrais. (Ela nasceu em 1969, e há regiões no nosso cérebro que foram projetadas há milhões de anos.) Para complicar ainda mais as coisas, os pesquisadores descobriram também um neurônio específico para a atriz Halle Berry - uma célula no cérebro do homem que não reagia a fotos de Aniston nem a nenhuma outra coisa, a não ser a Halle Berry. Ele também possuía um neurônio específico para Bill Clinton. Sem dúvida ajudou muito ter senso de humor ao fazer esse tipo de pesquisa cerebral.

Bem-vindo ao mundo das conexões cerebrais dependentes de experiência, em que uma boa parte do cérebro é programada para *não* estar preparada. Assim como uma linda bailarina que ensaia com rigor, nós estamos prontos para ser flexíveis.

É possível fazer uma separação entre todos os cérebros do mundo, considerando, de um lado, as pessoas que já ouviram falar de Jennifer Aniston ou de Halle Berry e, de outro, as que desconhecem essas atrizes. As conexões cerebrais dos componentes desses dois grupos são diferentes. Essa observação aparentemente ridícula contém um conceito muito importante. O cérebro é tão sensível a estímulos externos que as suas conexões físicas dependem da cultura em que vivemos.

Nem gêmeos univitelinos têm conexões iguais no cérebro. Vou pedir a você que imagine uma situação. Suponha que dois gêmeos idênticos, adultos e do sexo masculino, estejam vendo o filme *Mulher-Gato*, com Halle Berry, e que nós, em nosso submarino minúsculo e ágil, possamos observar o cérebro deles enquanto isso. Embora estejam na mesma sala e sentados no mesmo sofá, eles assistem ao vídeo de ângulos ligeiramente diferentes. Descobrimos que o cérebro desses irmãos está codificando de modo distinto as memórias visuais, em parte porque é impossível que ambos vejam a tela do mesmo ponto. Segundos depois do início do filme, cada um deles está realizando as suas conexões cerebrais de forma específica.

Naquele mesmo dia, um dos gêmeos havia lido um artigo sobre filmes de ação feitos em panorâmica - na capa da revista, uma foto de Halle Berry em destaque. Enquanto assiste ao vídeo, o cérebro desse homem também acessa as memórias do que ele viu naquela publicação. Observamos que o seu cérebro está ocupado fazendo comparações entre o filme e os comentários do texto e, ao mesmo tempo, avaliando se concorda ou não com eles. O outro gêmeo não leu a matéria, e por isso o seu cérebro não está agindo como o do irmão. Embora a diferença pareça sutil, os dois cérebros estão criando memórias diferentes do mesmo filme.

Esse é o poder da Regra do Cérebro. O aprendizado cria mudanças físicas no cérebro, e essas alterações são únicas para cada indivíduo. Nem mesmo gêmeos idênticos vivenciando a mesma situação fazem as conexões cerebrais da mesma forma. E tudo pode ser relacionado à experiência.

Os padrões individuais de cada cérebro

Talvez uma pergunta tenha surgido agora na sua mente: se todo cérebro tem conexões próprias e específicas, é possível saber *alguma coisa* sobre esse órgão?

Sim. O cérebro contém bilhões de células cujos esforços elétricos coletivos formam a pessoa amável e maravilhosa que somos ou, com um pouco menos de complexidade, a lesma-do-mar de Kandel. Todos esses nervos funcionam de maneira semelhante. Cada um de nós nasce equipado com um hipocampo, uma hipófise e a mais sofisticada aparelhagem eletroquímica de pensamento do planeta: o córtex. Esses tecidos funcionam da mesma maneira em todos os cérebros.

Então como explicar a individualidade? Vamos pensar em estradas. Os Estados Unidos, por exemplo, têm um dos sistemas de transporte terrestre mais extensos e complexos do mundo. Existem muitas variações da ideia de "estrada" - elas abrangem desde grandes autoestradas interestaduais e rodovias estaduais até ruas residenciais, alamedas de mão única e trilhas de terra batida. As vias de circulação do cérebro humano também apresentam esse tipo de diversidade. Temos os equivalentes neurais de longas autoestradas interestaduais e rodovias estaduais. Essas enormes autopistas são iguais em todas as pessoas, isto é, funcionam na sua cabeça mais ou menos da mesma maneira que atuam na minha. Assim, uma parte considerável da estrutura e da função do cérebro é previsível. É graças a essa propriedade que podemos anexar a palavra "ciência" ao fim do termo "neuro" e que pessoas como eu têm emprego. Essa similaridade talvez seja o principal fruto do programa de desenvolvimento das duas corcovas que mencionei. Essas são as conexões que não dependem de experiência.

Os padrões individuais começam a se manifestar quando tomamos as estradas menores – o equivalente no cérebro das ruas residenciais, das alamedas de mão única e dos caminhos de terra batida. Todo cérebro tem muitas dessas vias menores, que são únicas em cada um de nós. A individualidade é percebida no nível daquilo que é bem pequeno, mas como esses elementos diminutos existem em grande quantidade, eles se somam e se transformam em algo bastante expressivo.

Uma coisa é demonstrar que cada cérebro tem conexões diversas das de todos os outros. Outra coisa é dizer que isso afeta a inteligência. Dois pesquisadores, um teórico behaviorista e um neurocirurgião, apresentam perspectivas diferentes sobre o assunto. O primeiro diz que há de sete a nove categorias de inteligências múltiplas. O neurocirurgião também acredita que existem categorias de inteligências múltiplas. Acontece que, pelos seus cálculos, há bilhões delas.

Apresento Howard Gardner, psicólogo, escritor, educador e pai do chamado movimento das inteligências múltiplas. Gardner teve a ousadia de sugerir que a competência da mente humana é multifacetada demais para ser condensada em medidas numéricas simplistas. Ele descartou a ideia de testes de Q. I. e depois tentou reestruturar a questão da habilidade intelectual humana. Junto com seus colegas, observou pessoas durante processos de aprendizado na vida real – na escola, no trabalho, no esporte. Ele começou a reparar em categorias de talento intelectual que elas usavam todos os dias e que nem sempre eram qualificadas no âmbito da "inteligência" e que, com certeza, não eram medidas nos testes de Q. I. Depois de analisar essas questões por muito tempo, Gardner publicou as suas descobertas no livro *Estruturas da mente – A teoria das inteligências múltiplas*. Ele causou uma torrente de discussões que continuam flamejantes até hoje.

Gardner acredita ter observado pelo menos sete categorias de inteligência: verbal/linguística, musical/rítmica, lógica/matemática, espacial, corporal/cinestésica, interpessoal e intrapessoal. Ele as chama de "pontos de entrada" para os mecanismos internos da mente humana. As categorias nem sempre se cruzam. Gardner disse: "Se você sabe que é muito bom em música, posso prever com exatidão próxima de zero se você é bom ou ruim em outras coisas."

Alguns pesquisadores acreditam que Gardner se baseia em sua própria opinião, não em dados. Mas nenhum de seus críticos ataca a tese implícita de que o intelecto humano é multifacetado. Até hoje, as iniciativas desse psicólogo representam a primeira tentativa séria de fornecer uma alternativa às descrições numéricas da cognição humana.

O mapeamento cerebral

Mas as categorias de inteligência talvez cheguem a mais de 7 bilhões – quase o mesmo número da população mundial. Podemos ter uma ideia disso observando George Ojemann, um dos maiores neurocirurgiões da atualidade, examinar o cérebro exposto de uma menina de 4 anos. Com farta cabeleira branca e olhos penetrantes, esse médico tem a serena autoridade de quem passou décadas presenciando episódios de sobrevivência e de morte nas salas de cirurgia. Ele é especializado em uma técnica chamada mapeamento por estimulação elétrica.

Sua paciente é uma menina que apresenta epilepsia grave. Ela está consciente, com o cérebro exposto. O objetivo de Ojemann é remover algumas das células do cérebro da garota que não estão atuando da forma como deveriam. Mas, antes de extrair qualquer coisa dali, ele precisa fazer um mapeamento. Para isso, usa uma varinha branca fina presa a um fio - um estimulador cortical - que transmite leves choques elétricos não invasivos a qualquer coisa em que toque. Se esse aparelho encostasse na sua mão, você sentiria apenas um ligeiro formigamento.

Ojemann encosta com delicadeza a ponta da varinha em uma área do cérebro da menina e depois pergunta:

- Sentiu alguma coisa?

- Alguém pegou na minha mão - ela responde, com voz sonolenta.

Então ele coloca um pedacinho de papel naquela área. Toca em outro ponto. Ela exclama: "Alguém pegou na minha bochecha!" Outro pedacinho de papel, mais uma reação. Esse jogo de pergunta e resposta se estende por horas. Como um cartógrafo neural, Ojemann está mapeando as diversas funções do cérebro de sua pequena paciente, dispensando atenção especial às regiões próximas ao tecido epiléptico.

Esses são testes das habilidades motoras da menina. Mas, por razões que ainda não compreendemos muito bem, os tecidos epilépticos costumam se localizar próximo a regiões fundamentais para a linguagem, e isso é preocupante. Então, Ojemann fica muito atento também às áreas envolvidas no processamento da linguagem, onde palavras, frases e conceitos gramaticais são armazenados. Essa criança por acaso é bilíngue, de modo que será necessário mapear as áreas de linguagem que são essenciais tanto para o espanhol quanto para o inglês. Um "E" de papel é aplicado nos locais que concentram o espanhol, enquanto um "I" é colocado nos pontos que contêm o inglês. Ojemann faz esse trabalho minucioso com cada uma das pessoas que se submetem a esse tipo de cirurgia. Por quê? A resposta é surpreendente. Ele precisa mapear as áreas de funções fundamentais de todos os pacientes porque *não sabe onde elas se localizam.*

Ojemann não é capaz de prever a função de áreas muito específicas antes da cirurgia porque não existem cérebros com conexões idênticas. Nem em termos estruturais nem funcionais. Por exemplo, cada um de nós armazena a linguagem em pontos diferentes, recrutando regiões distintas para componentes diversos, como substantivos, verbos e regras gramaticais. Nem mesmo as pessoas bilíngues mantêm os dois idiomas em locais semelhantes.

Essa individualidade fascina Ojemann há muito tempo. Certa vez, ele justapôs o mapa cerebral de 117 pacientes que havia operado ao longo dos anos. Apenas em uma região encontrou um ponto em que a maioria das pessoas (79%) apresentava áreas fundamentais da linguagem (AFL).

Dados do mapeamento por estimulação elétrica apresentam provavelmente a ilustração mais marcante da individualidade do cérebro. Mas Ojemann também queria saber até que ponto essas diferenças se mantinham estáveis durante a vida e se alguma delas servia como indicativo de competência intelectual. Ele encontrou respostas interessantes para ambas as perguntas. Em primeiro lugar, os mapas se estabelecem bem no início da vida e permanecem estáveis ao longo dos anos. Ainda que uma ou duas décadas tenham se passado entre cirurgias, as regiões recrutadas para uma AFL específica continuavam as mesmas. Ojemann descobriu também que determinados padrões de AFL eram indicativos de competência linguística, pelo menos de acordo com testes de Q.I. para avaliar a aptidão verbal feitos antes da cirurgia. Se você quiser ser bom em linguagem (ou pelo menos se dar bem no teste), não permita que o giro temporal superior abrigue as suas AFL. Por estatística, o seu desempenho verbal será muito fraco. Além disso, faça com que o seu padrão geral de AFL tenha uma configuração pequena e bem dirigida. Se o padrão, em vez disso, apresentar uma distribuição ampla, a sua pontuação será notadamente baixa. Essas descobertas são bem fundamentadas e independem da idade. Foram demonstradas tanto em crianças que estão no jardim de infância quanto em idosos.

Não só temos conexões cerebrais específicas, como essas diferenças neurológicas podem ser um indicativo do desempenho – pelo menos no caso da linguagem.

Ideias

Levando em conta esses dados, será que faz sentido a existência de um sistema escolar que espera que todos os cérebros aprendam da mesma maneira? Será sensato tratar todas as pessoas do mesmo jeito em ambientes profissionais, principalmente em uma economia global, repleta de experiências culturais diversas? Os dados revelam fortes implicações relativas à forma como deveríamos ensinar as crianças e como deveríamos lidar com elas anos mais tarde quando já estivessem na posição de profissionais. Tenho duas preocupações a respeito do sistema escolar:

1. Ele se fundamenta em uma série de expectativas de que determinados objetivos de aprendizado devem ser atingidos em uma idade específica. No entanto, não existe razão para imaginarmos que o cérebro segue essas estimativas. Alunos *da mesma idade* apresentam graus extremamente variados de capacidade intelectual.

2. Essas diferenças podem influenciar profundamente o desempenho da turma. Isso já foi testado. Por exemplo, o cérebro de cerca de 10% dos alunos *não* tem conexões suficientes para ler na idade em que se espera que eles saibam fazer isso. Modelos rígidos baseados apenas na linguagem criam, com toda a certeza, um conflito contraproducente em relação à biologia do cérebro.

O que podemos fazer a respeito disso?

Reduzir o tamanho das salas de aula

Sabe-se há muitos anos que escolas menores e mais acolhedoras criam um ambiente de aprendizado mais eficiente do que o oferecido por instituições de ensino do tipo *megaplex*. A Regra do Cérebro talvez ajude a explicar por que o que é menor é melhor.

Considerando que todo cérebro tem conexões diferentes, ser capaz de saber o que se passa na cabeça de um aluno é uma ferramenta poderosa nas mãos de um professor. Como você viu, a teoria da mente é o recurso mais próximo que temos da leitura mental. Ela é definida pela capacidade de compreendermos as motivações internas de outra pessoa e de construirmos, com base nesse conhecimento, uma "teoria indicativa de como a sua mente funciona". Isso dá aos professores um importante acesso à disposição interior dos alunos quanto ao processo educacional. Assim, eles podem saber, por exemplo, quando os estudantes estão confusos e quando estão interessados. Além disso, pode permitir que os professores mais sensíveis verifiquem se aquilo que eles ensinam está sendo transformado em aprendizado. Talvez essa seja até a própria definição dessa sensibilidade. Passei a acreditar que as pessoas com habilidades avançadas da teoria da mente são as que possuem a qualidade mais importante para que venham a se tornar eficientes na comunicação da informação.

A compreensão de informações complexas pelos alunos varia em termos de tempo e de profundidade. Como um professor só consegue acompanhar determinado número de mentes, o número de alunos em sala de aula deveria ser limitado – quanto menor, melhor. É possível que classes menores contribuam para uma indicação mais exata do desempenho apenas porque dão ao mestre melhores condições de saber o ponto em que cada um dos estudantes se encontra. Isso sugere que possuir habilidades avançadas da teoria da mente é um indicativo de que se pode ser um bom professor. Se for assim, testes dessa teoria poderiam ser aplicados para diferenciar bons e maus professores e também para ajudar as pessoas a considerar a possibilidade de seguir essa profissão.

Particularizar a instrução

O que dizer da antiga orientação para que se criassem métodos de instrução mais personalizados dentro dos níveis de ensino? Essa sugestão está embasada nas neurociências. A pesquisadora Carol McDonald Connor está fazendo um trabalho que, na minha opinião, é o primeiro com condições de lidar de maneira efetiva com as diferenças inerentes ao processo de aprendizado. Ela e uma colega associaram um método-padrão de leitura a um moderno programa de computador chamado A2i. O software usa inteligência artificial para determinar em que nível estão as habilidades de leitura do usuário e depois elabora exercícios sob medida, adaptados ao aluno, para que ele supere qualquer tipo de dificuldade que apresente.

Quando aplicado em conjunto com aulas-padrão de leitura, o software proporciona excelentes resultados. Quanto mais os alunos trabalham com o programa, melhores as suas notas se tornam. É interessante observar que o efeito é expressivo quando esse recurso é associado a um programa comum de leitura. Sozinhos, nem o professor nem o software são tão eficientes. Quando um mestre ensina uma turma da maneira habitual, surgem lacunas de aprendizado, dadas as diferenças entre os intelectos dos alunos. Se essas brechas não forem preenchidas, o processo pode ficar cada vez mais prejudicado, e esse é um efeito comum e altamente danoso de não se conseguir transformar a instrução em informação assimilada. O software garante que esses hiatos não ficarão sem correção.

Será que esse é o futuro? Tentar individualizar a educação não é exatamente uma ideia nova. Usar códigos para substituir o ser humano na atividade de ensino também não é nada revolucionário. Mas a combinação dos dois pode ser excepcional. Gostaria de ver neurocientistas e pesquisadores da área educacional realizando estudos conjuntos em três frentes:

1. Avaliar professores e futuros professores em relação a habilidades avançadas da teoria da mente, com a aplicação de um dos quatro testes principais que medem empatia. Determinar se isso afeta o desempenho dos alunos de maneira significativa em termos estatísticos.

2. Desenvolver softwares adaptáveis a diversas disciplinas e níveis de ensino. Realizar testes para verificar a sua eficiência. Implementar os que funcionam de maneira similar à experiência realizada por Carol McDonald Connor.

3. Testar ambas as ideias em diversas combinações. Aplicá-las em ambientes em que a proporção de alunos por professor é a habitual e também naqueles em que essa taxa é otimizada. Comparar os resultados.

O motivo para se fazer isso é simples: não dá para mudar o fato de que o cérebro humano tem conexões individuais. Cada aluno, funcionário, cliente, isto é, toda pessoa, tem conexões cerebrais específicas. Essa é a Regra do Cérebro. Ou a aceitamos ou a ignoramos. Para o nosso desalento, o atual sistema de educação escolheu a segunda opção. Ele precisa ser demolido e reconstruído de um modo inteiramente novo, em um projeto de grandes proporções que se comprometa a personalizar a instrução. Poderíamos, entre outras coisas, acabar de vez com a estrutura das séries escolares baseadas na idade.

As empresas poderiam tentar usar a teoria da mente para buscar líderes, aplicando simultaneamente um método de "personalização do quadro de funcionários" que trate cada colaborador como um indivíduo. Aposto que muitos gestores iriam descobrir que têm um ótimo nadador na equipe, mas que o estão obrigando a jogar futebol.

Resumo

Regra nº 3

Todo cérebro tem conexões específicas

- Aquilo que fazemos e aprendemos modifica a aparência física do cérebro – literalmente o reprograma com novas conexões.
- As diversas áreas cerebrais se desenvolvem em diferentes velocidades em cada pessoa.
- Não existem dois indivíduos cujos cérebros armazenam a mesma informação da mesma maneira e no mesmo lugar.
- Temos diversos tipos de inteligência, e muitos deles não aparecem nos testes de Q.I.

Atenção

Regra nº 4

Ninguém presta atenção em coisas chatas

Eram quase três horas da manhã quando de repente acordei sobressaltado com um pequeno feixe de luz deslizando sobre as paredes da sala. À luz da lua, eu via a silhueta de um homem de cerca de 1,80m usando sobretudo, com uma lanterna na mão, examinando o que havia na casa. Na outra mão, ele tinha um objeto prateado que reluzia ao luar. Quando o meu cérebro sonolento despertou repentina e abruptamente, percebi que a minha casa estava prestes a ser assaltada por uma pessoa mais jovem e maior do que eu e de posse de uma arma de fogo. Com o coração disparado e os joelhos tremendo, consegui me esgueirar até o telefone e chamar a polícia bem depressa. Acendi a luz, montei guarda na frente do quarto dos meus filhos e comecei a rezar. Por milagre, uma patrulha já estava na vizinhança e ativou as sirenes um minuto após a minha ligação. Tudo isso aconteceu tão rápido que o carro que seria usado na fuga foi deixado na frente da minha garagem com o motor ligado. O invasor foi logo capturado.

Essa experiência durou apenas 45 segundos, porém alguns de seus aspectos ficaram marcados na minha memória de maneira indelével, do contorno do sobretudo do rapaz ao formato da sua arma.

Será que faz diferença em termos de aprendizado se estamos prestando atenção ou não? A resposta mais curta é a seguinte: esteja certo que sim. Meu cérebro estava totalmente desperto, por isso vou me lembrar desse episódio até o fim da minha vida. Quanto mais atento o cérebro fica a um estímulo, mais elaborado será o modo como a informação será codificada – e armazenada. Isso tem implicações para profissionais e alunos. A forte ligação entre a atenção e o aprendizado vem sendo apontada por uma série de pesquisas em sala de aula feitas tanto há pouco tempo quanto há 100 anos. E é um vínculo que vale para todos: quer se trate de um curioso aluno de jardim de infância, quer se trate de um universitário entediado, mais atenção sempre corresponde a um nível mais alto de aprendizado. Isso melhora a retenção do conteúdo da leitura, a precisão e a clareza da escrita, da matemática e das ciências – todas as categorias acadêmicas que foram avaliadas.

Faço esta pergunta aos alunos de todas as disciplinas que ensino na universidade:

- Considerando uma aula que desperta um interesse relativo, não muito entediante nem muito emocionante, em que momento vocês começam a olhar para o relógio, imaginando quando ela vai terminar? - Sempre escuto o barulho de pés se arrastando nervosamente, vejo alguns sorrisos e depois percebo que um grande silêncio se instala. A certa altura, alguém diz:

- Em 10 minutos, Dr. Medina.

- Por que 10 minutos? - pergunto.

- É quando começo a parar de prestar atenção e a pensar em quando aquele tormento vai acabar.

Os comentários são feitos sempre com frustração. Nas faculdades americanas, as aulas continuam tendo 50 minutos de duração.

Estudos publicados em revistas científicas com análise de especialistas da área confirmam a minha pesquisa informal: antes que os primeiros 15 minutos de uma apresentação cheguem ao fim, *geralmente* as pessoas já estão com a cabeça em outro lugar. Se manter os alunos interessados em uma aula fosse um negócio, o índice de fracasso dessa atividade seria de 80%. O que acontece na marca dos 10 minutos que ocasiona esse problema? Ninguém sabe. O cérebro parece fazer escolhas de acordo com um padrão obstinado de contagem de tempo, sem dúvida influenciado tanto pela cultura quanto pelos genes. Esse fato sugere que há uma necessidade imperativa na sala de aula e no ambiente profissional: encontrar um meio de despertar e prender a atenção de alguém durante um tempo específico. Mas como? Para responder a essa pergunta, vamos ter que examinar algumas áreas complexas do território neurológico. Estamos prestes a investigar o notável mundo da atenção humana – incluindo o que ocorre no cérebro quando nos concentramos em alguma coisa, a importância das emoções e o mito de que somos capazes de executar várias tarefas ao mesmo tempo.

Será que você pode prestar atenção, por favor?

Enquanto você está lendo este parágrafo, milhões de neurônios sensoriais no seu cérebro estão ativados ao mesmo tempo, todos transportando mensagens, cada um deles tentando chamar a sua atenção. Você estará consciente de apenas uma pequena quantidade dessas informações – as demais passarão despercebidas em parte ou totalmente. Por incrível que pareça, é fácil alterar esse equilíbrio e garantir a recepção de algumas das diversas mensagens que estão sendo ignoradas, e isso sem esforço nenhum. (Enquanto lê esta frase você consegue sentir onde estão os seus cotovelos?) As coisas que prendem a sua atenção estão associadas à memória, ao interesse e à percepção.

Memória

Aquilo em que prestamos atenção está sob profunda influência da memória. Na vida cotidiana, usamos experiências anteriores para saber o que devemos perceber ou não. Ambientes diferentes criam expectativas distintas. Isso foi muito bem demonstrado pelo pesquisador Jared Diamond no livro *Armas, germes e aço* em que descreve uma aventura pela selva da Nova Guiné com habitantes locais. Ele relata que os nativos têm péssimo desempenho em algumas tarefas que os ocidentais são treinados a realizar desde a infância. Mas isso não quer dizer que sejam burros. Aquelas pessoas detectam mudanças extremamente sutis na selva, são capazes de seguir as pegadas de um predador e encontrar o caminho de volta para casa. Sabem de quais insetos não devem se aproximar, conhecem a localização dos alimentos e conseguem erguer e desmontar abrigos com facilidade. Diamond, que jamais havia estado em um lugar assim, não tem habilidade para prestar atenção em atividades desse tipo. Se ele fosse testado nessas tarefas, seu desempenho seria horroroso.

A cultura também faz diferença, mesmo quando o ambiente físico é similar. Por exemplo, os asiáticos urbanos prestam muita atenção no contexto de uma cena e nas relações entre os objetos que estão em primeiro plano e ao fundo. Os americanos urbanos não fazem isso. Eles ficam atentos aos itens que estão em foco no primeiro plano, o que prejudica a sua percepção do contexto. Essas diferenças podem afetar o modo como uma plateia apreende o conteúdo de uma apresentação de negócios ou de uma aula.

Interesse

Por sorte, existem pontos em comum entre todas as culturas. Por exemplo, sabemos há muito tempo que o "interesse" (ou a "importância") tem uma ligação indissociável com a atenção. Os pesquisadores às vezes o chamam de estimulação. A maneira exata como o interesse se relaciona com a atenção continua sendo um mistério. Será que ele a cria? O cérebro esquadrinha sem parar o horizonte sensorial, avaliando os acontecimentos para detectar o seu potencial de relevância. Quanto maior a importância dos acontecimentos, mais atenção extra eles recebem. Será que o contrário pode ocorrer - a atenção é capaz de criar o interesse?

Os profissionais de marketing acreditam que sim. Eles sabem há anos que estímulos novos – fora do comum ou imprevisíveis – representam uma forma poderosa de usar a atenção para despertar o interesse. Vou dar um exemplo. Um anúncio impresso da tequila Sauza Conmemorativo exibe a foto de um velho barbudo e sujo, com um chapéu de abas e um sorriso largo que revela um só dente. Acima da boca, está escrito: "Este homem tem apenas uma cárie." Embaixo, em letras maiores, vemos a legenda: "A vida é dura. Sua tequila não precisa ser." Tomando a direção oposta da maior parte das campanhas de marketing desse tipo de bebida, que mostra jovens de 20 e poucos dançando quase despidos em festas, o anúncio é eficiente em usar a atenção para gerar interesse.

Percepção

É claro que precisamos estar cientes de algo para que aquilo chame a nossa atenção. Você deve fazer uma ideia de como é difícil pesquisar um conceito assim tão efêmero. Não conhecemos a localização neural da consciência, definida de modo superficial como a parte da mente onde se localiza a percepção. (Os melhores estudos sugerem que diversos sistemas estão disseminados por todo o cérebro.) Temos um longo caminho a percorrer antes que possamos compreender inteiramente a biologia por trás da atenção.

O Dr. Oliver Sacks, renomado neurologista britânico, que é também um excelente contador de histórias, examinou a percepção no nível clínico. Ele relatou um dos seus casos mais intrigantes no livro *O homem que confundiu sua mulher com um chapéu*. É sobre uma maravilhosa senhora que estava sob seus cuidados. Ela era inteligente, articulada e tinha ótimo senso de humor. Mas um AVC na região posterior do cérebro a deixou com uma sequela incomum: a incapacidade de perceber qualquer coisa que estivesse à sua esquerda. Ela só conseguia pegar objetos que estivessem na metade direita do seu campo de visão. Era capaz de passar batom apenas na metade direita dos lábios. E via somente o que estivesse na metade direita do prato. Por causa disso, reclamava com as enfermeiras do hospital que as porções de comida que lhe davam eram pequenas demais! Apenas quando o prato era virado e os alimentos restantes entravam no seu campo de visão direito é que ela conseguia percebê-los e terminar a refeição.

Dados como esse são muito úteis tanto para médicos quanto para pesquisadores. Quando ocorrem danos em uma região específica do cérebro, sabemos que qualquer anormalidade de comportamento que seja observada deve estar, de algum modo, relacionada à função daquela área. Ao examinar uma ampla amostra de pacientes como a senhora que esteve sob os cuidados de Sacks, os pesquisadores tiveram uma visão abrangente de como o cérebro presta atenção nas coisas. Grosso modo, esse órgão pode ser dividido em dois hemisférios de funções diferentes, e os AVCs ocorrem em ambos. Marcel Mesulam, da Universidade Northwestern, descobriu que os hemisférios contêm cada um seu próprio "spot" para a atenção visual. O spot do campo visual. O hemisfério direito, no entanto, tem um spot global. De acordo com Mesulam, um AVC do lado esquerdo é bem menos catastrófico porque o lado direito, se forçado a isso, pode ajudar na visão.

Mas a visão é apenas um dos estímulos em que o cérebro é capaz de prestar atenção. É só deixar um cheiro ruim entrar na sala por um instante ou fazer um barulho alto para que ele logo se volte para aquilo. Também ficamos muito atentos ao nosso interior psicológico, passamos o tempo todo percebendo sentimentos e acontecimentos internos, completamente focados, sem nenhum estímulo sensorial externo evidente. O que acontece na nossa cabeça quando estamos concentrados em alguma coisa?

Alerta vermelho

Há mais de 30 anos, o pesquisador Michael Posner apresentou uma teoria sobre a atenção que é aceita até hoje. Ele começou a carreira realizando estudos na área da física. Logo após se formar na faculdade, foi trabalhar na Boeing Aircraft Company. Sua primeira grande contribuição à pesquisa foi descobrir como fazer com que o barulho das turbinas de avião incomodasse menos os passageiros de voos comerciais. Graças aos seus primeiros esforços, hoje temos um relativo silêncio nas viagens aéreas, ainda que a ruidosa turbina esteja há apenas alguns metros dos nossos tímpanos. O trabalho de Posner com aviões fez com que ele se perguntasse como o cérebro processa todo tipo de informação. Foi essa motivação que o levou a um doutorado em pesquisa e a uma ideia de grande impacto que, às vezes, como brincadeira, é chamada de "modelo da trindade". Posner levantou a hipótese de que prestamos atenção em algo por conta da existência de três sistemas cerebrais distintos, porém completamente integrados.

Em uma manhã agradável de sábado, minha mulher e eu estávamos sentados em nossa varanda ao ar livre, observando um sabiá tomar água no bebedouro para pássaros, quando, de repente, ouvimos um forte crocitar lá no alto. Olhamos para cima e avistamos a sombra de um falcão que mergulhou como um raio do galho de uma árvore próxima e pegou o sabiá pelo pescoço. Quando essa ave de rapina voltou a levantar voo e passou sobre nós, a menos de um metro de distância, o sangue do sabiá pingou na nossa mesa. Algo que começou como uma observação agradável terminou como um lembrete violento da selvageria no mundo real. O espanto foi tanto que ficamos em silêncio.

No modelo de Posner, o primeiro sistema cerebral atua de modo bem parecido com um segurança de museu, cujo trabalho envolve duas funções: estar vigilante e pronto para agir. Ele chamou isso de rede de alerta. Essa rede monitora o ambiente sensorial em busca de qualquer atividade fora do comum. Esse é o nível de atenção geral que o nosso cérebro dispensa ao mundo, um mecanismo denominado alerta intrínseco. Minha mulher e eu estávamos usando essa rede enquanto observávamos o sabiá. Se o sistema detecta algo inusitado, como o crocitar do falcão, ele faz soar um alarme que é ouvido em todo o cérebro. É nesse ponto que o alerta intrínseco se transforma em atenção específica, ou alerta fásico.

Após o alarme, passamos a seguir o estímulo, ativando a segunda rede. Podemos virar a cabeça em direção a ele, escutar com mais atenção, talvez nos aproximar (ou nos afastar) de algo. Foi por isso que tanto a minha mulher quanto eu paramos de olhar para o sabiá e começamos a atentar para a sombra crescente do falcão. O objetivo é adquirir mais informação sobre o estímulo, permitindo que o cérebro decida o que fazer. Posner denominou esse mecanismo de rede de orientação.

O terceiro sistema, a rede de execução, controla os comportamentos associados a reações como: "Ai, meu Deus, o que eu faço agora?" Isso pode incluir o estabelecimento de prioridades, o planejamento às pressas, o controle do impulso, a avaliação das consequências das nossas ações ou a mudança da atenção. Para mim e para a minha mulher, foi o silêncio mergulhado em espanto.

Portanto, temos a capacidade de detectar um novo estímulo, de segui-lo e, com base em sua natureza, decidir o que fazer. O modelo de Posner ofereceu indicações que podiam ser testadas em relação à função e à atenção do cérebro, levando a descobertas neurológicas que seriam abordadas em muitos livros. Centenas de características comportamentais também foram descobertas desde então. Quatro delas têm potencial prático considerável: emoções, significado, execução simultânea de tarefas e necessidade de pausas.

1. As emoções chamam a nossa atenção

Acontecimentos emocionalmente estimulantes costumam ser lembrados com mais exatidão do que eventos neutros.

Embora essa ideia possa parecer óbvia, é frustrante tentar demonstrá-la por meio de estudos porque a comunidade científica ainda discute o que é efetivamente uma emoção. Uma área importante de pesquisa é a que investiga o seu efeito sobre o aprendizado. Um acontecimento carregado de emoção (em geral chamado de "estímulo de competência emocional", ou ECE) é o tipo de estímulo externo mais bem processado que já foi avaliado. Eventos com essa característica permanecem muito mais tempo na memória e são lembrados com mais precisão do que informações neutras.

Como se dá o processamento de um ECE na mente? Isso envolve o córtex pré-frontal, aquela parte do cérebro exclusivamente humana que governa "funções executivas", como solução de problemas, manutenção da atenção e inibição de impulsos emocionais. Enquanto o córtex pré-frontal atua, digamos, como o presidente da empresa, o giro do cíngulo é o seu assistente pessoal. Ele realiza determinadas funções de filtragem para o presidente e auxilia na teleconferência com outras partes do cérebro – sobretudo com a amígdala cerebelar, que ajuda a criar e manter emoções. A amígdala é repleta de dopamina e usa esse neurotransmissor da mesma forma que um assistente utiliza Post-Its para anotar recados. Quando o cérebro detecta um acontecimento de grande carga emocional, a amígdala libera dopamina no sistema. Como essa substância contribui muito para a memória e o processamento de informações, podemos dizer que a mensagem escrita naquele papelzinho é a seguinte: "Lembre-se disto!" Quando o cérebro coloca uma anotação química em determinada informação é porque ela será processada de maneira mais intensa. É isso o que todo professor, pai e executivo deseja.

Os acontecimentos carregados de emoção são de dois tipos: os que ninguém vivencia da mesma forma e aqueles que todos nós experimentamos de forma idêntica.

Quando minha mãe ficava brava (o que era raro), ela ia para a cozinha e fazia a maior barulheira enquanto lavava qualquer louça que encontrasse na pia. E, se houvesse panelas por ali, ela as batia de propósito na hora de guardar. Esse comportamento ruidoso servia para anunciar a todos na casa (se não ao quarteirão inteiro) que ela estava insatisfeita com alguma coisa. Até hoje, sempre que ouço o barulho de panelas batendo, sinto um eficiente estímulo emocional – uma rápida percepção de "Agora você se enrascou!". Minha mulher, cuja mãe nunca demonstrava irritação desse jeito, não associa nada emocional ao barulho de panelas. Esse é um ECE que tem um estímulo único, especificamente meu.

Estímulos vivenciados de modo universal têm origem direta na nossa herança evolutiva e por isso apresentam um potencial maior para serem aplicados no ensino e no trabalho. Não surpreende que eles sigam linhas estritamente darwinianas no que se refere a ameaças e a fontes de energia. Seja você quem for, seu cérebro presta muita atenção nas seguintes perguntas:

"Posso comer isto? Será que isto vai me comer?"

"Posso me relacionar sexualmente com isto? Será que isto vai se relacionar sexualmente comigo?"

"Será que já vi isto em algum lugar?"

Qualquer um dos nossos ancestrais que não se lembrasse inteiramente de experiências ameaçadoras ou que não conseguisse comida de maneira adequada não viveria o suficiente para transmitir seus genes. O cérebro humano conta com muitos sistemas primorosamente ajustados para detectar oportunidades de reprodução e para perceber ameaças. (Foi por isso que a história do ladrão prendeu a sua atenção – e por que a inseri no início deste capítulo.) Também somos excelentes em reconhecer padrões, estamos sempre avaliando o ambiente em busca de similaridades e tendemos a nos recordar das coisas se acharmos que já as vimos antes.

Um dos melhores anúncios de televisão já realizados empregou os três princípios em uma espiral crescente. Stephen Hayden o produziu para apresentar o computador Apple em 1984. Sua criação recebeu todos os principais prêmios de publicidade naquele ano e estabeleceu o padrão para os comerciais durante o jogo final da liga de futebol americano (o Super Bowl), que é o espaço publicitário televisivo mais caro nos Estados Unidos.

Na abertura do anúncio, vemos um auditório lotado de homens parecidos com robôs e vestidos com roupas azuis idênticas. Em uma referência à primeira versão do filme *1984*, realizada em 1956, aqueles indivíduos olham para uma tela onde um enorme rosto masculino cita chavões como "Purificação da informação!" e "Unificação do pensamento!". Os homens absorvem essas mensagens como zumbis. Em seguida, tem início uma nova cena: uma moça com roupa de ginástica e uma marreta na mão corre a toda velocidade na direção do auditório. Ela usa um short vermelho, a única cor primária presente no comercial. Disparando pelo corredor central, a garota joga a marreta na tela com a imagem do Big Brother, causando uma explosão que libera uma chuva de faíscas e luzes ofuscantes. Letras simples brilham na tela: "No dia 24 de janeiro, a Apple Computer vai apresentar o Macintosh. E você verá por que 1984 não será igual a *1984*."

Todos os elementos estão ativos nesse exemplo. Nada poderia ser mais ameaçador para um país que venera a liberdade de expressão, como os Estados Unidos, do que a sociedade totalitária descrita por George Orwell em *1984*. Existe apelo sexual no anúncio, com o revelador short de ginástica, mas há também um sentido inusitado. Mac é uma mulher, então... IBM deve ser homem. Na década de 1980, quando as mulheres ganharam mais poder, aquela contundente declaração da guerra dos sexos tomou de repente o centro do palco. Há muitos reconhecimentos de padrões. Além disso, as pessoas que na época *realmente* se interessavam por computadores fizeram a ligação com a IBM, empresa com frequência chamada de Big Blue ("grande azul"), porque os membros de sua equipe de vendas usavam ternos dessa cor.

2. O significado vem antes dos detalhes

A maior parte das pessoas se lembra do apelo emocional daquele anúncio, e não dos seus pormenores. Existe uma razão para isso. Não há nenhum outro aspecto de uma experiência do qual o cérebro se recorde melhor do que de seu componente emocional. Podemos nos esquecer, por exemplo, dos detalhes de uma pequena batida em uma estrada, porém nos lembramos de modo vívido do medo que sentimos de sofrer uma nova colisão enquanto tentávamos chegar ao acostamento.

Estudos mostram que a estimulação emocional faz com que a atenção se concentre na parte principal de uma experiência *em detrimento* de seus detalhes. Muitos pesquisadores acreditam que a memória funciona normalmente desta forma: armazenando a essência do que vivenciamos, e não fazendo seu registro literal. Com o passar do tempo, a lembrança do elemento fundamental sempre se sobrepõe à recordação dos pormenores. Isso significa que a mente tende a reter imagens generalizadas de conceitos ou eventos em vez de minúcias, que vão desaparecendo pouco a pouco.

É claro que, no local de trabalho e no ambiente escolar, o conhecimento dos detalhes costuma ser fundamental para o sucesso. O interessante é que a dependência que temos da parte essencial talvez seja imprescindível para que encontremos uma estratégia que nos permita lembrar das particularidades. Sabemos disso graças a uma série de encontros fortuitos ocorrida na década de 1980 entre um neurocientista e um garçom.

É espantoso observar J. C. em ação. Ele jamais anota nada e, ainda assim, nunca erra. Como o cardápio oferece mais de 500 combinações possíveis de pratos (entradas, acompanhamentos, molhos, etc.) *por cliente*, isso é um feito extraordinário. Já o viram atender consecutivamente 20 pedidos com taxa de erro de 0%. J. C. trabalhava em um restaurante frequentado por K. Anders Ericsson, neurocientista da Universidade do Colorado. Ao perceber a habilidade fora do comum daquele garçom, Ericsson lhe perguntou se ele aceitaria participar de um estudo. O neurocientista verificou que o segredo do sucesso de J. C. estava na utilização de uma estratégia de organização altamente eficiente. Ele sempre dividia o pedido em determinadas categorias, como prato principal, ponto de cozimento, acompanhamento, etc. Depois, codificava os detalhes aplicando um sistema de letras. No caso dos molhos de salada, Blue Cheese era sempre "B", enquanto Thousand Island era sempre "T", e assim por diante. Usando esse código com os outros elementos do cardápio, J. C. associava as letras ao rosto do cliente e se lembrava da sua solicitação. Com a criação de uma hierarquia de tópicos essenciais, ele conseguia assimilar os pormenores com facilidade.

A estratégia de J. C. emprega um princípio bem conhecido na comunidade neurocientífica: a memória é fortalecida pela criação de associações entre conceitos. Essa experiência foi realizada centenas de vezes, sempre com o mesmo resultado: palavras ordenadas em uma estrutura lógica, organizada e hierárquica são lembradas com mais exatidão do que as que são apresentadas de maneira aleatória – em geral, a melhora é de 40%. Esse resultado surpreende os pesquisadores até hoje. Associações implícitas entre dados apontam para um inevitável aumento do número de itens a serem memorizados. Adicionar unidades de bagagem intelectual ao acervo deveria dificultar o aprendizado. Acontece que não foi exatamente isso que se descobriu. Quando conseguimos extrair *significado* de uma combinação de palavras, temos mais facilidade para nos recordar das particularidades. O significado vem *antes* dos detalhes.

John Bransford, pesquisador da área da educação e um dos organizadores do livro *Como as pessoas aprendem*, fez uma pergunta muito simples: "Em determinada disciplina acadêmica, o que distingue os novatos dos especialistas?" Ele descobriu seis características de diferenciação, uma das quais está relacionada com a nossa discussão: "O conhecimento dos especialistas não é apenas uma lista de fatos e fórmulas importantes para o campo em que atuam. Em vez disso, o seu saber é organizado em torno de conceitos nucleares ou 'grandes ideias' que guiam os seus pensamentos a respeito da sua área."

Tanto faz se você é garçom ou neurocientista – se quiser entender corretamente as particularidades, não comece com os detalhes. Parta das ideias principais e, usando a hierarquia, forme os detalhes em torno desses conceitos mais amplos.

3. O cérebro não é capaz de executar várias tarefas simultaneamente

Quando se trata de prestar atenção, a possibilidade de fazer várias coisas ao mesmo tempo é um mito. O cérebro se concentra naturalmente nos conceitos de forma sequencial, um de cada vez. À primeira vista, isso pode parecer confuso, afinal, em determinado nível, esse órgão de fato executa muitas tarefas simultâneas. Por exemplo, controla os nossos batimentos cardíacos enquanto lemos um livro. Mas aqui estou tratando da capacidade que o cérebro tem de ficar atento a algo. Refiro-me àquele recurso que utilizamos forçosamente quando tentamos assistir a uma aula chata na escola. Àquela atividade que desaba quando a nossa mente vai para outro lugar durante uma apresentação tediosa no trabalho. A capacidade de prestar atenção não consegue executar várias tarefas ao mesmo tempo.

Certa vez concordei em ajudar o filho de um amigo na realização de parte de um dever de casa. Acho que nunca vou me esquecer dessa experiência. Eric, então no ensino médio, estava trabalhando em seu laptop havia meia hora quando fui levado ao seu quarto. Com um iPod pendurado no pescoço, ele ouvia Tom Petty, Bob Dylan e Green Day no volume máximo enquanto a sua mão batucava o ritmo sem parar. No laptop, vi pelo menos 11 janelas abertas, incluindo duas telas de mensagens instantâneas que exibiam conversas simultâneas com amigos no MySpace. Outra janela estava ocupada baixando uma imagem do Google. A janela por trás dessa mostrava os resultados de um gráfico que ele estava alterando para um dos amigos on-line, e a que estava atrás dessa exibia um antigo jogo de pingue-pongue interrompido antes de uma rebatida.

Soterrado no meio de tudo isso estava um programa de processamento de texto com o trabalho para o qual ele necessitava de ajuda. "A música facilita a minha concentração", disse Eric antes de atender uma ligação no celular. "Costumo fazer tudo na escola, mas desta vez empaquei. Obrigado por ter vindo." E tinha empacado mesmo. Ele ia em frente com uma ou duas frases do trabalho, depois parava para digitar uma mensagem no MySpace, em seguida verificava se o download da imagem havia terminado e então voltava para o texto. É evidente que Eric não estava concentrado na lição de casa. Ele fez com que você se lembrasse de alguém?

Para ser direto: pesquisas mostram que *não conseguimos executar várias tarefas ao mesmo tempo.* Somos biologicamente incapazes de processar diversos estímulos que necessitam de atenção simultânea. Eric e todos nós precisamos ir passando de uma coisa a outra.

Para compreender essa conclusão notável, temos que mergulhar um pouco mais fundo no terceiro elemento da trindade de Posner: a rede de execução. No caso de Eric, vamos observar o que essa rede faz enquanto ele trabalha no texto e é interrompido por um alarme avisando que acaba de chegar um e-mail de sua namorada, Emily.

PASSO 1: ALERTA DE MUDANÇA

Para que Eric comece a escrever o texto partindo do zero, o sangue corre para o seu córtex pré-frontal anterior. Essa área do cérebro, que faz parte da rede de execução, funciona como uma mesa de ramais, alertando o cérebro de que está prestes a mudar o foco de atenção.

PASSO 2: ATIVAÇÃO DA REGRA PARA A TAREFA Nº 1

Embutida no alerta – a eletricidade que se desloca através do cérebro de Eric – há uma mensagem em duas partes. A primeira é a solicitação de busca para que se encontrem os neurônios capazes de executar a tarefa de redigir o texto. A segunda parte codifica um comando que despertará os neurônios assim que eles forem descobertos. Esse processo se chama "ativação da regra" e demora alguns décimos de segundo para ser concluído. Eric começa escrever o trabalho.

PASSO 3: LIBERAÇÃO

Enquanto Eric está digitando, seus sistemas sensoriais captam o aviso da chegada do e-mail da sua namorada. Como as regras para redigir um trabalho são diferentes daquelas que envolvem a ação de escrever para Emily, seu cérebro precisa primeiro se liberar das normas que está seguindo antes de responder à mensagem. É o que acontece. A mesa de ramais é consultada e informa o cérebro de que mais uma mudança no foco de atenção está para ocorrer.

PASSO 4: ATIVAÇÃO DA REGRA PARA A TAREFA Nº 2

É enviada outra mensagem em duas partes, agora em busca dos protocolos de ativação da regra para mandar um e-mail para Emily. A primeira parte é um comando para que se busquem as regras para escrever para a moça, e a segunda é o comando de ativação. Eric já pode abrir o coração para a sua amada. Como no caso anterior, são necessários alguns décimos de segundo para que a mudança seja concluída.

Por incrível que pareça, esses quatro passos têm que ocorrer em sequência *toda vez* que Eric passa de uma atividade para outra. Isso consome tempo. *E é sequencial.* É por isso que não podemos fazer muitas coisas simultaneamente. Esse fato mostra também por que as pessoas de repente se veem sem saber o que já realizaram até aquele ponto e precisam "começar tudo de novo", às vezes balbuciando algo como "Onde eu estava mesmo?" sempre que mudam de tarefa. O máximo que podemos dizer sobre os indivíduos que parecem capazes de executar várias ações de uma só vez é que eles possuem boa memória de trabalho (ou memória operacional) - conseguem prestar atenção em vários estímulos, *um de cada vez.*

Quer saber por que isso é importante? Estudos mostram que uma pessoa que sofre interrupções demora 50% mais tempo para concluir uma tarefa. E não é só isso - ela também erra 50% mais.

Algumas pessoas, sobretudo as mais jovens, são mais afeitas a essa mudança de atividade. Se alguém está familiarizado com as tarefas, o tempo que levará para concluí-las e a quantidade de erros que cometerá serão bem menores do que se as desconhecesse. Ainda assim, fazer com que o cérebro, que atua de modo sequencial, realize várias ações ao mesmo tempo pode ser parecido com tentar calçar o sapato esquerdo no pé direito.

Um bom exemplo é dirigir e falar ao celular simultaneamente. Até que os pesquisadores começassem a avaliar, em condições controladas, os efeitos das distrações causadas por essas conversas telefônicas, ninguém fazia ideia da extensão do dano que isso pode acarretar aos motoristas. É a mesma coisa que dirigir embriagado. Lembre-se de que, para trocar de tarefa, o cérebro necessita de muitas frações de segundo. Quem fala ao telefone leva meio segundo a mais para frear em uma situação de emergência, necessita de mais tempo para retomar a velocidade normal depois de uma ocorrência desse tipo e fica mais audacioso em relação à distância que mantém do veículo da frente. Mais de 50% dos indícios visuais percebidos por motoristas que guiam com atenção não são observados pelos que falam ao celular. Não é de admirar que eles sofram muito mais acidentes do que qualquer outra pessoa, à exceção de quem dirige bêbado.

E falar ao telefone não é a única distração perigosa. Isso vale também para atos como passar maquiagem, comer e virar a cabeça para ver um acidente. Um estudo mostrou que o simples gesto de esticarmos a mão para pegar um objeto enquanto dirigimos aumenta em nove vezes o risco de colisão ou de quase provocarmos esse tipo de acidente. Levando em conta o que sabemos sobre a capacidade de atenção do cérebro humano, esses dados não são surpreendentes.

4. O cérebro precisa de descanso

Nossa necessidade de interrupção em intervalos regulares me traz à lembrança um filme chamado *Mondo Cane* (Mundo cão), que se destaca por ter sido o pior filme que os meus pais já viram, segundo eles próprios. O único motivo que os fez detestar essa produção foi uma cena perturbadora: criadores alimentando gansos à força para fazer patê de fígado, o chamado *foie gras*. Desferindo golpes vigorosos com um bastão, eles literalmente enfiavam a comida goela abaixo dos pobres animais. Quando um ganso queria regurgitar, um anel de latão era colocado em volta da sua garganta, prendendo assim os alimentos dentro do seu trato digestivo. Com as muitas repetições desse processo, o excesso de nutrientes acabava fazendo com que o fígado dos animais inchasse, para o deleite de chefs em todo o mundo. É claro que isso não proporcionava nenhum benefício à nutrição dos gansos, que eram sacrificados em nome da conveniência.

Minha mãe, que dava aulas no ensino fundamental, sempre me contava essa história quando falava sobre ser boa ou má professora. "A maior parte dos professores empurra coisas de mais pela garganta dos alunos, do mesmo jeito que os criadores naquele filme horroroso", ela dizia. Quando entrei para a faculdade, logo entendi o sentido de suas palavras. E agora que sou um professor que trabalha com a comunidade empresarial, vejo isso de perto. Sabe qual é o erro de comunicação mais comum? Despejar uma grande quantidade de informação sem dar ao receptor tempo suficiente para assimilar a mensagem. É muita alimentação forçada e pouquíssimo tempo para digerir tudo aquilo. Esse esquema não proporciona nenhum benefício à "nutrição" dos ouvintes, cujo aprendizado costuma ser sacrificado em nome da conveniência.

Em certo nível, isso é compreensível. A maior parte dos especialistas tem tanta familiaridade com a sua disciplina que se esquece do que é ser novato. E, mesmo que se lembrem disso, ficam entediados por ter que repetir os fundamentos. Na faculdade, percebi que muitos dos meus professores estavam fartos de ensinar justamente por serem obrigados a se comunicar em níveis tão elementares. Eles pareciam não se dar conta de que, para nós, as informações eram novas e que precisávamos de tempo para assimilá-las – o que impõe a necessidade de intervalos regulares. É verdade: o fato de uma pessoa ser expert em algo não garante que ela sabe ensinar aquilo.

Isso não ocorre apenas nas salas de aula. Já observei equívocos similares em palestras, reuniões de diretoria, apresentações de vendas, reportagens de televisão, sermões, isto é, em diversas situações em que as informações são transmitidas por um especialista a alguém que desconhece o assunto.

Ideias

A regra dos 10 minutos proporciona uma solução para esses problemas. Veja a seguir o modelo que desenvolvi para dar uma aula. Graças a esse projeto, recebi o Prêmio Professor do Ano concedido pela indústria farmacêutica Hoechst Marion Roussel.

Planejamento da aula: segmentos de 10 minutos

Optei por esquematizar todas as minhas aulas em módulos individuais. Como a regra dos 10 minutos já era conhecida havia muitos anos, decidi que cada um dos segmentos teria essa duração. Eles tratariam de um único conceito nuclear – sempre abrangente, geral, composto de partes principais atrativas – *que pudesse ser explicado em um minuto*. As aulas tinham 50 minutos, portanto seria possível abordar cinco conceitos amplos em um único período. Durante os nove minutos restantes de cada módulo, eu forneceria a descrição detalhada do assunto central. O segredo era garantir que cada detalhe pudesse ser vinculado ao conceito nuclear com o mínimo de esforço intelectual. Eu usava parte do tempo do conteúdo para explicar essa relação em termos claros e categóricos. Era como permitir que os gansos descansassem entre os períodos de alimentação exagerada.

Depois disso, tinha início a parte mais difícil: ao fim de 10 minutos, a explicação do conceito principal já devia estar concluída. Por que esquematizei as aulas dessa maneira? Pelos três motivos que apresento a seguir.

1. Tendo em vista a tendência da plateia de se distrair após 20% de uma apresentação, eu sabia que, de cara, só tinha cerca de 600 segundos para conquistar a sua atenção e ser ouvido; de outro modo, a hora seguinte seria desperdiçada. Eu precisava fazer alguma coisa depois do 601º segundo para "comprar" mais 10 minutos.

2. O cérebro processa o significado antes dos detalhes. Começar com a apresentação dos elementos essenciais, isto é, do conceito nuclear, era como dar um grande copo d'água para alguém que está com sede. E o cérebro gosta de hierarquia. Partir de conceitos gerais faz naturalmente com que as informações sejam apresentadas de modo hierárquico. Portanto, ficou claro para mim que era necessário expor a ideia geral *primeiro*. Isso garante 40% de melhora na compreensão.

3. Constatei que é fundamental que o professor ou o instrutor explique o plano da apresentação logo no início, repetindo com regularidade durante todo o período expressões como "Neste ponto em que estamos". Isso impede que a plateia comece a fazer outras coisas ao mesmo tempo. Se ele expuser um conceito sem mencionar onde essa ideia se encaixa no resto da apresentação, as pessoas são forçadas a ouvi-lo e, simultaneamente, tentar adivinhar em que lugar aquela informação se insere no restante do que está sendo dito. Esse tipo de situação é o equivalente pedagógico de dirigir enquanto se fala ao celular. Como é impossível prestar atenção em duas coisas – *quaisquer que elas sejam* – ao mesmo tempo, isso causa uma série de lacunas de milissegundos. As conexões têm que ser esclarecidas de maneira direta e repetitiva.

Iscas para prender a atenção

Depois de nove minutos e 59 segundos, a atenção da plateia está prestes a cair a quase zero. Se eu não fizer algo rapidamente, os alunos acabarão travando sucessivas batalhas inglórias em seu esforço de me acompanhar. Do que eles precisam? Não de mais informação do mesmo tipo. Isso seria como se os gansos estivessem se sufocando com a comida sem ter a oportunidade real de digeri-la. Eles também não necessitam de dados dissociados do tema, pois isso os desviará da sua linha de raciocínio, fazendo com que o fluxo de informações pareça desarticulado, desorganizado e sem importância. O que pode beneficiá-los é algo com poder de atração suficiente para motivá-los a romper a barreira dos 10 minutos e passar para um território novo – alguma coisa capaz de desencadear uma reação orientada para o expositor e mobilizar as funções executivas, permitindo assim que o aprendizado ocorra de modo eficiente.

Será que conhecemos algo com potencial assim tão atrativo? É claro que sim. Os ECE. Por isso, decidi que a cada 10 minutos da minha aula, faria uma pausa naquele jato de informações e enviaria aos alunos um ECE pertinente ao assunto que agora chamo de "isca". À medida que fui dando mais aulas, notei que as iscas que surtiam os melhores efeitos eram sempre as que apresentavam as três características que descrevo a seguir:

1. A isca tinha que despertar uma emoção. Medo, riso, alegria, nostalgia, incredulidade – toda a cartela emocional podia ser estimulada, e tudo funcionava bem. Empreguei Darwin de maneira deliberada nesse ponto, descrevendo um acontecimento ameaçador ou, com a elegância apropriada, um evento reprodutivo, até mesmo alguma coisa que desencadeasse o reconhecimento de padrões. As narrativas podem ser fortes, sobretudo se forem sucintas e objetivas.

2. A isca tinha que ter relação com o tema. Não podia ser qualquer história nem um simples caso engraçado. Quando eu contava uma piada ou narrava um episódio aleatório a cada 10 minutos, a aula parecia desarticulada. Ou pior: os alunos talvez tivessem a sensação de que eu estava tentando diverti-los em vez de dar a matéria. As plateias são muito eficientes em detectar desorganização e podem ficar com raiva quando imaginam que não estão sendo tratadas com a devida importância. Felizmente, descobri que, tornando a isca muito significativa para o conteúdo exposto, eu fazia com que as pessoas deixassem de pensar que

estavam obtendo apenas diversão e se sentissem envolvidas. Elas não desviavam a atenção do fluxo de informações, embora, na verdade, estivessem fazendo um intervalo.

3. A isca tinha que ser inserida entre os módulos. Eu podia encaixá-la no fim dos 10 minutos remetendo ao que fora dito, resumindo o conteúdo ou repetindo um de seus aspectos. Outra opção era mencioná-la no início do módulo, projetando-a em direção ao que seria abordado, introduzindo o novo tópico ou antecipando um de seus elementos. Descobri que começar a aula com uma isca de apresentação pertinente a toda a matéria que seria dada no dia era uma ótima maneira de fisgar a atenção da turma.

Como são exatamente essas iscas? É nesse ponto que o ato de ensinar pode se tornar criativo de verdade. Como trabalho com questões psiquiátricas, relatos de casos que explicam uma patologia mental fora do comum são atrativos que costumam deixar os alunos receptivos à matéria que está por vir (em geral, bem mais árida). Episódios engraçados envolvendo o mundo empresarial podem ser muito interessantes, principalmente quando se está falando para plateias de leigos nessa área. Costumo ilustrar uma apresentação sobre como as neurociências se relacionam com os negócios citando o seu problema central: o vocabulário. Gosto de mencionar o caso da Electrolux Vacuum Cleaner, uma empresa privada finlandesa, fabricante de aspiradores de pó, que estava tentando entrar no mercado americano. Nessa organização, havia muitos funcionários que falavam inglês, porém nenhum deles era americano. Sabe qual era o principal slogan de marketing da companhia? *If it sucks, it must be an Electrolux* ("Se suga, tem que ser um Electrolux"). Acontece que, nos Estados Unidos, o verbo sugar (*to suck*) é empregado quando se deseja dizer que algo é muito ruim.

Quando comecei a inserir iscas nas minhas aulas, observei mudanças imediatas na atitude dos alunos. Em primeiro lugar, eles continuavam interessados no fim dos primeiros 10 minutos. Além disso, pareciam capazes de manter a atenção por mais 10 minutos, desde que uma nova isca fosse fornecida no fim, e assim sucessivamente. Foi seguindo esse esquema que consegui vencer a batalha por sua atenção.

Então, já na metade da aula, depois de eu ter lançado duas ou três iscas, notei que era possível pular a quarta e a quinta e, ainda assim, manter o pessoal interessado. Descobri em 1994 que isso funcionava, quando usei o modelo pela primeira vez com uma turma, e continua dando resultado até hoje.

Será que o meu modelo empregou o uso eficiente do tempo e a força da proeminência emocional no aprendizado humano? Será que professores e profissionais do mundo empresarial devem abandonar os esquemas que utilizam e adotar as características fundamentais do meu método? Não tenho ideia, mas faria sentido descobrir. O cérebro não presta atenção em coisas chatas, e eu me sinto tão entediado em apresentações monótonas quanto você.

Uma coisa de cada vez

O cérebro é um processador sequencial, incapaz de prestar atenção em duas coisas ao mesmo tempo. Empresas e escolas exaltam a capacidade de executarmos várias tarefas simultaneamente, no entanto pesquisas mostram que isso reduz a produtividade e aumenta a ocorrência de erros. Tente criar um período livre de interrupções durante o dia – feche os programas de e-mail e de mensagens instantâneas, desligue o telefone e o BlackBerry – e veja como você será mais produtivo.

Resumo

Regra nº 4

Ninguém presta atenção em coisas chatas

- O "spot" cerebral conectado à atenção consegue focalizar apenas uma coisa de cada vez, e não várias ao mesmo tempo.
- Somos mais eficientes em perceber padrões e captar o significado de um acontecimento do que em gravar detalhes.
- A estimulação emocional ajuda o cérebro a aprender.
- A plateia para de prestar atenção depois de 10 minutos, mas é possível reacender o seu interesse com narrativas ou eventos ricos em emoções.

Memória de curto prazo

Regra nº 5

Repita para se lembrar

No que diz respeito ao intelecto, a glória é nascer com uma mente tão fantástica que neurocientistas optem, voluntariamente, por dedicar toda a sua carreira a estudá-la. Foi o que ocorreu no século passado com pessoas que possuíam cérebros desse tipo - e, graças a essas mentes notáveis, obtivemos muitas informações sobre a memória humana.

Um desses indivíduos foi Kim Peek, que faleceu em 2009. Nascido em 1951, ele não apresentava nenhum sinal de que teria um futuro intelectual brilhante. Peek tinha a cabeça grande, não possuía corpo caloso e o seu cerebelo não era normal. Só começou a andar aos 4 anos e ficava profundamente aborrecido quando não entendia alguma coisa, o que acontecia com frequência. Ainda na infância, recebeu o diagnóstico de deficiência mental, o que levou os médicos a defender a sua internação em uma instituição especializada. Isso não aconteceu, sobretudo por causa do carinho de seu pai, que identificou em Peek talentos intelectuais muito especiais. Um deles era a memória - uma das mais prodigiosas já registradas. Ele era capaz de ler duas páginas ao mesmo tempo, uma com cada olho, e compreender todo o seu conteúdo. E jamais se esquecer dele.

Apesar de fugir da publicidade, certa vez o pai de Peek permitiu que o roteirista Barry Morrow entrevistasse seu filho. O encontro ocorreu em uma biblioteca, onde Peek demonstrou a Morrow familiaridade com todos os livros (e todos os autores) reunidos ali. Depois começou a citar uma quantidade impressionante – e altamente precisa – de trivialidades esportivas. Ao fim de uma longa conversa sobre a história de algumas guerras americanas (da Revolucionária à do Vietnã), Morrow achou que bastava. Naquele mesmo instante decidiu escrever um roteiro cinematográfico sobre Peek. E foi o que fez. O resultado foi o filme *Rain Man*, ganhador do Oscar.

O que se passava no cérebro incomum de Kim Peek? Será que sua mente fazia parte de um show de horrores cognitivo ou será que ele era apenas um exemplo extremo do aprendizado humano normal? Algo muito importante ocorria nos primeiros momentos em que seu cérebro era exposto à informação, e isso não é assim tão diferente do que acontece com o resto de nós nos instantes iniciais do aprendizado.

Esses primeiros momentos nos dão a capacidade de nos lembrar de alguma coisa. O cérebro tem tipos diferentes de sistemas de memória, e muitos deles operam com autonomia parcial. Sabemos tão pouco a respeito de como ocorre a coordenação entre eles que, até hoje, a memória não é considerada um fenômeno unitário. A que mais conhecemos é a memória declarativa, também chamada de explícita. Ela abrange tudo o que podemos declarar, como "O céu é azul". Esse tipo de memória envolve quatro fases sequenciais: codificação da informação, armazenamento, recuperação e esquecimento. Este capítulo trata da primeira fase. Aliás, dos seus poucos segundos iniciais. Eles são imprescindíveis para determinar se algo percebido será lembrado depois. Ao longo do caminho, vou falar sobre a outra mente célebre, a de um homem chamado pela comunidade científica de H. M. Seu cérebro tornou-se lendário não por causa de suas capacidades extraordinárias, e sim por suas incapacidades extraordinárias. Também abordarei a diferença entre bicicletas e números de CPF.

Dois tipos de memória

A memória vem sendo tema de obras poéticas e filosóficas há séculos. Em determinado nível, ela é como um exército invasor que permite a intromissão constante de experiências passadas em nossa vida presente. Isso é uma sorte. Como não nascemos com o cérebro inteiramente formado, quase tudo o que sabemos sobre o mundo ou é vivido em primeira mão ou é aprendido com alguém. Graças à nossa memória vigorosa, podemos obter importantes vantagens em termos de sobrevivência – em grande parte, foi por isso que tivemos sucesso em dominar o planeta. Para uma criatura tão fraca do ponto de vista físico quanto o ser humano (compare a sua unha com a garra de um gato e chore de inveja), não deixar que a experiência moldasse o nosso cérebro significaria morte quase certa no campo aberto e feroz da savana.

Mas a memória é mais do que uma peça do xadrez darwiniano. A maioria dos pesquisadores concorda que a sua ampla influência sobre o cérebro é o que nos proporciona a percepção consciente. O nome e o rosto das pessoas que amamos, nossos gostos pessoais e, principalmente, a percepção que temos de tudo isso é mantida por meio da memória. Quando acordamos após uma noite de sono, não precisamos passar uma semana reaprendendo tudo o que sabíamos antes de adormecer. A memória faz isso para nós. Até mesmo o talento mais singular da cognição humana – a capacidade de escrever e falar em uma língua – existe por causa da lembrança ativa. Parece que, além de garantir a nossa sobrevivência, a memória nos torna humanos.

Vamos ver como ela funciona. Quando os pesquisadores querem avaliar a memória, eles acabam examinando a recuperação da informação. Isso acontece porque, para descobrir se alguém submeteu algo à memória, é necessário perguntar à pessoa se ela se lembra daquilo. Então, como nos recordamos das coisas? Será que o espaço de armazenamento que comporta o registro de uma experiência fica de bobeira na nossa mente apenas esperando um comando para liberar o seu conteúdo? Será possível averiguar separadamente a retenção da informação e a sua recuperação? Foram necessários mais de 100 anos de estudos para que obtivéssemos uma vaga definição de memória capaz de fazer sentido para um pesquisador. Esse trabalho começou no século XIX com um estudioso alemão que executou a primeira investigação verdadeiramente científica desse tema. E ele fez isso usando o seu próprio cérebro.

Esse pesquisador foi Hermann Ebbinghaus. Ele nasceu em 1850 e, quando jovem, parecia uma mistura de Papai Noel com John Lennon por causa da barba farta e dos óculos redondos. É mais conhecido por ter descoberto um fato desolador no campo do ensino: em geral, em um período de 30 dias, as pessoas se esquecem de 90% do que aprenderam na sala de aula. Ele mostrou também que a maior parte desse esquecimento ocorre nas primeiras horas após o aprendizado. Isso foi confirmado com todo o rigor nos tempos modernos.

Ebbinghaus criou uma série de protocolos experimentais que deixam até uma criancinha à vontade: fez listas de palavras sem sentido, 2,3 mil delas. Cada palavra continha três letras e era construída na sequência consoante/vogal/consoante, como TAZ, LEF, REN, ZUG. Depois, ele passou o resto da vida tentando memorizar listas dessas palavras em combinações variáveis e em extensões diferentes.

Com a tenacidade de um soldado de infantaria da Prússia (o que ele foi por um curto período), Ebbinghaus registrou durante 30 anos seus sucessos e fracassos. Descobriu muitos aspectos importantes do aprendizado humano durante essa jornada. Ele mostrou que as memórias têm durações diferentes. Algumas delas desaparecem em minutos. Outras se mantêm por dias ou meses, até mesmo por toda a vida. Ebbinghaus revelou também que é possível aumentar o tempo de existência de uma memória com a simples repetição da informação em intervalos específicos. Quanto maior a quantidade de ciclos de repetição, maior era a probabilidade de que determinada memória persistisse em sua mente. Hoje sabemos que o intervalo entre as repetições é o componente crítico para converter memórias temporárias em uma forma mais duradoura. O aprendizado intervalado é muito superior ao aprendizado massificado.

O trabalho de Ebbinghaus estabeleceu uma base. Mas também foi incompleto. Por exemplo, ele não distinguiu o conceito de memória do de recuperação – a diferença entre adquirir uma informação e se recordar dela depois.

Vá em frente e tente se lembrar do número do seu CPF. É fácil? Seus mecanismos de recuperação dessa informação podem incluir algo como visualizar a última vez que você viu esse documento ou que escreveu esses algarismos. Agora, procure se recordar de como é andar de bicicleta. É simples também? Nem um pouco. Você não tem um protocolo detalhando onde coloca o pé, como cria o ângulo correto para as costas nem o modo como posiciona os polegares. O contraste comprova um ponto interessante: ninguém se lembra de como andar de bicicleta da mesma maneira que se recorda de números listados em determinada ordem. A capacidade de andar de bicicleta parece bem independente de qualquer lembrança consciente dessa habilidade. Você tinha percepção consciente quando se recordou do número do CPF, mas não da outra experiência. Será que necessitamos da percepção consciente para vivenciar uma memória? Ou será que existe mais de um tipo de memória?

As respostas a essas duas indagações pareceram mais claras à medida que dados foram surgindo. No caso da primeira pergunta era não, e isso resolvia a segunda questão. Existem pelo menos dois tipos de memória: as que envolvem a percepção consciente e as que existem à parte dela. Essa distinção acabou se transformando na ideia de que havia memórias que conseguimos declarar e outras que não somos capazes de explicitar. As primeiras são aquelas vivenciadas pela nossa percepção consciente, como "O cabelo do meu filho é castanho", "Júpiter é um planeta" ou até mesmo uma lista de palavras. As segundas são as que a nossa percepção consciente não capta, como as habilidades motoras necessárias para andar de bicicleta.

Isso não explica tudo a respeito da memória humana nem sobre a memória declarativa. Mas o rigor de Ebbinghaus deu aos pesquisadores do futuro a primeira oportunidade real de mapear os comportamentos em um cérebro vivo. Depois disso, um menino de 9 anos sofreu um acidente de bicicleta e transformou para sempre o entendimento que os neurocientistas tinham da memória.

Para onde vão as memórias

No acidente, H. M. sofreu uma lesão grave na cabeça que o deixou com ataques epiléticos. As convulsões foram piorando com a idade e acabaram culminando em um ataque maior e 10 períodos de perda de consciência a cada sete dias. Com quase 30 anos, H. M. era portador de muitas disfunções, representava grande perigo potencial para si mesmo e precisava de uma intervenção médica drástica.

Desesperada, a família recorreu ao neurocirurgião William Scoville, que chegou à conclusão de que o problema estava no lobo temporal do cérebro (a região que se localiza, grosso modo, atrás das orelhas). O médico fez a ressecção da superfície interna desse lobo nos dois hemisférios cerebrais. A cirurgia experimental foi muito benéfica para a epilepsia. Mas também deixou H. M com uma perda de memória catastrófica. Desde o dia em que se submeteu à operação, em 1953, até a sua morte aos 82 anos em 2008, ele não foi capaz de converter nenhuma memória de curto prazo em memória de longo prazo. Por exemplo, se vocês fossem apresentados e voltassem a se ver uma ou duas horas depois, ele não se lembraria do primeiro encontro.

H. M. perdeu a habilidade de conversão, que Ebbinghaus havia descrito com tanta clareza em sua pesquisa mais de 50 anos antes.

Mais dramático ainda é o fato de H. M. ter se tornado incapaz de reconhecer o próprio rosto no espelho. Por quê? À medida que ele foi envelhecendo, seus traços fisionômicos também foram se modificando, é claro. Mas, ao contrário do que ocorre com o restante de nós, H. M. não era capaz de absorver a nova informação e convertê-la no formato de longo prazo. De certa forma, isso o deixava preso a uma ideia única em relação à sua aparência. Quando ele se olhava no espelho e não a via, sua mente não era capaz de dizer a quem a imagem de fato pertencia.

Por mais terrível que essa situação fosse para H. M., ela teve enorme valor para a comunidade de pesquisadores. Como eles sabiam exatamente o que fora removido do cérebro de H. M., foi fácil mapear as regiões desse órgão que controlavam os comportamentos descritos por Ebbinghaus. Uma boa parcela do crédito desse trabalho cabe a Brenda Milner, psicóloga que passou mais de 40 anos estudando esse paciente e estabeleceu as bases de grande parte do que hoje sabemos sobre os nervos e sua relação com a memória. Vamos revisar por um instante a biologia do cérebro.

Você está lembrado do córtex – aquele tecido neural na superfície do cérebro que tem mais ou menos o tamanho de uma manta de bebê se esticado? Composta de seis camadas distintas de células, essa é uma região movimentada. Essas células processam sinais que se originam em várias partes do corpo, inclusive os que são captados pelos órgãos sensoriais. Também ajudam a criar memórias estáveis, e é nesse ponto que a infeliz experiência de H. M. se torna tão valiosa. Uma parte do seu córtex ficou perfeitamente intacta, enquanto outras áreas, como o lobo temporal, sofreram danos significativos. Foi uma situação terrível, mas que proporcionou a oportunidade ideal de se estudar a maneira como a memória se forma.

É claro que essa manta de bebê não fica simplesmente jogada sobre o cérebro. Como se esse pedaço de pano fosse capaz de criar sistemas de raízes complexos e adesivos, o córtex adere às estruturas cerebrais mais profundas por meio de um emaranhado incompreensível de conexões neurais. Um dos destinos mais importantes dessas conexões é o hipocampo, que se localiza próximo ao centro do cérebro, em cada um dos seus hemisférios. Uma das suas principais funções é converter memórias de curto prazo em memórias de longo prazo. Como você já deve estar imaginando, foi essa a região que H. M. perdeu durante a cirurgia.

A relação anatômica entre o hipocampo e o córtex ajudou os pesquisadores do século XXI a definir com mais precisão os dois tipos de memória. A declarativa é qualquer sistema consciente de memória que se altera quando o hipocampo e diversas regiões ao redor dele são lesionadas. A não declarativa é qualquer sistema inconsciente de memória que *não* se modifica (ou que, pelo menos, não se transforma muito) quando o hipocampo e as áreas em torno dele sofrem danos. Vamos nos concentrar na memória declarativa, que é parte vital das nossas atividades cotidianas.

Fragmentação e armazenamento

Como eu disse, o ciclo de vida da memória declarativa pode ser dividido em quatro fases sequenciais: codificação, armazenamento, recuperação e esquecimento da informação.

A codificação envolve o que acontece no momento inicial do aprendizado, aquele instante fugaz em que o cérebro encontra pela primeira vez uma informação declarativa nova. Também é marcado por uma falácia absurda para a qual esse órgão conspira ativamente. Veja um exemplo dessa subversão, que mais uma vez vem das observações clínicas do neurologista Oliver Sacks.

O caso envolve um menino autista chamado Tom. Embora apresente disfunções significativas, ele ficou conhecido por ser capaz de "fazer" música (e não muito mais do que isso). Tom nunca recebeu nenhum tipo de instrução formal nessa área, porém aprendeu a tocar piano simplesmente de ouvido. De forma surpreendente, após ouvir a composição apenas uma vez, ele executa na primeira tentativa peças musicais complexas com a habilidade e o talento artístico de profissionais consagrados. Aliás, já foi visto tocando a canção "Fisher's Horn Pipe" com a mão esquerda e "Yankee Doodle Dandy" com a mão direita ao mesmo tempo que cantava "Dixie". Também consegue tocar piano mantendo-se de costas para o teclado e invertendo a posição das mãos. Nada mau para um garoto que não sabe nem amarrar os sapatos.

Quando ouvimos falar de pessoas assim, costumamos ficar com inveja. Tom absorve música como se fosse capaz de ligar um gravador neural em sua cabeça. Suspeita-se que nós também tenhamos esse gravador, só que o nosso modelo não é tão bom quanto o dele. Essa é uma tese comum. Muitas pessoas acreditam que o cérebro é parecido com esse tipo de aparelho, isto é, que aprender é um procedimento semelhante a apertar o botão "gravar" (e que o ato de lembrar corresponde a pressionar a tecla "reproduzir"). Errado. No mundo concreto do cérebro – o de Tom ou o seu – nada poderia estar mais longe da verdade. O momento do aprendizado, ou da codificação, é tão misterioso e complexo que não temos uma metáfora para descrever o que acontece no cérebro naqueles primeiros segundos fugazes.

O pouco que sabemos sugere que essa situação é como a de um liquidificador ligado e sem tampa. A informação é literalmente picada em pedaços distintos à medida que vai entrando no cérebro e sendo espalhada por todo o interior da mente. Em termos formais, isso quer dizer que sinais de fontes sensoriais diversas são registrados em áreas específicas do cérebro. A informação é fragmentada e redistribuída no instante em que é encontrada. Quando você olha para uma imagem complexa, por exemplo, seu cérebro distingue de imediato as linhas diagonais das verticais e as armazena em áreas diferentes. Isso acontece também com as cores. E, se a imagem estiver em movimento, o aspecto da sua movimentação será extraído e guardado em um lugar diverso daquele reservado às imagens estáticas.

Essa separação é tão violenta e tão penetrante que ocorre até quando percebemos informações produzidas exclusivamente por seres humanos, como fragmentos de um idioma. Uma mulher sofreu um AVC em uma região específica do cérebro e perdeu a capacidade de escrever as vogais. Se lhe fosse pedido que redigisse uma frase simples, como "Seu cachorro correu atrás do gato", ela ficaria assim:

S-- c-ch-rr- c-rr-- -tr-s d- g-t-.

Haveria um espaço para cada letra, mas o local das vogais ficaria em branco! Por isso sabemos que as vogais e as consoantes não são armazenadas no mesmo lugar. O AVC sofrido pela mulher afetou algum tipo de conexão neural. Isso é o oposto do mecanismo que um gravador usa para registrar as coisas. No entanto, se examinarmos com atenção, veremos que o efeito do liquidificador nos diz outras coisas. Embora a mulher tenha perdido a capacidade de escrever as vogais, ela preserva perfeitamente o local onde essas letras deveriam se encaixar nas palavras. Usando a mesma lógica, parece que o lugar onde a vogal deve ser inserida é acondicionado em uma área diferente daquela em que o cérebro abriga a própria vogal: o conteúdo é guardado separado de seu contexto/recipiente.

É difícil de acreditar, não é mesmo? O mundo nos parece um todo unificado. Se o funcionamento interno do cérebro nos diz que não é bem assim, como então conseguimos acompanhar tudo? De que modo as características registradas separadamente, incluindo as vogais e as consoantes daquela frase, se juntam para produzir percepções de continuidade? Essa é uma questão que inquieta os pesquisadores há anos e que recebeu uma designação própria e especial - *binding problem* ("problema da integração"), com base no conceito de que determinados pensamentos se juntam no cérebro para fornecer continuidade. Não fazemos ideia de como a mente nos dá essa ilusão de estabilidade de modo rotineiro e sem nenhum esforço.

Mas é claro que existem pistas. A observação atenta do momento inicial do aprendizado, que é o estágio da codificação, forneceu ideias não apenas sobre o problema da integração como também a respeito de todo tipo de aprendizado humano. São esses indícios que vamos verificar agora.

Codificação automática ou à base do esforço?

Codificar informações significa, evidentemente, converter dados em um código. A criação de códigos sempre envolve a tradução da informação para outro formato - em geral quando se quer transmiti-la -, de modo que continue em segredo. Em termos psicológicos, a codificação é a transformação de fontes externas de energia em padrões elétricos que o cérebro é capaz de entender. No sentido estritamente psicológico, é a maneira como apreendemos informações, prestamos atenção nelas e, em última instância, as organizamos com o fim de armazená-las. Nessas duas perspectivas, a codificação prepara a informação para um processamento posterior. Esse é um dos muitos mecanismos que Kim Peek, o Rain Man, domina melhor do que ninguém.

O cérebro é capaz de realizar vários tipos de codificação. Um deles é automático - por exemplo, podemos falar sobre o que jantamos em determinada noite ou sobre os Beatles. Vivi essas duas situações anos atrás na noite em que assisti a um maravilhoso show de Paul McCartney. Se você me perguntar o que comi antes do espetáculo e o que aconteceu no palco, posso falar das duas experiências com muitos detalhes. Embora a memória em si seja bastante complexa (composta de dados espaciais, sequências de acontecimentos, imagens, cheiros, gostos, etc.), não precisei escrever uma lista exaustiva desses tópicos nem decorar os seus pormenores para o caso de ter que relatá-los depois. Isso acontece porque o meu cérebro utilizou um tipo de codificação que os pesquisadores chamam de processamento automático. É o tipo que ocorre gloriosamente sem nenhuma intenção e que exige esforço de atenção mínimo. É muito fácil nos lembrarmos de dados que foram codificados desse modo. As memórias parecem estar todas unidas em uma forma coesa, simples de ser recuperada.

Mas o processamento automático tem o seu irmão gêmeo maligno, que não é nem de longe tão diligente assim. Tão logo os ingressos para o show de Paul McCartney começaram a ser comercializados, corri para o site de vendas que uso habitualmente. Para ter acesso àquele serviço, eu tinha que fornecer a minha senha. E quem disse que eu conseguia me lembrar dela! Por fim, acabei encontrando a anotação com os números corretos e pude reservar bons lugares. Mas tentar submeter essas senhas à memória é uma tarefa e tanto, e eu tenho mais ou menos uma dúzia delas escritas em diversas listas espalhadas pela casa. Esse tipo de codificação iniciado de modo intencional, exigindo atenção consciente e energia, é chamado de processamento com esforço. A informação não parece bem conectada de maneira nenhuma. Precisamos repeti-la muitas vezes para que possamos recuperá-la com a facilidade típica do processamento automático.

Teste de codificação

Existem ainda outros tipos de codificação - três deles podem ser exemplificados por meio do teste que apresento a seguir. Observe a palavra em letras maiúsculas que está ao lado do número e depois responda à pergunta na linha de baixo com sim ou não.

1. FUTEBOL
Essa palavra se encaixa na frase "Eu me virei para lutar _________"?

2. NÍVEL
Essa palavra rima com incrível?

3. MINIMUM
Há algum círculo nessas letras?

Para responder a cada pergunta, são necessárias habilidades intelectuais distintas, que requerem tipos de codificação diferentes, como os pesquisadores agora sabem. A primeira frase ilustra o que se chama de codificação semântica. Responder corretamente à pergunta significa prestar atenção nas definições das palavras. A segunda frase exemplifica um processo denominado codificação fonêmica, que envolve a comparação entre os sons. A terceira frase remete à codificação estrutural. É a mais superficial - requer apenas a verificação visual das formas. O tipo de codificação que fazemos com determinada informação quando ela entra na nossa mente tem uma forte relação com a capacidade de nos lembrarmos dela depois.

Uma linguagem elétrica

A codificação inclui também a transformação de qualquer estímulo externo na linguagem elétrica do cérebro, o que é uma forma de transferência de energia. Todos os tipos de codificação seguem inicialmente o mesmo caminho e, em geral, as mesmas regras. Por exemplo, na noite do show de Sir Paul McCartney, fiquei hospedado na casa de um amigo que morava às margens de um lago. Ele tinha um cão grande e peludo que vivia numa bela casinha perto da água. Na manhã seguinte ao espetáculo, resolvi brincar com o animal e comecei a arremessar um pedaço de madeira para ele ir pegar. Cometi o erro de jogar a vareta dentro do lago e, como naquela época eu não tinha cachorro, não fazia ideia do que aconteceria comigo quando ele saísse dali.

Lembrando um simpático monstro da Disney, o cachorro pulou para fora da água, correu na minha direção a toda velocidade, parou de repente e começou a se sacudir com a maior força. Como eu não tinha ideia de que deveria me afastar dali, fiquei completamente ensopado.

O que estava ocorrendo no meu cérebro naqueles momentos? Como você sabe, o córtex é consultado assim que uma informação externa invade o cérebro – nesse caso, um labrador babão e encharcado. Vejo o cachorro saindo do lago, o que, na verdade, significa que estou vendo padrões de fótons que se refletem no labrador. No instante em que esses fótons atingem os meus olhos, o meu cérebro os converte em padrões de atividade elétrica e direciona os sinais para a parte de trás da minha cabeça (o córtex visual no lobo occipital). Agora sou capaz de enxergar o cachorro. Nos momentos iniciais desse aprendizado, transformei a energia da luz em uma linguagem elétrica que o cérebro compreende. A execução dessa ação demandou a ativação coordenada de milhares de regiões corticais dedicadas ao processamento visual.

Esse processo ocorre também com outras fontes de energia. Meus ouvidos captam as ondas do som do latido alto do labrador, e eu as transformo na mesma linguagem elétrica em que os padrões de fótons foram convertidos. Esses sinais elétricos serão igualmente direcionados para o córtex cerebral, mas agora para o córtex auditivo, e não para o córtex visual. Na perspectiva de um nervo, esses dois centros estão a milhões de quilômetros de distância um do outro. Essa conversão e esse encaminhamento específico são válidos para todas as fontes de energia que entram no cérebro – naquela situação em particular, da sensação do sol sobre a minha pele até o instante em que eu, de modo inesperado e infeliz, fiquei todo molhado pela água lançada com os movimentos do cachorro. A codificação envolve todos os nossos sentidos, e os seus centros de processamento estão espalhados por todo o cérebro.

Esse é o ponto principal da tese do liquidificador. Em um encontro de 10 segundos com um cão supersimpático, meu cérebro recrutou centenas de regiões distintas de sua estrutura e coordenou a atividade elétrica de milhões de neurônios. Esse órgão estava registrando um único episódio e fez isso mobilizando grandes diferenças neurais - tudo mais ou menos no tempo que demoramos para piscar os olhos.

Anos se passaram desde que assisti àquele show e fiquei encharcado por causa do cachorro. Como guardamos tudo isso? E como conseguimos gerenciar esses fragmentos individuais durante anos? O problema da integração, o fenômeno que coloca etiquetas de identificação em informações espalhadas em uma vasta área, representa um importante questionamento cuja resposta infelizmente é insatisfatória. Na verdade, não sabemos como o cérebro registra os dados. Demos um nome para o número total de mudanças que primeiro codificam a informação (estabelecendo o seu registro) - o chamamos de engrama. Contudo, não dispomos de mais conhecimentos sobre essa questão.

A única ideia que temos a respeito do problema da integração surgiu do estudo da capacidade de codificação apresentada por portadores da síndrome de Balint - um distúrbio decorrente de lesões nos dois lados do córtex parietal. O que distingue essas pessoas é a cegueira. Isto é, em termos. Elas conseguem ver objetos em seu campo visual, porém apenas um de cada vez (sintoma chamado de simultagnosia). O estranho é que, se lhes perguntarmos onde está aquele objeto específico, a resposta é um olhar vago. Embora o enxerguem, não sabem dizer onde ele está. Também não conseguem informar se está se aproximando ou se afastando delas. Elas não têm um ponto de referência espacial que possam usar para estabelecer a localização daquilo que estão vendo - não há como vincular a imagem a outras características do estímulo. Essas pessoas perderam a percepção espacial explícita, algo necessário em qualquer tipo de exercício de ligação. Isso é o máximo que conseguimos saber do problema da integração em termos neurológicos. Portanto, não nos diz muito sobre como o cérebro realiza esse processo, apenas aponta algumas das áreas envolvidas.

Desvendando o código

Pesquisadores descobriram que, apesar de sua vasta abrangência, todos os processos de codificação têm características em comum. Três delas representam boas promessas de aplicação prática, tanto no trabalho quanto na área educacional.

1. Quanto mais elaborado é o processo de codificação da informação no momento do aprendizado, mais forte é a memória.

Quando a codificação é elaborada e profunda, a memória que se forma é muito mais forte do que quando esse processo se dá de forma parcial e superficial. Você mesmo pode comprovar esse fato realizando um teste com dois grupos de amigos. Peça-lhes que observem durante alguns minutos a seguinte lista de palavras:

Trator	Pastel	Avião
Verde	Rápido	Pulo
Maçã	Oceano	Risada
Zero	Legal	Alto
Clima	Balcão	

Peça ao grupo A que especifique quantas letras contêm linhas diagonais e quantas não contêm. Instrua o grupo B a pensar no significado de cada palavra e a lhes dar uma nota de 1 a 10 com base em quanto gostam ou não delas. Guarde a lista. Após alguns minutos, solicite a cada grupo que escreva o maior número possível daquelas palavras. O surpreendente resultado que você obterá se repetiu em laboratórios de todo o mundo. O grupo que processa o significado das palavras sempre se recorda de duas ou três vezes mais termos do que aquele que observa apenas a forma das letras. Páginas atrás, fizemos uma experiência desse tipo quando eu estava abordando os níveis de codificação e perguntei sobre o número de círculos existente na palavra... Você se lembra de qual era essa palavra? Também é possível realizar um teste parecido usando imagens e até música. Seja qual for o estímulo sensorial, os resultados serão sempre iguais.

Não é óbvio que quanto mais significativa uma coisa, mais facilidade temos de nos lembrar dela? A maioria dos pesquisadores responderia: “Sim!” Essa é uma tendência natural. Procurar por linhas diagonais na palavra "maçã" não é nem de longe tão complexo quanto se recordar da maravilhosa torta de maçã da tia Mabel e depois dar nota 10 para essa criação culinária e, portanto, para a palavra. Conseguimos nos lembrar melhor de algo quando codificamos aquilo de modo mais elaborado, principalmente se pudermos personalizar a experiência. O truque para educadores e executivos é apresentar conjuntos de informação que sejam tão atraentes para a plateia que ela faça isso sozinha, realizando de forma espontânea a codificação profunda e aprimorada.

Pensando bem, isso é um pouco estranho. Tornar algo mais elaborado geralmente significa fazer com que seja mais complicado, e isso deveria exigir mais do sistema de memória. No entanto, é fato: mais complexidade corresponde a um aprendizado melhor.

2. Um traço de memória parece ficar armazenado nas mesmas partes do cérebro que perceberam e processaram o estímulo inicial.

Essa ideia é tão contrária à intuição que talvez eu precise usar uma lenda urbana para explicá-la. Aliás, acho que é uma lenda urbana - ouvi esse caso durante a palestra do administrador de uma universidade. Ele contou a história do reitor de faculdade mais astuto que já tinha conhecido. A instituição de ensino em questão havia remodelado toda a sua área externa durante as férias e resplandecia com fontes e gramados lindamente bem cuidados. Para finalizar as obras, faltava apenas construir as calçadas e os caminhos que os alunos usariam para ter acesso aos prédios. Entretanto, não havia projeto para isso. Os empreiteiros estavam ansiosos para fazer os pavimentos e queriam saber como seria o seu traçado. Mas o esperto reitor se recusava a dizer. Ele franzia a testa e afirmava: "Esses caminhos de asfalto serão permanentes. Por favor, deixem para cuidar disso no ano que vem. No momento certo, mostrarei o projeto a vocês." Insatisfeitos, embora obedientes, os profissionais esperaram.

O ano letivo começou, e os alunos foram obrigados a andar sobre a grama para chegar às salas de aula. Logo, trilhas definidas começaram a aparecer por todo o campus, assim como grandes ilhas de um belíssimo gramado verde. No fim do ano, o traçado que ligava os prédios era tão eficiente que causava admiração. "Agora" - disse o reitor aos empreiteiros que haviam esperado durante todo o ano - "podem instalar as calçadas e os caminhos permanentes que estão vendo à sua frente!". O traçado inicial, criado pelo primeiro estímulo, também se transformou na passagem definitiva.

O cérebro emprega uma estratégia de armazenamento muito parecida com o plano desse reitor. As trilhas neurais inicialmente recrutadas para processar novas informações acabam se tornando os caminhos permanentes que o cérebro reutiliza para retê-las. O ingresso de novos dados na mente corresponderia à abertura das trilhas de terra sobre o gramado até então intocado. A área de armazenamento final poderia ser comparada ao momento em que os caminhos são pavimentados de forma permanente com asfalto. São as mesmas trilhas, e essa é a questão.

Qual é o sentido disso em termos cerebrais? Os neurônios no córtex reagem de modo ativo a qualquer evento de aprendizado e têm um envolvimento expressivo no registro de memórias permanentes. Isso quer dizer que o cérebro não dispõe de um animado campo de caça central para onde as memórias vão e de onde podem ser recuperadas indefinidamente. Em vez disso, elas são distribuídas por toda a superfície do córtex. No começo, isso pode parecer difícil de entender. Muitas pessoas gostariam que o cérebro funcionasse como um computador - equipado com detectores de estímulos (como um teclado) e conectado a um aparelho central de armazenamento. No entanto, estudos sugerem que esse órgão não tem um disco rígido separado dos detectores de estímulos iniciais. Isso não significa que a retenção da memória se dissemina de maneira uniforme pela paisagem neural do cérebro. Muitas das suas regiões estão envolvidas na representação até mesmo de estímulos únicos, e cada uma delas presta uma contribuição diferente à memória como um todo. O armazenamento é um evento cooperativo.

3. A capacidade de recuperação pode ser aprimorada com a reprodução das condições em que se deu a codificação inicial.

Uma das experiências mais extraordinárias já feitas na área da psicologia cognitiva envolveu a avaliação da função cerebral de mergulhadores, todos vestidos com a sua roupa característica. Separados em dois grupos - um deles posicionado na água e o outro na areia da praia -, eles ouviram alguém dizer 40 palavras aleatórias. Em seguida, testou-se a capacidade de ambos os grupos de se lembrar dos itens da lista mantendo-se tanto na água quanto na areia. O grupo que ouvira as palavras enquanto estava na água apresentou um resultado 15% melhor em sua tentativa de se recordar delas nesse ambiente do que na areia. O grupo que as escutara enquanto estava na areia obteve um resultado 15% melhor em sua tentativa de se recordar delas nesse ambiente do que na água. Isso mostrou que a memória funcionava com mais exatidão quando as condições ambientais na hora da recuperação imitavam aquelas existentes no instante da codificação. Será que a segunda característica, a de armazenar dados usando os mesmos neurônios recrutados inicialmente para codificá-los, está operante nesta terceira característica?

Essa tendência é tão forte que a memória melhora até mesmo sob condições que poderiam prejudicar qualquer tipo de aprendizado. Os testes que mostram isso foram feitos incorporando maconha e até gás do riso (óxido nitroso). Essa terceira característica vale inclusive em relação ao humor. Se aprendermos algo quando estivermos tristes, conseguiremos nos lembrar melhor daquela informação se, na hora de recuperá-la, de repente ficarmos tristes. Isso se chama aprendizado dependente do contexto, ou dependente do estado.

Ideias

Sabemos que a informação é lembrada com mais exatidão quando é elaborada, significativa e contextualizada. A qualidade do estágio de codificação – os primeiros momentos do aprendizado – é um dos instrumentos mais úteis para se prever o nível de sucesso do aprendizado posterior. O que fazer para aproveitar isso na prática?

Em primeiro lugar, podemos aprender uma lição com o exemplo de uma loja de sapatos que eu costumava visitar quando menino. A porta desse estabelecimento tinha três maçanetas em alturas diferentes: uma bem no alto, outra lá embaixo e uma no meio. A lógica era simples: quanto mais maçanetas, mais pontos de acesso estariam disponíveis para o cliente que desejasse entrar ali, independentemente da sua força ou idade. Para mim, então com 5 anos, aquilo era um alívio: uma maçaneta que eu conseguia alcançar! Eu ficava tão intrigado com aquela porta que costumava sonhar com ela. Mas, nos meus sonhos, havia centenas de maçanetas, todas capazes de abrir a porta da loja.

A "qualidade da codificação" corresponde, na verdade, ao número de maçanetas que podem ser colocadas no momento da entrada de uma informação. Quanto mais maçanetas são criadas no instante do aprendizado, maior a probabilidade de que aquele dado venha a ser acessado posteriormente. As maçanetas que temos condições de adicionar giram em torno do conteúdo, da utilização do tempo e do ambiente.

Exemplos reais

Quanto mais a pessoa que aprende se concentra no significado da informação apresentada, mais elaborado é o processo de codificação. Esse princípio é tão óbvio que às vezes nem o percebemos. Ele quer dizer o seguinte: quando você estiver tentando registrar uma informação nos sistemas de memória do seu cérebro, esteja certo de que compreende exatamente o seu sentido. Caso esteja querendo inseri-la no cérebro de outra pessoa, verifique se ela sabe o que aquilo significa.

Essa diretiva tem um corolário negativo. Se você não souber o que a informação significa, não tente decorá-la nem fique rezando para que o sentido se revele de algum modo. Caso você seja professor, também não oriente os alunos a agir dessa forma, principalmente se suas explicações foram inadequadas. Isso é o mesmo que procurar o número de linhas diagonais em uma palavra e tentar usar esse recurso para se lembrar dela.

Será que existe uma forma de transmitir o significado que faça com que o aprendizado melhore? Um truque simples é inserir livremente na informação exemplos da vida real, sempre temperando os pontos principais do aprendizado com experiências significativas. Isso pode ser feito pelo aluno quando ele estiver estudando depois da aula ou, melhor, pelo professor durante a própria experiência do ensino. Muitas pesquisas comprovaram que essa técnica funciona.

Em uma experiência, grupos de alunos leram um texto de 32 parágrafos sobre um país fictício. Os trechos introdutórios eram altamente estruturados - ou não continham exemplos ou apresentavam um, dois ou três exemplos consecutivos do tema principal que se seguia. Os resultados foram claros: quanto maior o número de exemplos no parágrafo, maior a probabilidade de que a informação fosse lembrada. É melhor usar situações da vida real que sejam familiares ao aluno. Você se recorda da maravilhosa torta de maçã da tia Mabel? Não era um alimento abstrato preparado por um desconhecido, e sim comida verdadeira, feita por uma parenta carinhosa. Quanto mais pessoal for um exemplo, maior a riqueza da sua codificação e maior a facilidade com que será lembrado.

Por que os exemplos funcionam? Parece que eles aproveitam a predileção natural do cérebro pelo reconhecimento de padrões. A informação é processada com mais rapidez quando podemos associá-la de imediato a dados já presentes no cérebro. Confrontamos os dois estímulos em busca de semelhanças e diferenças à medida que codificamos a nova informação.

Em termos cognitivos, criar exemplos equivale a instalar mais maçanetas na porta. Isso torna a informação mais elaborada, mais complexa e mais bem codificada. Portanto, a sua assimilação será melhor.

Introduções cativantes

As introduções são tudo. Quando eu estava na faculdade, havia um professor que pode ser descrito como maluco. Ele dava um curso sobre a história do cinema. Um dia, resolveu exemplificar para a turma o modo tradicional como os filmes de arte retratam a vulnerabilidade emocional. Enquanto prosseguia com a aula, ele foi simplesmente se despindo pouco a pouco. Primeiro tirou o suéter. Depois, foi abrindo os botões da camisa um por um, livrou-se dela e, em seguida, da camiseta. Por fim, baixou o zíper da calça, que lhe caiu pelos tornozelos, e o que vimos, graças a Deus, foi a roupa de ginástica que ele usava por baixo. Seus olhos brilhavam quando disse: "É provável que vocês nunca mais se esqueçam de que alguns filmes usam a nudez para expressar a vulnerabilidade emocional. O que pode nos deixar mais vulneráveis do que estarmos despidos?" Ficamos agradecidos por ele não ter ido adiante com os detalhes.

Jamais me esquecerei da introdução a esse tópico naquele curso de cinema, porém não recomendo que o exemplo seja imitado com regularidade. De qualquer maneira, a sua capacidade de ser memorável ilustra um princípio importante em relação ao tempo: se você estiver aprendendo alguma coisa, tanto no trabalho quanto em um ambiente de ensino, o que acontece na primeira vez que se vê exposto a determinado fluxo de informação tem um peso excepcional na sua capacidade de recuperar aquela memória com exatidão no futuro. Caso o seu objetivo seja transmitir informações a alguém, sua habilidade de criar uma introdução de forte impacto talvez seja o fator mais relevante no sucesso da sua missão.

Por que tanta ênfase nos momentos iniciais? Porque a memória de um evento fica armazenada nos mesmos lugares que foram inicialmente recrutados para percebê-lo. Quanto mais estruturas cerebrais são mobilizadas – ou quanto mais maçanetas instaladas na porta – no momento do aprendizado, mais fácil se torna o acesso à informação depois.

Profissionais de outras áreas também lidam com esse conceito. Professores de cinema ensinam a diretores iniciantes que a plateia precisa ser conquistada nos primeiros três minutos após a exposição dos créditos de abertura para que o filme pareça interessante (e alcance sucesso financeiro).

Especialistas com experiência em falar em público dizem que se ganha ou se perde a batalha pela atenção dos espectadores nos primeiros 30 segundos de qualquer apresentação.

O que isso significa para profissionais que desejam criar uma apresentação envolvente? Ou para educadores que tentam introduzir um novo tema complexo? Levando em conta a importância das descobertas para o sucesso dessas atividades, seria natural que houvesse uma literatura científica abrangente sobre o assunto. No entanto, surpreendentemente, como você viu no capítulo sobre atenção, existem pouquíssimos estudos sobre como o cérebro presta atenção nas coisas nos ambientes reais. As informações disponíveis sugerem que os professores de cinema e os palestrantes estão no caminho certo.

Ambiente familiar

Sabemos que é importante que o aprendizado e a recuperação ocorram em condições iguais, porém não temos uma definição segura do que são "condições iguais". Existem muitas formas de explorar essa ideia.

Certa vez, dei dicas a um grupo de professores sobre como aconselhar pais que queriam ensinar inglês e espanhol aos filhos em casa. Uma descoberta nada satisfatória é que, para muitas crianças submetidas a esse aprendizado duplo, as taxas de aquisição de linguagem caem muito em ambos os idiomas, às vezes de maneira considerável. Relatei os dados a respeito da experiência com os mergulhadores e sugeri que as famílias criassem um "quarto do espanhol" e também uma regra associada a ele: lá dentro só seria permitido falar aquela língua. A decoração poderia incluir objetos latinos e cartazes grandes com palavras em espanhol. Todo o ensino desse idioma seria realizado ali – e nada de inglês. De acordo com os pais, essa ideia deu certo.

Assim, o ambiente de codificação e o de recuperação da informação seriam similares. No momento do aprendizado, muitas características ambientais – até mesmo algumas não associadas aos objetivos desse processo – podem ser codificadas na memória junto com tais objetivos. O ambiente faz com que a codificação seja mais elaborada – é o equivalente a instalar mais maçanetas na porta. Quando condições ambientais idênticas estão presentes, elas podem conduzir diretamente às metas do aprendizado porque ficaram gravadas no caminho original.

Profissionais de marketing conhecem esse fenômeno há anos. E se eu escrevesse as expressões "dar corda a coelhinho cor-de-rosa", "bater em um tambor" e "continuar para sempre" e depois pedisse a você que redigisse mais uma palavra ou frase sintonizada com as três anteriores? Não existe relação formal entre nenhuma delas; contudo, se você morou em um país onde essa campanha foi ao ar, com certeza escreverá algo como "pilha" ou "Duracell". Não é preciso dizer mais nada.

No mundo concreto do trabalho e da educação, o que significa fazer com que os ambientes da codificação e da recuperação sejam equivalentes? Em que medida o cenário da vida comum precisa ser alterado para que possamos obter o efeito pretendido?

Isso pode ser tão simples quanto estabelecer que o estudo para uma prova oral seja feito oralmente, e não por meio da revisão do material escrito. Ou que os futuros mecânicos de avião tenham aulas na própria oficina onde os reparos reais das aeronaves são feitos.

Resumo

Regra nº 5

Repita para se lembrar

- O cérebro tem muitos tipos de sistemas de memória. Um deles segue quatro fases de processamento: codificação, armazenamento, recuperação e esquecimento.
- A informação que entra no cérebro é imediatamente dividida em fragmentos que são enviados a regiões diferentes do córtex para armazenamento.
- A maior parte dos eventos que indicam se algo que foi aprendido *também será lembrado* ocorre nos primeiros segundos do aprendizado. Quanto mais elaborada é a codificação da memória em seus momentos iniciais, mais forte ela será.
- Podemos melhorar nossas chances de nos recordarmos de uma informação se reproduzirmos o ambiente em que estávamos quando o nosso cérebro foi exposto a ela pela primeira vez.

Memória de longo prazo

Regra nº 6

Lembre-se para repetir

Durante muitos anos, livros didáticos descreveram o nascimento de uma memória usando uma metáfora que envolvia carregadores mal-humorados, uma grande livraria e uma pequena plataforma. Um acontecimento a ser processado na memória era comparado ao ato de se descarregar uma caixa de livros na plataforma. Se um carregador a levasse para dentro da livraria, ela ficaria armazenada para sempre. Como a plataforma era pequena, apenas algumas unidades podiam ser processadas de cada vez. Se alguém realizasse um novo descarregamento antes da remoção das caixas que já estavam ali, os funcionários ranzinzas simplesmente empurravam as antigas para o lado.

Ninguém mais usa essa metáfora, e há muitas razões para considerarmos isso algo positivo. A memória de curto prazo é um processo muito mais ativo, menos sequencial e bem mais complexo do que a metáfora sugere. Hoje em dia, suspeitamos de que ela seja, na verdade, um conjunto de capacidades temporárias de memória. Cada uma delas é especializada em processar um tipo específico de informação e opera de maneira paralela às outras. Para refletir esse talento multifacetado, a memória de curto prazo é agora chamada de memória de trabalho. Talvez a melhor forma de explicá-la seja descrevê-la em ação.

Não encontro nenhum exemplo melhor para ilustrá-la do que o do primeiro astro mundial do xadrez, Miguel Najdorf. Raramente se viu um homem mais à vontade com a própria grandiosidade do que ele. Baixinho, ativo e dotado de uma voz potente, Najdorf, polonês de nascimento, tinha a tendência irritante de perguntar aos espectadores de suas partidas o que eles estavam achando do seu desempenho. Em 1939, viajou a Buenos Aires com a equipe de xadrez de seu país para participar de uma competição. Duas semanas depois, a Alemanha invadiu a Polônia. Impossibilitado de regressar, Najdorf escapou do Holocausto instalando-se em segurança na

Argentina. Ele perdeu os pais, quatro irmãos e a mulher nos campos de concentração. Na esperança de que algum parente remanescente lesse a seu respeito e o procurasse, ele certa vez jogou 45 partidas de xadrez simultaneamente para obter divulgação. Venceu 39 delas, empatou quatro e perdeu duas. Apenas isso já seria fantástico, porém a parte verdadeiramente fenomenal foi o fato de Najdorf ter disputado as 45 partidas em 11 horas *com uma venda nos olhos.*

Você não leu errado. Najdorf nunca viu nenhuma das peças do tabuleiro de xadrez - ele jogou cada uma das partidas em sua própria mente. Vários componentes da memória de trabalho funcionavam ao mesmo tempo realizando diferentes operações - da percepção das informações verbais que recebia a cada movimento até às visualizações que fazia dos tabuleiros. Isso lhe permitiu ser funcional em sua atividade, da mesma maneira que acontece comigo e com você em nosso trabalho (talvez, é claro, com uma diferença mínima em termos de eficiência).

Hoje se sabe que a memória de trabalho é uma área que está sempre ocupada com a realização de tarefas temporárias, um espaço que o cérebro usa para processar informações recém-adquiridas. O nome mais associado a essa caracterização é o do pesquisador britânico Alan Baddeley. Ele é mais conhecido por ter descrito essa memória como um modelo de três componentes: auditivo, visual e executivo central.

O primeiro componente nos permite reter determinadas informações auditivas. É designado para lidar com dados linguísticos. Baddeley o chamou de alça fonológica. Najdorf pôde usá-lo porque os seus adversários eram obrigados a informar verbalmente os movimentos que executavam.

O segundo componente nos permite reter determinadas informações visuais. Esse registro de memória lida com todo tipo de imagem e informação espacial que o cérebro encontra. Baddeley o chamou de bloco de notas visuoespaciais. Najdorf o teria usado para visualizar cada jogo.

O terceiro componente é uma função de controle chamada executivo central, que acompanha todas as atividades em cada segmento da memória de trabalho. Najdorf usou esse sistema para distinguir um jogo do outro.

Em publicações posteriores, Baddeley propôs um quarto componente, chamado de buffer episódico, responsável pela integração de informações tanto dos outros componentes quanto da memória de longo prazo em uma representação episódica única, porém de códigos multidimensionais. O buffer ainda não foi pesquisado em profundidade. Independentemente do número de sistemas paralelos que no fim forem descobertos, os pesquisadores concordam que eles têm em comum duas características importantes: a capacidade e a duração limitadas. Se a informação não for convertida em uma forma mais permanente, logo desaparecerá. Como você deve estar lembrado, Ebbinghaus foi o primeiro a demonstrar a existência de duas modalidades de sistemas de memória - a de curto e a de longo prazo. Ele disse ainda que, em determinadas condições, a repetição poderia converter um tipo de memória no outro. O processo de transformar traços de memória de curto prazo em formas mais duradouras e vigorosas se chama consolidação.

Consolidação

No princípio, um traço de memória é flexível, instável, sujeito a correções e sofre alto risco de extinção. A maior parte dos estímulos a que somos expostos todos os dias se enquadra nessa categoria. Mas algumas memórias permanecem. Inicialmente frágeis, elas se fortalecem com o tempo e persistem de forma notável. Acabam alcançando um estado em que parecem ficar eternamente disponíveis para a recuperação e resistem a ajustes. Como veremos, no entanto, talvez elas não sejam tão estáveis quanto imaginamos. Apesar disso, as chamamos de memórias de longo prazo.

Assim como ocorre com a memória de trabalho, parece haver formas diferentes de memória de longo prazo, e a maior parte delas interage entre si. Contudo, não há muita concordância em relação ao que essas formas são. A maioria dos pesquisadores acredita que existem sistemas de memória semântica, que tendem a nos fazer lembrar de dados como o livro preferido da nossa avó ou o peso que tínhamos quando estávamos no ensino médio. Muitos desses estudiosos creem também que há a memória episódica, encarregada de nos fazer recordar "episódios" passados de forma completa, com personagens, tramas, data e hora (como o reencontro de 25 anos da sua turma do ginásio). Um de seus subsistemas é a memória autobiográfica, que apresenta um protagonista bem conhecido: você. Antes se pensava que a consolidação, o mecanismo que conduz essa transformação para a estabilidade, afetasse apenas memórias recém-adquiridas. Uma vez que elas se fortalecessem, nunca mais retomariam a sua condição inicial de fragilidade. Não se pensa mais assim.

Vou contar uma história para exemplificar. Esse caso aconteceu enquanto eu assistia a um documentário de TV com meu filho, na época com 6 anos. Era um programa sobre concursos de cães. No momento em que a câmera focalizou um pastor-alemão com focinho preto, algo que ocorreu em 1960, quando *eu* tinha mais ou menos a idade do meu filho, veio à minha mente com força total.

Naquela época, nosso vizinho de quintal tinha um cachorro e, sabe-se lá por que, todo sábado se esquecia de alimentá-lo. Em resposta à sensação de fome, nesses dias o cão pulava a nossa cerca precisamente às 8h e corria na direção das nossas lixeiras de metal, derrubava-as e dava início à sua refeição matinal com o que caía delas. Meu pai se cansou daquilo e, em determinada noite, resolveu eletrificar as latas, para que o animal levasse um choque se o seu focinho úmido encostasse no metal. Na manhã seguinte, ele acordou toda a família para assistir à execução do seu plano. Para a sua decepção, o cão só pulou a cerca às 8h30 e não foi ali para comer. Em vez disso, demarcou o seu território em vários pontos do nosso quintal. Quando se aproximou das lixeiras e ergueu a pata para marcá-las com urina, o meu pai exclamou: "Muito bem!" Não é preciso ter ideia da concentração de eletrólitos existentes na urina dos mamíferos para saber que, quando o cachorro delimitou o território nas latas de lixo, ele também fechou um circuito poderoso. Com os neurônios "em chamas" e com o futuro reprodutivo em risco, o cão uivou com o choque e pulou a cerca de volta para o seu dono. E jamais voltou a colocar a pata no nosso quintal. Aliás, nunca mais chegou a 100m da nossa casa. Aquele pastor-alemão tinha o focinho bem preto, igual ao do cachorro que eu estava vendo na televisão. Fazia anos que eu não pensava naquela história.

O que aconteceu do ponto de vista físico com a memória desse fato quando ela retornou à minha consciência? Um número cada vez maior de evidências mostra que, quando memórias consolidadas saem do armazenamento de longo prazo e voltam à consciência, elas readquirem a sua natureza anterior, mutável e instável. Atuando como se tivessem acabado de penetrar na memória de trabalho, elas podem necessitar de um reprocessamento para que permaneçam em uma forma duradoura. Isso significa que a história do cachorro é forçada a reiniciar o processo de consolidação desde o começo *toda vez que é recuperada*. Isso recebe a denominação formal de reconsolidação.

Em razão desses dados, muitos pesquisadores questionam todo o conceito de estabilidade da memória humana. Se a consolidação não é um evento único, e sim algo que se repete sempre que um traço de memória é reativado, isso significa que o armazenamento duradouro no cérebro existe apenas para os registros que escolhemos não acessar. Ah, minha nossa! Então nunca poderemos ter consciência de algo permanente na vida? Alguns especialistas acreditam que seja assim. E, se for verdade, a defesa que estou prestes a fazer da repetição no processo de aprendizado é mais do que importante.

Recuperação

Assim como muitos professores universitários radicais, os sistemas de recuperação são poderosos o bastante para modificar nossos conceitos do passado sem oferecer nada substancial para colocar em seu lugar. Saber exatamente como isso acontece é uma peça importante do nosso quebra-cabeça, porém ainda não conseguimos encontrá-la. Mesmo assim, os pesquisadores organizaram os mecanismos de recuperação em dois modelos gerais. Um deles, de natureza passiva, remete a uma biblioteca. O outro, de estrutura mais agressiva, associa as memórias a cenas de um crime.

De acordo com o primeiro modelo, as memórias são armazenadas na mente da mesma maneira que livros são guardados em uma biblioteca. A recuperação começa com um comando para examinar as pilhas de volumes e selecionar um deles. Uma vez que o livro é escolhido, o seu conteúdo é trazido à percepção consciente e a memória é recuperada. Esse processo comportado às vezes é chamado de recuperação reprodutiva.

No caso do segundo modelo, nossas memórias se parecem mais com uma grande coleção de cenas de um crime, com direito ao seu próprio Sherlock Holmes. A recuperação começa quando se solicita a presença do detetive em uma cena específica, que invariavelmente consiste em uma memória fragmentada. Ao chegar, o Sr. Holmes examina as pistas parciais disponíveis. Com base em inferências e suposições, ele inventa uma reconstrução daquilo que de fato estava armazenado. Nesse modelo, a recuperação não é o exame passivo de um livro com detalhes vívidos inteiramente reproduzido. Em vez disso, ela corresponde a um esforço investigativo diligente para recriar os fatos com base em dados fracionados.

Qual dos dois modelos é o certo? A resposta surpreendente é a seguinte: ambos. Filósofos antigos e pesquisadores modernos concordam que temos tipos diferentes de sistemas de recuperação. Nossa escolha por um deles pode depender da espécie de informação que procuramos e do tempo transcorrido desde a formação da memória inicial. Esse fato fora do comum exige um pouco de explicação.

Preenchendo lacunas

Nos períodos relativamente iniciais do pós-aprendizado (que podem corresponder a minutos, horas ou dias), os sistemas de recuperação nos permitem fazer uma reprodução bastante específica e detalhada de determinada memória. Isso pode ser comparado ao modelo da biblioteca. Mas, à medida que o tempo passa, mudamos para um estilo mais parecido com o de Sherlock Holmes. A razão disso é que o transcorrer do tempo acarreta o enfraquecimento inevitável da lembrança de acontecimentos que já estiveram claros e bem detalhados na nossa mente. Em uma tentativa de preencher as lacunas, o cérebro é forçado a se valer de fragmentos parciais, inferências, suposições e, com frequência (o aspecto mais perturbador), de outras memórias que não têm relação com o evento em si. Sua natureza é verdadeiramente de reconstrução, bem parecida com a de um detetive de imaginação fértil. Tudo isso é usado em favor da criação de uma história coerente - algo que o cérebro gosta de fazer, a despeito da realidade. Então, com o tempo, os diversos sistemas de recuperação parecem passar por uma mudança gradual, partindo das reproduções específicas e pormenorizadas para esse quadro mais geral e abstrato.

Finja que você é aluno do primeiro ano do ensino médio e conhece um psiquiatra chamado Daniel Offer. O Dr. Daniel aparece com um questionário e lhe pede que responda a algumas perguntas que não são da conta dele. Por exemplo, a religião ajudou no seu desenvolvimento? Você apanhava quando criança caso se comportasse mal? Seus pais o incentivam a praticar esportes? E assim por diante. Agora, imagine que 34 anos se passaram. O Dr. Offer o reencontra e lhe pede que responda ao mesmo questionário. Sem que você saiba, ele ainda tem as respostas que você deu na escola - seu objetivo é comparar as listas. Como você se sai? Em uma palavra, pessimamente. As memórias que codificamos na adolescência têm muito pouca semelhança com aquelas de que nos lembramos na vida adulta. Foi o que descobriu o Dr. Offer, que de fato teve a paciência de realizar esse teste. Tome como exemplo a questão do castigo físico. Embora apenas um terço dos adultos se recordasse de que havia apanhado de alguma forma, o Dr. Daniel constatou que quase 90% dos adolescentes tinham respondido afirmativamente à pergunta. Esses dados são apenas alguns dos que revelam como o estilo de recuperação à Sherlock Holmes exibe alto teor de imprecisão.

Essa ideia de que o cérebro é capaz de inserir informações falsas como bem entender para formar uma história coerente sublinha o seu desejo admirável de criar organização em um contexto atordoante e confuso. Esse órgão recebe novos estímulos a todo momento e precisa reter alguns deles na mesma mente que já está ocupada por experiências anteriores. Ele dá sentido ao seu mundo tentando associar novas informações a outras que já foram encontradas. Assim, dados novos reformatam continuamente representações existentes e enviam o conjunto recriado para mais um armazenamento. O que isso significa? Somente que o conhecimento presente pode se juntar a memórias passadas e se entrelaçar com elas como se tivessem surgido ao mesmo tempo. Será que isso nos fornece apenas uma visão aproximada da realidade? Pode apostar que sim. Essa tendência, aliás, é capaz de deixar o sistema de justiça criminal maluco.

Repetição

Considerando essa predileção por generalizar, será que existe alguma esperança de que possamos criar memórias de longo prazo confiáveis? Como a Regra do Cérebro sugere com muita alegria, a resposta é sim. A memória pode não ser assimilada no momento do aprendizado, mas a repetição, dosada em intervalos específicos, atua como fixador. Tendo em vista a sua importância potencial para o trabalho e a educação, já estava mais do que na hora de falarmos sobre esse assunto.

Vou apresentar um teste que envolve a alça fonológica da memória de trabalho. Fique olhando para a lista de caracteres a seguir por cerca de 30 segundos. Em seguida, tape-os e leia o próximo parágrafo.

3 $ 8 ? A % 9

Você é capaz de se lembrar dos caracteres da lista sem olhar para eles? Será que fez isso sem ensaiar internamente? Não se apavore caso não tenha conseguido se recordar. O cérebro humano tem capacidade para guardar cerca de sete fragmentos de informação em um período inferior a 30 segundos. Quando nada acontece nesse tempo, o dado se perde. Para que esses 30 segundos se ampliem e se tornem, digamos, alguns minutos ou até uma ou duas horas, será necessário voltarmos a nos expor à informação de modo consistente. Esse tipo de repetição às vezes é chamado de processamento de manutenção. Hoje sabemos que tal recurso serve mais para reter as lembranças na memória de trabalho, isto é, por um curto período. Descobrimos também que existe um modo melhor de empurrar a informação para a memória de longo prazo. Para isso, terei que relatar a primeira vez que vi uma pessoa morrer.

Na verdade, presenciei a morte de oito pessoas. Filho de um oficial da Força Aérea, eu estava muito acostumado a observar aviões militares no céu. Acontece que, em uma tarde, ergui os olhos e vi um avião de carga fazer algo que eu nunca tinha visto e jamais voltei a ver. Ele estava caindo do céu em uma espiral mortal. Atingiu o solo a uns 150m de onde eu estava. Senti tanto o impacto quanto a onda de calor gerada pela explosão.

Havia duas coisas que eu poderia fazer com aquela informação: guardá-la para mim ou compartilhá-la com o mundo. Escolhi a segunda opção. Corri imediatamente para casa e contei aos meus pais. Em seguida, liguei para alguns amigos. Combinamos de nos encontrar para tomar refrigerante e começamos a conversar sobre o que tinha acontecido. O som dos motores parando. O susto. O medo. Por mais horrível que tivesse sido o acidente, falamos tanto sobre ele na semana seguinte que a história se tornou cansativa. Um dos meus professores chegou a proibir que mencionássemos o assunto durante a aula e fez a ameaça de que nos obrigaria a usar camisetas com a frase "Você já falou demais".

Por que ainda me lembro dos detalhes desse episódio? Apesar da ameaça da camiseta, minha ansiedade por falar o tempo todo sobre o acidente forneceu o ingrediente principal. Toda essa tagarelice depois do acontecimento forçava a minha reexposição regular aos fatos básicos, seguida de uma elaboração pormenorizada das impressões que tive. Esse fenômeno se chama processamento elaborado, e é o tipo de repetição que se mostra mais eficiente para permitir as recuperações mais exatas. Um grande número de estudos revela que pensar ou falar a respeito de um acontecimento *imediatamente após a sua ocorrência* fortalece a memória para aquele evento. Essa tendência é de enorme importância para os profissionais da lei. É uma das razões pelas quais é essencial fazer com que, após um crime, uma testemunha relate as informações que tem o mais rápido possível.

Há quase 100 anos, Ebbinghaus explicou detalhadamente o poder da repetição. Até criou "curvas de esquecimento", mostrando que uma grande parte da perda de memória ocorre na primeira ou na segunda hora após a exposição inicial à informação. Segundo ele, esse prejuízo pode ser reduzido por meio de repetições intencionais. O conceito da reexposição à informação em intervalos específicos é tão importante que vou explorá-lo de três formas.

Reexposição intervalada

De modo muito parecido com o concreto, a memória humana leva um tempo quase ridículo para se estabelecer em sua forma permanente. E, enquanto está ocupada se solidificando, ela fica enlouquecedoramente sujeita a alterações. É provável que isso ocorra porque informações recém-codificadas podem reformatar e desgastar sinais que existiam antes. Essa interferência acontece sobretudo quando o aprendizado se realiza em doses consecutivas e sem interrupção, como é comum na maior parte das reuniões e nas salas de aula. A probabilidade de confusão aumenta quando o conteúdo é transmitido em ondas contínuas e sem repetição, sendo despejado sobre as pessoas como se elas fossem formas de madeira.

No entanto há boas notícias. Essa interferência não ocorrerá se a informação for emitida em ciclos de repetição que obedeçam a intervalos regulares específicos. Com certeza, essa é a forma mais eficiente de fixar uma memória no cérebro. Mas por quê? Quando as representações elétricas da informação a ser assimilada são construídas devagar por meio de várias repetições, as redes neurais recrutadas para o seu armazenamento remodelam aos poucos a representação geral *e não interferem* nas redes mobilizadas antes para estocar dados apreendidos de modo semelhante. Essa ideia sugere que ciclos persistentes de repetição criam experiências capazes de se *incorporar* à base de conhecimento em vez de afetarem os inquilinos mais antigos.

Existe uma região cerebral - no córtex pré-frontal esquerdo inferior - que sempre fica ativa quando recuperamos uma memória vívida. A atividade nessa área, cuja imagem é capturada por um aparelho de ressonância magnética funcional durante o aprendizado, indica se algo que foi armazenado está sendo lembrado em detalhes claros ou não. Essa atividade é tão confiável que, se os pesquisadores quiserem saber se você está se recordando de algo de forma eficiente, nem precisam lhe perguntar. Basta que olhem no aparelho e vejam o que o seu córtex pré-frontal esquerdo inferior está fazendo.

Com base nesse fato, o pesquisador Robert Wagner realizou uma experiência com dois grupos de estudantes. Foi pedido a eles que memorizassem uma lista de palavras. No caso do primeiro grupo, as palavras foram transmitidas de modo massificado, similar à maneira como alguns alunos estudam contínua e intensamente uma grande quantidade de matéria às vésperas de uma prova. O segundo grupo recebeu as mesmas palavras em intervalos demarcados, ao longo de um período mais extenso, e não teve permissão para condensar o aprendizado. Em termos da exatidão da recuperação, o primeiro grupo se deu muito pior do que o segundo; a atividade no seu córtex pré-frontal esquerdo inferior foi bastante reduzida. Os resultados fizeram Dan Schacter, professor de psicologia de Harvard, dizer: "Se você estiver a uma semana de uma prova final e tiver apenas 10 oportunidades de estudar o assunto, é melhor espaçar as 10 repetições ao longo da semana do que juntá-las em uma só."

Portanto, a relação entre repetição e memória é clara. Volte a se expor de modo intencional a informações que você deseja acessar depois. Se quiser que a recuperação tenha ainda mais qualidade, repita a exposição de forma intencional e mais elaborada. Para que a lembrança seja a mais exata possível, torne a se expor às informações de maneira mais elaborada e em intervalos fixos e espaçados. O aprendizado é melhor quando os novos dados são gradualmente incorporados ao espaço de armazenamento na memória, e não quando são enfurnados lá dentro de uma vez só. Então, por que não usamos esses modelos nas salas de aula e nas reuniões de trabalho? Por um lado, porque os educadores e os profissionais em geral não têm o hábito de ler publicações na área de neurociências. Por outro lado, porque quem possui esse costume ainda não sabe dizer exatamente qual é o intervalo adequado para que a magia aconteça. Mas é claro que o aspecto da utilização do tempo recebe muita atenção das pesquisas. Aliás, é possível dividir a consolidação em duas categorias baseadas no ritmo: rápida e lenta. Para explicar como a questão do uso do tempo se enquadra na formação da memória, vou fazer uma pausa e contar como conheci a minha mulher.

Interesse ardente

Eu estava namorando quando conheci Kari – e ela também estava. Mas não a esqueci. Ela é bonita, talentosa, uma compositora indicada ao Emmy e uma das pessoas mais simpáticas que conheço. Quando nós dois ficamos "disponíveis" seis meses depois, logo a convidei para sair. Foi muito divertido, e comecei a pensar cada vez mais nela. E isso também estava acontecendo com Kari. Mais uma vez, chamei-a para sair, e em pouco tempo já estávamos nos encontrando com frequência. Depois de dois meses, a situação chegou àquele ponto em que, toda vez que nos víamos, meu coração disparava, meu estômago dava cambalhotas e eu ficava com as mãos suadas. Por fim, nem era preciso que eu estivesse com ela para que meus batimentos cardíacos se acelerassem. Bastava ver uma foto sua, sentir seu perfume ou... apenas ouvir *música*! Até mesmo um pensamento fugaz era suficiente para me deixar em êxtase por horas. Eu sabia que estava me apaixonando.

O que desencadeava tal mudança? Quanto mais exposto eu ficava àquela mulher maravilhosa, mais sensível me tornava à sua presença, necessitando cada vez menos de "estímulos" (perfume, céus!) para produzir reações sempre mais fortes. O efeito está durando bastante, quase três décadas. Deixo os motivos do coração para poetas e psiquiatras, no entanto a ideia de que exposições limitadas cada vez mais frequentes podem resultar em reações cada vez mais intensas é o ponto central do modo como os neurônios aprendem as coisas. Só que isso não se chama romance, e sim potenciação de longa duração (ou LTP, do inglês *long-term potentiation*).

Para descrever a LTP, é necessário deixar de lado o mundo elevado do estudo comportamental e descer ao ambiente mais intimista da pesquisa celular e molecular. Suponhamos que você e eu estejamos em um laboratório olhando para uma placa de Petri, onde dois neurônios do hipocampo estão muito felizes em sua associação sináptica. Vou chamar o neurônio pré-sináptico de "professor". O neurônio pós-sináptico será o "aluno". O objetivo do neurônio professor é transmitir informação, de natureza elétrica, para o aluno. Agora vamos lhe dar um estímulo que o inspire a emitir um sinal elétrico para aquele estudante. Durante um curto período, o aluno se mostra animado e envia a sua resposta ao mestre com o maior entusiasmo. Por isso se diz que a interação sináptica entre os dois fica temporariamente "fortalecida". Esse fenômeno recebe o nome de LTP precoce.

Infelizmente, o entusiasmo dura apenas uma ou duas horas. Se o neurônio aluno não voltar a receber a mesma informação do professor no prazo de 90 minutos mais ou menos, sua animação desaparecerá. Essa célula retornará ao seu estado neutro inicial e agirá como se nada tivesse acontecido, pronta para captar qualquer outro sinal que possa lhe chegar.

A LTP precoce está obviamente relacionada com os objetivos do neurônio professor e, é claro, com os de todos os mestres do mundo real. O que fazer para que aquela animação inicial se torne permanente? Será que existe um modo de transformar a reação passageira do aluno em outra que seja duradoura?

Pode apostar que sim: a informação precisa ser *repetida* depois de determinado período. Se o sinal for enviado somente uma vez pelo neurônio professor, o entusiasmo será vivenciado apenas de forma transitória pelo neurônio aluno. No entanto, se aquele dado for emitido repetidamente em intervalos regulares e específicos (no caso das experiências com células em laboratório, eles duram cerca de 10 minutos e são feitos três vezes), a interação entre o neurônio professor e o neurônio aluno começará a mudar. De maneira bem parecida com o que se passou na minha relação com Kari após alguns encontros, estímulos cada vez menores do professor são capazes de desencadear respostas cada vez mais fortes do aluno. Essa reação é chamada de LTP tardio. Até mesmo no mundo minúsculo e isolado de dois neurônios, a repetição intervalada influi de modo profundo na ocorrência ou não do aprendizado.

O intervalo exigido para a consolidação sináptica é medido em minutos e horas, e é por isso que se chama consolidação rápida. Mas não pense que esse processo tem pouca importância apenas porque ocorre depressa. Qualquer manipulação – comportamental, farmacológica ou genética – que interfira em uma parte dessa relação que está sendo construída bloqueará a formação total da memória.

Esses dados fornecem evidências muito sólidas de que a repetição é fundamental para o aprendizado – pelo menos se estivermos falando de dois neurônios no laboratório. O que dizer sobre duas pessoas em uma sala de aula? O mundo da célula, comparativamente simples, é muito diferente do universo complexo do cérebro. Não é incomum um único neurônio ter centenas de conexões sinápticas.

Isso nos conduz a um tipo de consolidação medido em termos mais longos e a implicações mais fortes relativas à sua finalidade. Esse processo às vezes é chamado de consolidação do sistema, outras vezes, de consolidação lenta. Como veremos, a segunda denominação parece a mais adequada.

Casamento com muita conversa

A destruição nuclear serve como um bom exemplo das diferenças entre a consolidação sináptica e a do sistema. No dia 22 de agosto de 1968, a Guerra Fria esquentou. Eu estava em uma aula de história do ensino médio. Na época, eu morava com a minha família em uma base da Força Aérea na Alemanha Central, infelizmente bem perto do ponto em que as bombas atômicas seriam detonadas caso um dia fossem lançadas sobre a Europa.

Se você tivesse assistido àquela aula de história, não teria gostado dela nem um pouco. Embora o assunto em questão fosse maravilhoso e intenso – guerras napoleônicas –, a matéria era ensinada de forma tediosa por uma professora francesa que não queria estar ali. E o fato de eu estar preocupado com os eventos do dia anterior também não ajudou em nada a minha concentração. Na manhã de 21 de agosto de 1968, tropas soviéticas e de cinco países do Pacto de Varsóvia invadiram a então Tchecoslováquia. Nossa base aérea entrou em estado de alerta. Meu pai, integrante da Força Aérea dos Estados Unidos, partira na noite anterior e ainda não tinha voltado para casa - aquilo era um mau sinal.

A professora apontou para um quadro grande e bonito da batalha de Austerlitz e começou a descrever monotonamente as primeiras guerras de Napoleão. De repente, ouvi uma voz irritada dizer:

- Preciso perguntar duas vezes?

Arrancado da distração com o problema que me preocupava, me virei e vi a turva imagem da professora aumentando de tamanho enquanto se aproximava da minha carteira. Ela limpou a garganta.

- Perguntei quem foram os inimigos de Napoleão nessa batalha.

De repente, percebi que ela estava falando comigo e soltei as primeiras palavras que vieram à minha mente confusa:

- Os exércitos do Pacto de Varsóvia! Não? Espere. Quis dizer da União Soviética.

Felizmente, a professora tinha senso de humor e um pouco de compreensão quanto ao que se passava naqueles dias. Quando a turma caiu na gargalhada, ela rapidamente se mostrou mais cordial - deu um tapinha no meu ombro e voltou para a sua mesa sacudindo a cabeça.

- Os inimigos eram uma coalizão dos exércitos russo e austríaco. - Ela fez uma pausa. - E Napoleão acabou com eles.

Muitos sistemas de memória tomam parte no trabalho de recuperação dessa minha lembrança humilhante, que agora já tem mais de quatro décadas de existência. Vou usar alguns de seus detalhes semânticos para descrever as propriedades da utilização do tempo na consolidação do sistema.

Assim como a batalha de Austerlitz envolveu muitas tropas, nossa história neurológica engloba diversos exércitos de nervos. O primeiro deles é o córtex, a camada de nervos que cobre o cérebro. O segundo tem um nome rimado, o lobo medial temporal. Ele abriga outro soldado bem conhecido, o célebre hipocampo. Joia da coroa do sistema límbico, essa estrutura ajuda a formatar a natureza duradoura de vários tipos de memória. Aquela relação professor-aluno que mencionei, a que se dá entre neurônios, acontece nessa região.

A maneira como o córtex e o lobo medial temporal se conectam explica a formação da memória de longo prazo. Os neurônios surgem no córtex e serpenteiam até o lobo, permitindo que o hipocampo escute os sinais que o córtex está recebendo. As conexões também partem do lobo e se estendem sinuosamente até o córtex, retribuindo o favor da bisbilhotice. Graças a esse circuito, o hipocampo envia ordens a regiões corticais que já foram estimuladas e, ao mesmo tempo, extrai informações delas. Esse circuito nos torna capazes de formar memórias - e ele teve papel fundamental no fato de eu conseguir contar aquela história para você.

O resultado final da associação do córtex e do lobo medial temporal é a criação de memórias de longo prazo. No entanto, mesmo depois de três décadas de pesquisas, ninguém entende muito bem de que modo essas duas estruturas operam para produzir memórias estáveis. Ainda assim, conhecemos um pouco das características da sua comunicação:

1. A informação sensorial chega ao hipocampo vinda do córtex, onde as memórias se formam por meio das conexões reversas.

2. O casamento elétrico começa com uma quantidade surpreendente de conversa. Muito tempo depois da saída do estímulo inicial, o hipocampo e os neurônios corticais envolvidos na história continuam tagarelando sobre ele. Quando fui me deitar naquela noite, meu hipocampo ainda estava ocupado mandando sinais sobre Austerlitz de volta ao córtex, repetindo a memória sem parar enquanto eu dormia. A realização desse processo fora do estado de vigília é um motivo extremamente forte para a defesa do sono regular. A importância do sono para o aprendizado está descrita em detalhes no Capítulo 7.

3. Enquanto essas regiões estão ligadas de modo ativo, qualquer memória com que elas lidem é instável e sujeita a correções. Mas isso não permanece assim para sempre.

4. Depois de um tempo, o hipocampo se desvinculará do córtex e terminará de vez o relacionamento. A partir daí, apenas o córtex abrigará a memória do fato. Contudo, existe uma condição importante para que isso ocorra. O hipocampo só entrará com o pedido de divórcio celular caso a memória cortical se consolide inteiramente, isto é, apenas se ela deixar de ser transitória e sujeita à correção e se tornar duradoura e fixa. Esse processo é o ponto central da consolidação do sistema e envolve a reorganização complexa das regiões do cérebro que contêm um traço de memória específico.

Então, quanto tempo demora para que uma informação, uma vez recrutada para armazenamento de longo prazo, se torne completamente estável? Outra maneira de se fazer essa pergunta é: quanto tempo se passa até que o hipocampo rompa o seu relacionamento com o córtex? Horas? Dias? Meses? A resposta surpreende quase todos que a escutam pela primeira vez: isso pode levar *anos*.

Memórias em movimento

Está lembrado de H. M., o homem cujo hipocampo foi removido por meio de cirurgia e, com ele, sua capacidade de codificar novas informações? H. M. podia ser apresentado a alguém duas vezes em duas horas e, ainda assim, não se lembrar do primeiro contato. Essa incapacidade de codificar informação para armazenamento de longo prazo se chama amnésia anterógrada. Acontece que esse paciente também tinha amnésia retrógrada, que é a perda de memória do passado. Se lhe pedissem que mencionasse um fato qualquer ocorrido três anos antes da cirurgia, ele não teria nenhuma memória. E sete anos antes? Nada também. Quem tivesse apenas essas informações sobre H. M. poderia achar que a retirada do hipocampo acarretou a degradação total de sua memória. Mas isso seria um engano. Quando perguntado sobre o passado mais distante, digamos o começo da sua infância, ele exibia uma lembrança normal, exatamente como aconteceria com você e comigo. H. M. era capaz de se recordar da família, de onde morava, de detalhes de vários acontecimentos, e assim por diante. Veja a seguir a reprodução de uma conversa que ele teve com um pesquisador que estudou o seu caso durante muitos anos.

Pesquisador: Você se lembra de algum acontecimento especial – como férias, Natal, aniversário, Páscoa?
(Lembre-se de que H. M. nem conseguia se recordar de ter sido apresentado ao pesquisador antes da entrevista, embora os dois se vissem com regularidade havia décadas.)

H. M.: Tive uma discussão comigo mesmo sobre a época do Natal.

Pesquisador: O que tem o Natal?

H. M.: Bem, como o meu pai era do sul, ele não comemorava lá como se comemora aqui no norte. Eles não têm árvores nem nada assim. E... Mas ele veio para o norte apesar de ter nascido na Louisiana. E eu sei o nome da cidade em que ele nasceu.

Se H. M. foi capaz de se lembrar de determinados detalhes do seu passado distante, deve haver um ponto em que a perda de memória surgiu. Quando foi? Análises profundas revelaram que o problema só teve início cerca de 11 anos antes da cirurgia. Se fizéssemos um gráfico da sua memória, ela começaria com uma nota muito alta e depois, 11 anos antes da operação, cairia a quase zero e continuaria assim para sempre.

O que isso significa? Se o hipocampo estivesse envolvido em todas as habilidades da memória, sua remoção deveria destruí-las inteiramente, isto é, apagaria toda a memória. Isso, porém, não acontece. O hipocampo permanece envolvido na formação da memória por mais de uma década depois que o evento é recrutado para armazenamento de longo prazo. Posteriormente, de algum modo, a memória segue para outra região, uma que não foi afetada pelas perdas cerebrais de H. M. e, como resultado, podia ser acessada. Casos como o dele e pacientes como ele mostram que o hipocampo conserva durante anos um traço de memória recém-formado. Não dias nem meses, mas *anos*. Até uma década ou mais. A consolidação do sistema, isto é, a transformação de memórias instáveis em duradouras, pode demorar anos para ser finalizada. Durante esse período, a memória não é permanente.

Há, é claro, muitas questões a serem verificadas a respeito desse processo. Para onde vai a memória nos anos intermediários? Joseph LeDoux cunhou a expressão "memória nômade" para ilustrar o extenso trajeto que a informação faz pela selva neural do cérebro. Em todo caso, isso não responde à pergunta. Até hoje, ninguém sabe para onde ela vai - nem mesmo se vai para algum lugar. Outro ponto: por que o hipocampo acaba rompendo as suas relações com o córtex depois de ter passado anos cultivando-as? Qual é o local de descanso final da memória após sua completa consolidação? Pelo menos, a resposta para essa última pergunta é um pouco mais clara. Esse local de derradeiro repouso é uma região muito conhecida dos cinéfilos, sobretudo dos que gostam de produções como *O mágico de Oz*, *A máquina do tempo* e a versão original de *O planeta dos macacos*.

O planeta dos macacos foi lançado em 1968, o ano da invasão da Tchecoslováquia. Esse filme trata de temas apocalípticos que combinavam bem com a época. O personagem principal, um astronauta interpretado por Charlton Heston, cai com a sua nave em um planeta governado por macacos. Depois de escapar de uma gangue de símios malvados, Heston aparece no final da história caminhando por uma praia. De repente, ele vê algo tão importante fora do enquadramento que o leva a cair de joelhos. Ele grita: "Vocês finalmente conseguiram. Que Deus os mande todos para o inferno!", e soca as ondas com toda a força, soluçando.

Quando a câmera se afasta de Heston, vemos o contorno de uma escultura ligeiramente familiar. No fim, a Estátua da Liberdade se revela, metade dela enterrada. Com isso, entendemos por que Heston está gritando. Após sua longa jornada, ele percebe que não estava em um planeta desconhecido. Ele nunca tinha deixado a Terra. O lugar em que terminou era o mesmo em que começara, e a única diferença era o momento no tempo. Sua nave "caíra" em um ponto do futuro distante, em uma Terra pós-apocalíptica, então governada por macacos. Na primeira vez que tomei conhecimento de dados relativos ao local de descanso final de uma memória consolidada, pensei imediatamente nesse filme.

Como você deve estar lembrado, o hipocampo faz as conexões de modo que possa receber informações do córtex e também devolvê-las a ele. Parece que as memórias declarativas são armazenadas nos mesmos sistemas corticais envolvidos no processamento inicial do estímulo. Em outras palavras, o local de descanso final é também a região que serviu como ponto de partida. A única separação é o tempo, não o lugar. Esses dados dizem muito não apenas sobre o armazenamento, como também sobre a lembrança. Talvez a recuperação de um traço de memória completamente consolidado 10 anos depois seja uma simples tentativa de reconstruir os momentos iniciais do aprendizado, quando a memória só tinha alguns milissegundos de existência. Portanto, o modelo atual é mais ou menos assim:

1. Memórias de longo prazo decorrem da acumulação de mudanças sinápticas no córtex como resultado de reintegrações múltiplas da memória.

2. As reintegrações são dirigidas pelo hipocampo, talvez durante anos.

3. No fim, a memória se torna independente do lobo medial temporal e esse novo traço de memória, mais estável, é armazenado de maneira permanente no córtex.

4. É possível que mecanismos de recuperação reconstruam o padrão original de neurônios inicialmente recrutados nos primeiros momentos do aprendizado.

Esquecimento

Solomon Shereshevskii, jornalista russo nascido em 1886, parecia ter uma capacidade de memória praticamente ilimitada, tanto para armazenamento quanto para recuperação. Os pesquisadores lhe davam listas de dados para decorar, em geral combinações de números e letras, e depois testavam a sua lembrança. Desde que tivesse três ou quatro segundos para "visualizar" (em suas próprias palavras) cada item, ele repetia as listas com perfeição, até mesmo se contivessem mais de 70 elementos. E também conseguia reproduzi-las de trás para a frente.

Em uma experiência, um pesquisador expôs Shereshevskii a uma fórmula complexa de letras e números com cerca de 30 itens. Após um único teste de recuperação (que o jornalista realizou sem falhas), o pesquisador guardou a lista *e esperou 15 anos*. Quando se reencontrou com Shereshevskii, pediu-lhe que a repetisse. Sem hesitar, ele a reproduziu no mesmo instante, mais uma vez sem erros. A memória que tinha de tudo o que percebia era tão clara, tão detalhada, tão *imensa*, que Shereshevskii perdeu a capacidade de organizá-la em padrões que fizessem sentido. Como se vivesse em uma nevasca permanente, ele via boa parte da sua vida como flocos ofuscantes de informação sensorial sem ligação com nada. Não conseguia visualizar o "quadro geral", isto é, não possuía a capacidade de se concentrar nos pontos em comum das experiências relacionadas e descobrir padrões maiores repetidos. Os poemas, com o seu típico conteúdo carregado de metáforas e comparações, eram incompreensíveis para a sua mente. Aliás, ele provavelmente nem entenderia a frase que você acabou de ler. Shereshevskii não era capaz de se esquecer das coisas, e isso afetou a sua funcionalidade.

O último passo no processamento declarativo é o esquecimento. A razão pela qual esse mecanismo tem um papel essencial na nossa funcionalidade é mais simples do que parece. Ele nos permite priorizar acontecimentos. Os fatos não pertinentes à nossa sobrevivência podem nos fazer desperdiçar espaço cognitivo se lhes dermos a mesma prioridade que concedemos a eventos fundamentais para a manutenção da nossa vida. Por isso, não lhes atribuímos essa importância. Nós os depreciamos e os tornamos menos estáveis. E os *esquecemos.*

Parece haver vários tipos de esquecimento, categorias enumeradas de modo muito inteligente por Dan Schacter, o pai da pesquisa sobre o fenômeno, no livro *Os sete pecados da memória*. São eles: a transitoriedade (o esquecimento causado pelo simples passar do tempo), a distração, o bloqueio (observado, por exemplo, quando não conseguimos nos lembrar do nome de alguém que conhecemos bem), a atribuição equivocada (a sensação de que nos recordarmos de algo que, na verdade, não aconteceu), a sugestionabilidade (o registro de informações errôneas recebidas de terceiros), a distorção (mudanças em acontecimentos do passado com base em crenças do presente) e a persistência (a incapacidade de nos livrarmos de determinadas recordações, que se tornam obsessivas).

Essa lista parece uma casa mal-assombrada cognitiva tanto para estudantes quanto para profissionais em geral. Seja qual for o tipo de esquecimento, ele tem algo em comum com os demais: permite-nos descartar determinadas informações em favor de outras. Por causa disso, o esquecimento nos ajudou a conquistar a Terra.

Ideias

Como usar toda essa informação para fisgar a atenção tanto de alunos quanto de participantes de uma reunião? Explorar a utilização do tempo de reexposição à informação é um recurso óbvio que pode proporcionar resultados produtivos se pesquisadores, educadores e executivos trabalharem juntos. Por exemplo, não fazemos ideia do que isso significa para o marketing. Com que frequência se deve repetir a mensagem até que as pessoas comprem um produto? O que determina se elas ainda vão se lembrar daquilo seis meses ou um ano depois?

Minutos e horas

O dia de um aluno de ensino médio é geralmente segmentado em cinco períodos de 50 minutos que consistem na emissão de fluxos de informação sem repetições. Usando como base as exigências de utilização do tempo sugeridas pela memória de trabalho, como você mudaria esse esquema? O resultado talvez fosse a experiência em sala de aula mais estranha do mundo. Veja a seguir a minha fantasia:

Na escola do futuro, as aulas são divididas em módulos de 25 minutos, repetidos de modo cíclico ao longo do dia. A matéria A é ensinada durante 25 minutos, o que consiste na primeira exposição. Noventa minutos depois, o seu conteúdo é repetido e, depois, exposto pela terceira vez. *Todas* as aulas são segmentadas e intervaladas assim. Como essas repetições fazem com que a quantidade de informação abordada em cada período seja menor, o ano letivo tem que ser mais longo para que seja possível cumprir o programa de todas as disciplinas.

Dias e semanas

Graças à experiência realizada pelo pesquisador Robert Wagner, sabemos que repetições múltiplas proporcionam benefícios que podem ser demonstrados em períodos de dias e até semanas. Na idealização que faço da escola do futuro, cada terceiro ou quarto dia é reservado a um novo exame do conteúdo ensinado nas 72-96 horas anteriores. Nesses "feriados de revisão", a matéria é reapresentada de maneira resumida. Os alunos têm a oportunidade de rever as anotações que fizeram durante as exposições iniciais, comparando-as com o que o professor diz na revisão. Isso permite que a informação seja mais elaborada e ajuda o professor a apresentar os dados de forma mais exata. Um exercício formal de verificação de erros se torna parte regular e positiva da experiência de aprendizado, tanto para o mestre quanto para os alunos.

É possível que um modelo desse tipo acabasse com a necessidade do dever de casa. Na melhor das hipóteses, essas lições só servem para forçar o aluno a rever a matéria. Se a repetição fosse praticada no transcorrer do dia escolar, talvez houvesse pouca necessidade dessa reexposição mais tarde. Na escola do futuro, é provável que o trabalho de casa não tenha utilidade.

Modelos assim podem dar certo? Como as repetições intervaladas de modo predeterminado ainda não foram testadas com rigor, existem muitas perguntas quanto à sua aplicação. Será que de fato são necessárias três repetições separadas por matéria todos os dias para a obtenção de um resultado positivo? Será que todas as disciplinas precisam dessa repetição? Será que a intensidade dos intervalos pode *atrapalhar* o aprendizado, fazendo com que as repetições constantes comecem a interferir umas nas outras com o passar do dia? Será que os feriados de revisão são mesmo úteis e, se forem, devem ocorrer a cada três ou quatro dias? Ninguém sabe.

Anos e anos

Hoje em dia, espera-se que o conhecimento do aluno sobre determinado tema seja compatível com a série em que ele está. É curioso notar que esse modelo não se preocupa com a duração do aprendizado depois que o estudante conclui aquela série. Considerando que a consolidação do sistema pode demorar *anos*, será que a ideia da expectativa com relação ao nível de conhecimento/série deve ser reformulada? Talvez o aprendizado, na visão mais ampla, tenha que ser submetido ao mesmo raciocínio empregado nos reforços de vacinas de imunização, com a repetição anual ou semestral das informações fundamentais.

Na minha escola imaginária, é exatamente isso que acontece. No ensino fundamental, por exemplo, as repetições começam com a revisão consistente e rigorosa de tabelas de multiplicação, frações e números decimais. Com a realização da primeira exposição desses tópicos na terceira série, há sessões de revisão semestrais e anuais dessas matérias básicas até a sexta série. À medida que as competências matemáticas vão se sofisticando, o conteúdo da revisão é alterado para refletir mais compreensão. *No entanto, os ciclos continuam valendo.* Na minha fantasia, esse esquema de repetição consistente, que se estende por longos períodos, gera benefícios significativos para o aprendizado de todas as disciplinas acadêmicas, sobretudo a de idiomas.

Você já deve ter ouvido dizer que muitas empresas, principalmente as da área técnica, ficam decepcionadas com o nível de preparo dos seus funcionários recém-formados. Elas precisam investir dinheiro para retreinar muitos desses colaboradores em determinadas capacitações básicas que, no seu entendimento, eles deveriam ter estudado na universidade. Uma das minhas fantasias corporativas promoveria a colaboração entre empresas de engenharia e faculdades de engenharia. Assim, esse déficit poderia ser evitado com o estabelecimento de experiências de repetição após a graduação. Os exercícios de reexposição ao conteúdo teriam início na semana seguinte à formatura e continuariam ao longo do primeiro ano de emprego. O objetivo? *Revisar todas as disciplinas técnicas importantes para a função do recém-formado*. Pesquisas indicariam não apenas as matérias a serem revisadas, como também o intervalo ideal entre as repetições.

Minha fantasia divide a carga do ensino entre os dirigentes das empresas e a comunidade acadêmica, estendendo a ideia da obtenção do bacharelado ao local de trabalho. Essa cooperação alinha profissionais e pesquisadores, garantindo às companhias exposição aos mais recentes avanços em suas áreas (e informando os pesquisadores sobre as questões mais atuais que os profissionais enfrentam no dia a dia). Na minha mente, o programa faz tanto sucesso que engenheiros mais experientes também começam a participar dos cursos de atualização, passando assim a conviver com profissionais mais jovens sem nem perceber. A velha guarda se surpreende ao ver de quanta coisa já se esqueceu e de como a revisão de informações e a interação com pessoas diferentes, tanto pesquisadores quanto colegas mais novos, contribui para melhorar o seu desempenho profissional.

Gostaria de poder dizer que tudo isso daria certo, mas a única coisa que posso afirmar é que a memória não se consolida no momento do aprendizado e que a repetição fornece um meio de fixá-la.

Resumo

Regra nº 6

Lembre-se para repetir

- A maioria das memórias desaparece em minutos, mas aquelas que sobrevivem a esse período frágil se fortalecem com o tempo.
- Memórias de longo prazo são formadas por meio de uma conversa entre o hipocampo e o córtex, até que o primeiro rompe a conexão e a memória é fixada no córtex – e isso pode levar anos.
- O cérebro nos fornece apenas uma visão aproximada da realidade, porque mistura novos conhecimentos com memórias passadas e os armazena juntos, como se fossem uma coisa só.
- Para fazermos com que a memória de longo prazo seja mais confiável, temos que incorporar novas informações de maneira gradual e repeti-las em intervalos específicos.

Sono

Regra nº 7

Durma bem, pense bem

Não foi a maneira mais confortável de entrar para o livro *Guinness World Records*, receber um A em um projeto de feira de ciências do ensino médio e conhecer um pesquisador de renome mundial. Em 1965, Randy Gardner, de 17 anos, decidiu que o seu projeto para o evento consistiria em não dormir durante 11 dias seguidos e observar as consequências. Para a surpresa de todos, ele realizou a façanha e estabeleceu o recorde naquele ano como a pessoa que ficou mais tempo acordada. Sua ideia atraiu a atenção do pesquisador William Dement, que recebeu permissão para estudar o que ocorria na mente do adolescente na semana e meia que ele permaneceu desperto.

Os efeitos daquela experiência foram extraordinários. Para dizer o mínimo, a mente de Randy começou a funcionar mal. Logo no início, ele ficou irritado, esquecido, enjoado e, como era previsível, extremamente cansado. Após cinco dias sem dormir, começou a sofrer de algo que parecia mal de Alzheimer. Teve alucinações, ficou muito desorientado e paranoico. Achou que estava sendo perseguido por um apresentador de rádio local por causa das mudanças em sua memória. Nos quatro últimos dias, sua função motora já estava comprometida, seus dedos tremiam e ele falava arrastado. Curiosamente, no último dia, Randy ainda foi capaz de vencer Dement no *pinball* - e fez isso 100 vezes consecutivas.

Algumas almas desafortunadas não têm a oportunidade de fazer experiências. De uma hora para outra, elas perdem definitivamente a capacidade de dormir. A insônia familiar fatal é um dos mais raros distúrbios genéticos humanos - afeta apenas cerca de 20 famílias em todo o mundo. A raridade é uma bênção, pois essa doença segue um curso infernal. Ela se manifesta no meio da idade adulta. A pessoa começa a apresentar febre, tremores e suor abundante. À medida que a insônia se torna permanente, os sintomas são acompanhados por espasmos musculares incontroláveis e tiques. Em seguida, surgem sensações opressivas de depressão e ansiedade. O paciente se torna psicótico. Por fim, como uma bênção, ele entra em coma e morre.

Portanto, sabemos que coisas ruins acontecem quando não dormimos. Mas, considerando que o sono consome nada menos do que um terço do tempo que passamos neste planeta, é incrível que ainda não saibamos *por que* precisamos dormir. É claro que já temos pistas. Uma forte indicação surgiu há cerca de 10 anos com uma experiência em que um monte de fios foi introduzido no cérebro de um rato. Esse roedor tinha acabado de aprender a atravessar um labirinto quando resolveu tirar uma soneca. Um aparelho de gravação que fora conectado aos fios em sua cabeça permaneceu ligado. Para que você possa compreender como isso se relaciona com a função do sono, vou falar sobre o que o cérebro faz enquanto dormimos.

Você acha que isso é descanso?

Se algum dia você tiver a oportunidade de escutar um cérebro que está dormindo, terá dificuldade em acreditar em seus ouvidos. Ele não dá a mínima impressão que está repousando. Ao contrário: sua atividade é extremamente intensa durante o "descanso", com legiões de neurônios enviando ruidosos comandos elétricos uns para os outros em padrões que mudam sem parar – aliás, esse órgão apresenta mais atividade rítmica durante o sono do que quando está desperto. O único momento em que é possível observar o período real de descanso do cérebro (quando a quantidade de energia consumida é menor do que durante um tempo similar de vigília) é nas fases mais profundas daquilo que chamamos de sono não REM (sigla da expressão inglesa *rapid eye movement*, ou movimento rápido dos olhos). No entanto, elas correspondem apenas a cerca de 20% de todo o ciclo do sono, e é por isso que os pesquisadores logo começaram a descartar o conceito de que a função do sono é nos fazer descansar. Quando o cérebro dorme, ele não está repousando de jeito nenhum.

Ainda assim, muitas pessoas afirmam que o sono tem forte poder reparador e que não pensam tão bem quando não dormem o suficiente. Isso é verdade e pode ser medido, como você verá. Portanto, estamos diante de um fato difícil de entender: considerando a quantidade de energia que o cérebro usa durante o sono, parece impossível que tenhamos qualquer coisa parecida com descanso mental e restauração enquanto dormimos.

Mesmo que o cérebro não se comporte de modo bioenergético, outras partes do corpo descansam durante o sono, graças a algo que é como a versão humana de uma micro-hibernação. Esse dado introduz um segundo enigma: o sono nos deixa vulneráveis a predadores. De fato, entrar na terra dos sonhos de forma deliberada e sem proteção em meio a um monte de caçadores hostis (como os leopardos, os nossos companheiros nas savanas do leste da África) parece um comportamento desejado pelos nossos piores inimigos. Deve haver algo imprescindível que devemos obter durante o sono para nos arriscarmos tanto assim. Mas o que pode ser tão importante?

O pesquisador que estudou Randy Gardner enquanto ele ficou sem dormir prestou uma contribuição pioneira de grande peso para o entendimento dessas questões. Com frequência chamado de pai da pesquisa do sono, Dement é um homem grisalho e de sorriso largo. Quando este livro foi escrito, ele estava com quase 80 anos. Ele faz afirmações fundamentais sobre o hábito que temos de dormir, por exemplo: "Sonhar permite que cada um de nós seja louco, com discrição e segurança, todas as noites da nossa vida."

Dement estudou vários aspectos do ciclo do sono humano. Ele começou a descobrir o seguinte: como soldados no campo de batalha, os cérebros "adormecidos" estão na verdade presos a um combate biológico feroz. O conflito envolve uma batalha ferrenha entre duas forças poderosas e opostas, cada uma delas composta de legiões de células cerebrais e substâncias bioquímicas com objetivos muito diferentes. Apesar de estar localizado na cabeça, o palco de operações desses exércitos abrange todos os cantos do corpo. Essa luta às vezes é chamada de modelo dos "processos oponentes".

À medida que Dement começou a definir essas duas correntes antagônicas, ele percebeu aspectos estranhos a respeito da guerra travada entre elas. O primeiro deles é que essas forças não se mobilizam apenas à noite enquanto dormimos, mas também durante o dia, quando estamos acordados. O segundo é que elas estão fadadas a uma programação de combates sequenciais em que cada exército ganha uma batalha, perde outra, vence a próxima, e assim por diante. Com isso, ambos percorrem o ciclo vitória/derrota todos os dias e todas as noites. O terceiro aspecto estranho é que nenhum exército jamais se declara o vencedor definitivo desse embate. A disputa incessante resulta na experiência cíclica de acordar e dormir que vivenciamos todos os dias (e todas as noites) da nossa vida.

Dement não trabalhou sozinho. Seu mentor, um pesquisador talentoso chamado Nathaniel Kleitman, deu-lhe muitas das ideias iniciais. Se Dement pode ser considerado o pai da pesquisa do sono, Kleitman certamente se qualificaria como o avô. Ele era um russo de sobrancelhas bastas que se destacou pela disposição de fazer experiências consigo mesmo e também com os filhos. Quando um colega dele aparentemente descobriu a fase do sono conhecida como REM, Kleitman indicou de imediato a filha para testes, e ela confirmou a descoberta. Mas uma das experiências mais interessantes da sua longa carreira ocorreu em 1938, quando ele convenceu um colega a se juntar a ele a 45m de profundidade, na caverna Mammoth, no Kentucky, nos Estados Unidos, durante um mês inteiro.

Sem luz do sol nem agenda de compromissos diários, Kleitman pôde questionar se as rotinas do sono e da vigília realizavam os seus ciclos de maneira automática no corpo humano. Suas observações foram um pouco confusas, porém a experiência forneceu a primeira pista real de que um mecanismo automático existia no nosso corpo. E hoje sabemos que o organismo possui uma série de relógios, todos controlados por regiões distintas no cérebro, que fornecem uma programação rítmica regular para as experiências de sono e vigília. Isso é surpreendentemente similar à atividade de um cristal de quartzo de um relógio de pulso. Uma área cerebral chamada núcleo supraquiasmático - que é parte do hipotálamo, órgão do tamanho de uma ervilha que se localiza quase no meio da cabeça - parece conter um mecanismo de marcação de tempo desse tipo. É claro que esses ritmos não têm sido caracterizados como o de um inocente relógio de pulso. Eles vêm sendo comparados mais a uma guerra violenta. Uma das principais contribuições de Kleitman e Dement foi mostrar que tais ritmos quase automáticos são produzidos pelo conflito contínuo entre duas forças opostas.

Partindo da ideia de que essas forças estão sob controle interno, é possível explorá-las de forma mais detalhada, começando com uma descrição de seus nomes. Um dos exércitos é composto de neurônios, hormônios e diversas outras substâncias químicas que fazem todo o possível para nos manter acordados. Esse conjunto de tropas é chamado de sistema de alerta circadiano (em geral, denominado apenas de "processo C"). Se ele fosse o vencedor, ficaríamos despertos o tempo todo. Por sorte, opondo-se a ele há um exército igualmente poderoso, que também é formado por células cerebrais, hormônios e diversas substâncias químicas. Esses combatentes realizam tudo o que está ao seu alcance para nos fazer dormir. São conhecidos como impulso homeostático indutor do sono ("processo S"). Se esse exército saísse vitorioso, dormiríamos para sempre.

Essa é uma guerra estranha e até paradoxal. Quanto mais tempo um dos exércitos controla o campo de batalha, maior a sua probabilidade de ser derrotado no confronto. É quase como se cada um deles ficasse exausto de fazer as coisas do seu jeito e por fim agitasse a bandeira branca. De fato, quanto mais tempo passamos acordados (com o processo C vitorioso dando voltas de comemoração na nossa cabeça), maior a chance de que o sistema de alerta circadiano acabe cedendo terreno para o oponente. E é nesse momento que vamos dormir. Para a maior parte das pessoas, o ato de rendição se dá após cerca de 16 horas de consciência ativa. Isso ocorre ainda que estejamos vivendo em uma caverna.

Da mesma forma, quanto mais tempo dormimos (agora com o processo S dando as suas voltas de comemoração), maior se torna a probabilidade de que o impulso homeostático para o sono, de maneira semelhante, ceda terreno ao seu oponente, que é a força que nos mantêm acordados. O resultado desse recuo é despertarmos. Para a maioria das pessoas, a duração do período que antecede a rendição é de cerca de oito horas de sono. E isso também acontece ainda que estejamos morando em uma caverna.

À exceção dos integrantes das cerca de 20 famílias desafortunadas que existem no mundo, Kleitman, Dement e muitos outros mostraram que essa tensão dinâmica é uma parte normal – e até mesmo fundamental – da nossa vida cotidiana. Aliás, o sistema de alerta circadiano e o impulso homeostático para o sono estão presos a uma batalha diária de vitória e rendição tão previsível que dá até para transformá-la em gráfico. Exposto de maneira formal, o processo S mantém a duração e a intensidade do sono, enquanto o processo C determina a tendência e o ajuste do tempo relativos à necessidade de dormir.

Essa guerra entre os dois exércitos não se dá sem supervisão. Forças internas e externas ajudam a regular o conflito, definindo para nós tanto a quantidade de sono de que necessitamos quanto aquela que obtemos. Vamos nos concentrar em duas das forças internas - cronotipo e zona da soneca. Para que você compreenda como elas funcionam, vou deixar um pouco de lado os detalhes da batalha para explorar a vida de um cartunista e de uma jornalista que tinha uma coluna de conselhos... Ah, também falarei sobre aves.

Cotovia ou coruja?

Ann Landers, falecida jornalista americana que por muitos anos assinou uma coluna de conselhos, afirmava com veemência: "Não me liguem até eu estar pronta!", e então deixava o telefone fora do gancho de 1h às 10h. Por quê? Esse era o horário em que ela normalmente dormia. O cartunista Scott Adams, criador da tirinha *Dilbert*, nunca pensaria em começar o dia às 10h. "Estou em sintonia com os meus ritmos", ele disse. "Jamais tento criar nada depois do meio-dia. Faço a tira entre as 6h e as 7h." Aqui temos dois profissionais criativos e bem-sucedidos que trabalham em horários completamente diferentes.

Cerca de uma em cada 10 pessoas é igual a Scott Adams. A literatura científica as chama de cotovias (mais palatável do que o termo adequado, "cronotipo matutino"). As cotovias costumam dizer que se sentem mais alertas por volta do meio-dia e que são mais produtivas no trabalho algumas horas antes de almoçar. Elas não precisam de despertador porque sempre acordam antes que o alarme soe – em geral antes das 6h. Também contam, com muita alegria, que a sua refeição preferida é o café da manhã e normalmente consomem uma quantidade menor de café do que as não cotovias. Ao anoitecer já começam a ficar sonolentas e, por volta das 21h, a maior parte delas vai dormir (ou fica com vontade de fazer isso).

As cotovias são inimigas mortais dos dois em cada 10 seres humanos que se encontram na outra extremidade do espectro do sono: os "cronotipos vespertinos", ou corujas. Em geral, as corujas estão mais alertas por volta das 18h e a sua fase mais produtiva é no final da noite. Elas não sentem vontade de dormir antes das 3h. As corujas sempre precisam de um despertador para acordar de manhã - e as supercorujas necessitam de muitos despertadores para garantir que vão se levantar. Se essas pessoas pudessem fazer as coisas do seu jeito, a maior parte delas não sairia da cama muito antes das 10h. Não é surpresa o fato de os cronotipos vespertinos afirmarem que a sua refeição preferida é o jantar. Se possível, tomam litros de café durante o dia para se manterem de pé no local de trabalho. Se você está achando que as corujas não dormem tão bem quanto as cotovias, acertou na mosca. Os cronotipos vespertinos geralmente acumulam um enorme "déficit de sono" ao longo da vida.

O comportamento das cotovias e das corujas é muito específico. Pesquisadores acreditam que esses padrões são detectados no início da infância e gravados nas complexidades genéticas do cérebro que governam o nosso ciclo de sono/vigília. Um estudo mostra que, se a mãe e o pai são cotovias, a metade dos filhos também será. Cotovias e corujas representam apenas cerca de 30% da população. O resto dc nós é chamado de beija-flor. Alguns beija-flores estão mais para coruja, outros estão mais para cotovia e um terceiro grupo se encontra no meio. Que eu saiba não foi dado nenhum apelido de pássaro a quem precisa somente de quatro ou cinco horas de sono. Em vez disso, costuma se dizer que essas pessoas sofrem de "insônia saudável".

Então, de quanto sono precisamos? Considerando todo o conhecimento que adquirimos sobre como e quando dormimos, talvez você esperasse uma resposta rápida dos pesquisadores a essa pergunta. E eles a deram. A resposta é: não sabemos. Você não leu errado. Depois de tantos séculos pesquisando o assunto, ainda não temos ideia de quanto sono necessitamos. Generalizações não funcionam. Quando examinamos a fundo dados pertinentes a seres humanos, o que encontramos não é uma notável uniformidade, e sim uma impressionante individualidade. Para piorar a situação, os horários de sono são muito dinâmicos. Mudam de acordo com diversos fatores, como idade, sexo, puberdade, gestação, etc. Há tantas variáveis que pode até parecer que você fez a pergunta errada. Então, vamos inverter a questão. De quanto sono *não* precisamos? Em outras palavras, quais são os números que afetam o nosso funcionamento normal? Essa pergunta é muito importante porque tanto a privação quanto o excesso de sono podem nos causar disfunções. Seja qual for quantidade adequada de sono para um indivíduo, se ela não for atingida, coisas ruins começarão a acontecer com o seu cérebro.

Sonecas na Guerra Fria

Levando em conta que os ritmos de sono travam suas batalhas 24 horas por dia, pesquisadores estudaram os embates que ocorrem não apenas durante a noite, mas também ao longo do dia. Uma das áreas de interesse é a necessidade persistente de tirar uma soneca - e de fazer isso em um período específico.

Na sociedade conservadora do início da década de 1960, os funcionários da Casa Branca devem ter tido dificuldade em se acostumar com um hábito do 36º presidente dos Estados Unidos, Lyndon Baines Johnson. No meio da tarde, ele fechava a porta do gabinete, vestia um pijama e tirava uma soneca de 30 minutos. Ao acordar, inteiramente revigorado, dizia aos assessores que o cochilo lhe dava energia necessária para trabalhar pelo longo período exigido por seu cargo durante a Guerra Fria. Essa atitude presidencial devia parecer estranha. No entanto, se você perguntar a opinião de pesquisadores do sono, como William Dement, a resposta pode lhe causar surpresa: o comportamento do presidente Johnson era inteiramente normal; nós, que nos recusamos a levar o pijama para o trabalho, é que estamos agindo de forma estranha. E Dement afirma isso com base em uma considerável quantidade de dados.

O presidente Johnson estava simplesmente manifestando sua reação a um estado pelo qual quase todos nós passamos. Essa situação tem muitos nomes - preguiça que bate depois do almoço, sono da tarde e bocejo do meio-dia. Vamos chamá-la, porém, de zona da soneca, período no meio da tarde quando sentimos uma sonolência temporária. Às vezes é quase impossível conseguirmos fazer alguma coisa nessa hora. Quando tentamos nos forçar a agir, o que a maioria das pessoas faz, passamos boa parte do tempo lutando contra um cansaço torturante. É uma batalha porque o cérebro quer cochilar e não se importa com o que o seu dono está fazendo. O conceito da sesta, institucionalizado em diversas culturas, pode ser uma reação explícita à zona da soneca.

No início, os pesquisadores acreditavam que a vontade de cochilar só existisse como consequência da privação do sono. Essa visão mudou. Hoje sabemos que, no caso de algumas pessoas, essa necessidade é mais intensa. E isso não tem ligação com o fato de se comer muito no almoço (embora uma refeição pesada, sobretudo se repleta de carboidratos, possa aumentar essa necessidade). Por outro lado, parece que dormir à tarde faz parte do nosso histórico evolutivo. Alguns pesquisadores acreditam que uma longa noite de sono e uma breve dormida no meio do dia representam o comportamento de sono humano mais natural possível.

Quando fazemos o gráfico com as curvas do processo S e do processo C, vemos que elas se tocam no mesmo ponto – à tarde. Lembre-se de que essas linhas retratam o progresso de uma guerra entre dois grupos opostos de células e substâncias bioquímicas. A batalha chegou claramente ao ponto máximo do impasse. A tensão entre as duas forças fica então igual, e manter essa situação demanda muita energia. Para alguns pesquisadores, é essa equanimidade na tensão que desencadeia a zona da soneca. Seja lá como for, a questão é que esse período é importante porque a nossa mente não funciona tão bem enquanto ele dura. Se você costuma falar em público, sabe quanto é arriscado fazer uma palestra no meio da tarde. A zona da soneca também é fatal: mais acidentes de trânsito ocorrem enquanto ela está vigorando do que em qualquer outro momento do dia.

Por outro lado, um estudo da NASA mostrou que um cochilo de 26 minutos foi capaz de melhorar o desempenho dos pilotos em mais de 34%. Outra pesquisa revelou que uma soneca de 45 minutos proporcionou um benefício semelhante ao desempenho cognitivo que se manteve por mais de seis horas. Outros pesquisadores demonstraram que dormir meros 30 minutos antes de passar a noite em claro pode impedir a queda significativa do desempenho durante essa noite.

Se uma soneca consegue fazer tudo isso, imagine quais são os benefícios de uma noite inteira de sono. Vamos examinar o que pode acontecer quando ignoramos essas forças internas e quando cedemos a elas.

Durma para encontrar a solução

Dimitri Ivanovich Mendeleyev representava o arquétipo do pesquisador brilhante com cara de louco. Cabeludo, dogmático em suas opiniões, certa vez ameaçou cometer suicídio se uma moça não se casasse com ele. Ela cedeu, cometendo assim um ato ilegal, pois a coitada não sabia que Mendeleyev já era casado. Esse deslize o manteve fora da Academia Russa de Ciências durante um tempo, algo que, analisando melhor agora, pode ter sido drástico demais, uma vez que Mendeleyev sistematizou sozinho toda a ciência da química.

A Tabela Periódica dos Elementos – método de organização de todos os átomos já descobertos – foi elaborada por ele. Mendeleyev foi tão previdente nesse trabalho que reservou lugar para todos os elementos que ainda seriam encontrados e até antecipou algumas de suas propriedades. O mais extraordinário, porém, é o seguinte: Mendeleyev disse que a ideia lhe surgiu pela primeira vez durante o sono. Certa noite, ao contemplar a natureza do universo enquanto jogava paciência, ele adormeceu. Quando acordou, sabia como todos os átomos se organizavam e criou imediatamente a célebre tabela. É interessante notar que ele reuniu os átomos em grupos repetidos de sete.

Mendeleyev não foi o único pesquisador a dizer que se sentiu inspirado depois de acordar. Será que existe algo de verdadeiro no conselho de "durma para encontrar a solução"? Qual é a relação entre o sono normal e o aprendizado extraordinário?

Montanhas de dados revelam que o sono saudável pode melhorar o aprendizado de maneira significativa em certos tipos de tarefas. Esses resultados geram muito interesse entre os pesquisadores do sono e, como é de se esperar, uma bela quantidade de controvérsia. Eles discutem a definição de aprendizado e o significado de "melhora". Mas existem muitos exemplos desse fenômeno. Um estudo em particular se destaca.

Um grupo de alunos recebeu uma série de problemas de matemática e depois aprendeu um método de resolvê-los. Eles não foram avisados de que também havia um modo mais fácil de solucionar as questões, um "atalho" que poderia ser descoberto durante a realização dos exercícios. A pergunta era a seguinte: será que existe um modo de acionar, e até de acelerar, a percepção dos estudantes? É possível fazer com que eles tomem consciência do outro método existente? A resposta foi sim, *se puderem dormir para encontrar a solução.* Caso se passem 12 horas após a sessão inicial de aprendizado e se peça aos alunos que resolvam mais exercícios, cerca de 20% deles descobrirão o atalho. Contudo, se nessas 12 horas estiverem incluídas cerca de oito horas de sono regular, aquele percentual será quase três vezes maior: em torno de 60%. Não importa a quantidade de vezes que a experiência é repetida, o grupo que dorme tem sempre um desempenho melhor, na proporção de três para um, do que o grupo que permanece desperto.

Já foi mostrado que o sono facilita tarefas que envolvem discriminação de texturas visuais (efeitos ópticos, não táteis), adaptações motoras e sequenciamento motor. O aprendizado que parece ser o mais beneficiado pelo sono é aquele que envolve um procedimento. Se o sono for interrompido em determinados estágios, qualquer progresso que tenha ocorrido durante a noite se perderá. Está claro que, para tipos específicos de habilidade intelectual, o sono pode ser um ótimo amigo do aprendizado.

Privação do sono = esgotamento do cérebro

Portanto, não causa surpresa saber que a privação de sono prejudica o aprendizado. Um ótimo aluno pode ser colocado em uma queda livre acadêmica apenas com a diminuição das suas horas de sono. Tome como exemplo uma estudante habituada a tirar a nota máxima em 10% de tudo o que faz. Um estudo mostrou que, se ela dormir um pouco menos do que sete horas por noite durante a semana e cerca de 40 minutos menos no fim de semana, vai começar a tirar as notas mais baixas em 9% de suas atividades entre os indivíduos que não têm privação de sono. Perdas cumulativas durante a semana se somam aos déficits cumulativos dos fins de semana – e, se essa dívida de sono não for paga, ela passará para a semana seguinte.

Outro estudo acompanhou soldados encarregados da operação de um equipamento militar complexo. Uma noite sem dormir resultou em cerca de 30% de perda nas suas habilidades cognitivas de maneira geral, com queda subsequente no desempenho. Aumentando o déficit para duas noites em claro, o comprometimento será de 60%. Outras pesquisas ampliaram essas descobertas. Quando se limitava o período de sono a seis horas ou menos por apenas cinco noites, por exemplo, o desempenho cognitivo era semelhante ao de uma pessoa que tivesse passado 48 horas seguidas sem dormir.

Pesquisas mais recentes começaram a lançar luz sobre outras funções que, à primeira vista, não parecem estar associadas ao sono. Por exemplo, quando uma pessoa não dorme o suficiente, o aproveitamento da comida que ela ingere pode se reduzir em um terço. Sua capacidade de produzir insulina e extrair energia da sobremesa preferida do cérebro, a glicose, começa a cair drasticamente. Ao mesmo tempo, ela sente uma intensa necessidade de ter mais dessas coisas, porque os níveis do hormônio do estresse aumentam de maneira cada vez mais descontrolada. Quando mantido, esse comportamento parece acelerar partes do processo de envelhecimento. Se um indivíduo saudável de 30 anos dormir pouco durante seis dias (nesse estudo, a média foi de quatro horas por noite), partes da química do seu corpo logo se tornarão como as de uma pessoa de 60 anos. E, caso ele tenha como retomar a rotina normal de sono, levará quase uma semana até que recupere sua condição normal de 30 anos.

O importante nessa questão é que a privação do sono compromete o desempenho mental. Ela prejudica muito o pensamento em praticamente todas as maneiras em que é possível avaliá-lo. Além disso, causa danos à atenção, à função executiva, à memória imediata, à memória de trabalho, ao humor, às habilidades quantitativas, ao raciocínio lógico e ao conhecimento geral de matemática. Com o tempo, afeta também a agilidade manual, incluindo o controle motor fino (à exceção, talvez, da capacidade de jogar *pinball*) e até mesmo movimentos do controle motor geral, como os envolvidos na ação de caminhar em uma esteira.

Quando examinamos o conjunto desses dados, identificamos um aspecto consistente: o sono tem um estreito envolvimento com o aprendizado. Isso pode ser observado tanto com grandes quanto com pequenas quantidades de sono. Evidentemente, mostrar que o sono melhora o desempenho é bem mais fácil do que explicar *como* ele faz isso. Ainda assim, vou tentar, considerando a importância dessa questão para a Regra do Cérebro.

Considere a seguinte história real de um contador que dá uma tremenda atenção aos detalhes. Ainda que esteja dormindo profundamente, ele costuma fazer relatórios financeiros para a mulher. Muitos desses informes têm origem nas atividades do dia. (Quase sempre ela o acorda, pois as mensagens são transmitidas em voz bem alta.) Será que durante o sono todos nós organizamos as experiências que vivenciamos durante o dia? Será que isso, além de esclarecer os outros dados que venho apresentando, nos dá finalmente uma explicação de por que dormimos?

Para responder a essas perguntas, precisamos retornar à história do pobre rato que, há 10 anos, caiu no sono com um monte de fios enfiados no cérebro. Os "fios" são eletrodos posicionados individualmente perto dos neurônios. Quando esses eletrodos são ligados a um aparelho de gravação, podemos escutar às escondidas o cérebro falando sozinho - é como se estivéssemos usando um grampo de telefone para ouvir o falatório individual de cada neurônio à medida que ele processa a informação. Até mesmo no cérebro minúsculo de um rato não é incomum escutarmos 500 neurônios ao mesmo tempo. Então, o que todos eles estão dizendo? Se a escuta for feita enquanto o rato estiver adquirindo novas informações, como aprender a percorrer um labirinto, logo perceberemos algo extraordinário. Um padrão bem diferente de estímulo elétrico - "específico para labirinto" - irá surgir. Como se estivesse usando o velho código Morse, uma série de neurônios começará a emitir estalos em uma sequência ritmada específica durante o aprendizado. Depois disso, o rato vai acionar esse padrão toda vez que atravessar o labirinto. Parece que essa é uma representação elétrica do seu novo padrão de pensamento para percorrer aquele emaranhado de caminhos (pelo menos, é o que 500 eletrodos são capazes de detectar).

Quando o rato adormece, seu cérebro começa a *repetir a sequência do padrão do labirinto* - uma situação que lembra a do contador. Executando esse modelo sempre em um estágio específico do sono, o rato o repete muitas vezes seguidas – e bem mais rápido do que durante o dia. O ritmo é tão intenso que a sequência é reproduzida milhares de vezes. Se alguém acordar o rato durante esse estágio, chamado de sono de ondas lentas, algo igualmente extraordinário ocorrerá. No dia seguinte, o animal terá dificuldade para se lembrar de como atravessar o labirinto. De maneira bem literal, seu cérebro parece estar consolidando o aprendizado do dia na noite *seguinte*, e a interrupção do sono prejudicará esse ciclo.

Naturalmente, os pesquisadores começaram a se perguntar se isso também ocorria com os seres humanos. A resposta? Além de realizarmos esse processamento, nós o executamos de modo bem mais complexo. Assim como o rato, parece que repetimos à noite – durante o sono de ondas lentas – determinadas experiências de aprendizado que vivenciamos ao longo do dia. No entanto, em oposição ao que ocorre com o roedor, nossas memórias de maior carga emocional são repetidas em um estágio diferente do ciclo do sono.

Essas descobertas deram origem a uma ideia de grande impacto: algum tipo de processamento ocorre à noite quando estamos "fora do ar". Será que sentimos necessidade de dormir simplesmente para que possamos nos desligar do mundo exterior por um tempo e assim direcionar mais recursos de atenção às nossas estruturas cognitivas interiores? Será que o motivo de dormirmos é porque somente assim conseguimos aprender?

Embora essa explicação soe convincente, é claro que no mundo da pesquisa as peças nem sempre se encaixam tão bem assim. Muitas descobertas parecem pôr em xeque, e até contradizer totalmente, a ideia de que realizamos esse tipo de processamento enquanto estamos "fora do ar". Por exemplo, pessoas com lesões cerebrais que não têm capacidade de dormir na fase das ondas lentas apresentam, ainda assim, memória normal, às vezes até aprimorada. Isso vale também para indivíduos que são privados do sono REM por estarem tomando medicamentos antidepressivos. Como conciliar esses dados com descobertas anteriores? Esse é um tema que vem sendo debatido com toda a intensidade pela comunidade científica. Como sempre, são necessárias mais pesquisas – porém, não apenas em laboratórios.

Ideias

E se empresas e instituições de ensino levassem a sério a necessidade de sono de seus funcionários e alunos? Como seria um prédio comercial moderno? Como seria uma escola? Essas não são perguntas vagas. Acredita-se que os efeitos da falta de sono custem às empresas americanas mais de US$100 bilhões por ano. Tenho algumas ideias de pesquisas inteiramente adequadas ao mundo real.

Combinação de cronotipos

Diversos testes comportamentais são capazes de distinguir com bastante facilidade cotovias, corujas e beija-flores. E, diante dos avanços na pesquisa genética, talvez no futuro seja necessário apenas um exame de sangue para que cada um de nós possa ter seus próprios gráficos dos processos C e S. O importante é: podemos determinar as horas em que uma pessoa tende a apresentar seus principais picos de produtividade.

E aqui vai uma ideia óbvia: e se começássemos a combinar cronotipo com horário de trabalho? Vinte por cento dos funcionários já estão abaixo de sua produtividade máxima com o atual modelo, que é das 9h às 18h. Que tal criarmos diversas opções de expediente com base no cronotipo das pessoas? Isso garantiria maior produtividade e mais qualidade de vida para quem, de outra forma, é obrigado a viver com um déficit de sono permanente. Talvez fizéssemos um uso mais produtivo dos edifícios se eles permanecessem abertos durante metade da noite. A empresa do futuro terá que levar em conta algum aspecto do horário de sono dos seus colaboradores.

Poderíamos fazer isso também na área educacional. Professores e alunos têm a mesma probabilidade de apresentar cronotipos vespertinos. Então, por que não colocá-los juntos? Será que isso contribuiria para intensificar as habilidades do professor? E quanto aos estudantes? Livres das consequências do incômodo déficit de sono, sua experiência de aprendizado se tornaria mais sólida apenas porque cada um deles conseguiria usar integralmente o Q. I. que Deus lhe deu.

Outro ponto a favor dos horários variáveis é que eles podem se ajustar às mudanças nas necessidades de sono que ocorrem ao longo da nossa vida. Por exemplo, dados indicam que durante a adolescência adotamos temporariamente um cronotipo mais parecido com o de coruja. Por esse motivo, alguns distritos escolares nos Estados Unidos passaram a dar início às aulas do ensino médio após as 9h. A decisão talvez faça sentido. Os hormônios do sono (como a proteína melatonina) encontram-se em seus níveis máximos no cérebro adolescente. A tendência natural da garotada é dormir mais, principalmente de manhã. À medida que envelhecemos, tendemos a dormir menos, e há indícios também de que a nossa necessidade de sono vai diminuindo. É possível que um funcionário que apresenta alta produtividade em determinado período possa manter esse ótimo rendimento com o passar dos anos apenas adotando um novo horário de trabalho.

Incentivo à soneca

Hoje em dia, muitas empresas estimulam os cochilos no local de trabalho. Hotéis com "salões de soneca" equipados com beliches surgiram por todo o Japão. Um pesquisador de Boston chamado William Anthony está tentando criar o Dia Nacional da Soneca, uma data em que todos teriam direito a dar uma cochilada. Segundo ele, 70% dos americanos que admitem dar uma dormidinha no trabalho ainda precisam fazer isso às escondidas. Seu lugar preferido para essa escapada? O banco de trás do carro. Na hora do almoço.

E se as empresas e as escolas levassem a sério a existência da zona da soneca? Reuniões e aulas jamais se realizariam na hora em que as curvas do processo C e do processo S se tocam. Nenhuma apresentação com alto nível de exigência, assim como nenhuma prova importante, seria marcada em qualquer horário próximo ao do encontro dessas duas curvas. Em vez disso, seriam planejados períodos de menos atividade. As sonecas passariam a ter a mesma importância que as empresas dão ao almoço e até aos intervalos para se ir ao banheiro: seria uma aceitação necessária das necessidades biológicas dos funcionários. As organizações criariam um espaço específico para que os colaboradores pudessem dormir por 30 minutos todos os dias. Os benefícios seriam indiscutíveis. Pessoas contratadas por sua destacada capacidade intelectual conseguiriam manter essa qualidade sempre em alta. "Que outra estratégia de administração é capaz de melhorar o desempenho em mais de 34% em apenas 26 minutos?", diz Mark Rosekind, o pesquisador da NASA que realizou o estudo sobre a soneca e o desempenho dos pilotos.

Dormindo para encontrar a solução

Considerando os dados existentes sobre os benefícios de uma boa noite de sono, as empresas poderiam tentar solucionar suas questões mais complexas enviando a equipe encarregada de resolvê-las a minirretiros. Lá, esses funcionários tomariam conhecimento do assunto e seriam orientados a pensar em saídas. No entanto, eles não começariam a tirar conclusões nem a compartilhar ideias antes de terem dormido cerca de oito horas. Quando acordassem, será que apresentariam o mesmo aumento na taxa de capacidade de solução de problemas aferido em laboratório? É preciso descobrir.

Resumo

Regra nº 7

Durma bem, pense bem

- No cérebro há um constante estado de tensão entre células e substâncias químicas que tentam nos fazer dormir e células e substâncias químicas que querem nos manter acordados.
- Os neurônios realizam uma atividade rítmica vigorosa quando estamos dormindo – talvez repetindo o que aprendemos naquele dia.
- Há diferenças quanto à quantidade de sono de que cada um de nós precisa e ao horário em que preferimos dormir, mas a vontade de tirar uma soneca à tarde é universal.
- A privação de sono prejudica a atenção, a função executiva, a memória imediata, a memória de trabalho, o humor, as habilidades quantitativas, o raciocínio lógico e até a agilidade motora.

Estresse

Regra nº 8

Cérebros estressados não aprendem do mesmo modo

A experiência que relato a seguir é repulsiva, em todos os aspectos.

Um lindo pastor-alemão está deitado no canto de uma caixa de metal, choramingando. Ele está recebendo choques elétricos dolorosos, estímulos que deveriam fazê-lo uivar de dor. O mais estranho é que ele poderia sair dali com facilidade. O outro lado da caixa tem um isolamento que o protege de choques e há apenas uma barreira baixa separando esses dois espaços. Embora o cachorro tenha a possibilidade de pular para aquele local seguro, essa vontade não lhe vem. Nunca. Ele fica lá deitado no canto eletrificado, choramingando ao impacto de cada descarga que recebe. Para que possa se livrar daquela experiência, ele tem que ser retirado dali pelo próprio pesquisador.

O que aconteceu com esse cão?

Alguns dias antes de entrar na caixa, o animal foi amarrado com uma correia equipada com fios elétricos e ficou recebendo choques dolorosos dia e noite, sem poder fazer nada. No início ele não ficou parado suportando a situação, ele *reagiu*. Uivou de dor. Urinou. Lutou com todas as suas forças contra a correia em tentativas cada vez mais desesperadas de executar alguma ação que o livrasse daquela dor. Mas não adiantou nada. À medida que as horas e os dias foram se passando, sua resistência foi diminuindo até cessar. Por quê? O cachorro começou a receber uma mensagem muito clara: o sofrimento não acabaria, os choques continuariam para sempre. *Não havia como escapar.* Mesmo depois que foi libertado da correia e colocado na caixa de metal com a rota de fuga, ele já não conseguia mais compreender as opções que tinha. Quase toda a sua capacidade de aprender se fora, e essa é provavelmente a pior parte da história.

Quem conhece psicologia já sabe que estou mencionando uma das célebres experiências iniciadas no final da década de 1960 pelo psicólogo Martin Seligman. Ele cunhou a expressão "impotência aprendida" (também conhecida como "desamparo aprendido") para denominar tanto a percepção daquilo de que é impossível escapar quanto o colapso cognitivo associado a ela. Muitos animais se comportam de maneira semelhante quando a punição é inevitável, e isso inclui os seres humanos. Prisioneiros de campos de concentração costumavam apresentar esses sintomas em reação às terríveis condições do confinamento. Em alguns campos, deram a isso o nome de *Gamel*, uma derivação do termo coloquial alemão *Gameln*, que significa "apodrecendo". Talvez não seja surpreendente o fato de Seligman ter passado o resto da sua carreira estudando o modo como os seres humanos reagem ao otimismo.

O que há de tão horrível no estresse acentuado e crônico que é capaz de infligir mudanças tão extraordinárias no comportamento? Por que o aprendizado se altera de modo tão radical? Começarei apresentando uma definição sobre estresse, em seguida falarei sobre reações biológicas e depois vou abordar a relação entre estresse e aprendizado. Ao longo do caminho, você lerá também sobre casamento e filhos, sobre ambiente de trabalho e sobre a primeira e única vez que ouvi minha mãe, professora da quarta série, falar um palavrão - ela estava diante de sua primeira experiência com a impotência aprendida.

Pavor e prazer

Começo esse assunto com uma tentativa de dar uma definição a estresse e, como acontece com tudo o que diz respeito à cognição, de repente me vejo diante de uma turbulência. Em primeiro lugar, nem todo estresse é igual. Existem alguns tipos que prejudicam o aprendizado, mas há outros que o *estimulam*. Em segundo lugar, é difícil detectar quando alguém está nesse estado. Algumas pessoas adoram saltar de paraquedas por divertimento, enquanto outras consideram essa aventura o seu pior pesadelo. Será que pular de um avião é uma atividade fundamentalmente estressante? A resposta é não, e isso ressalta a natureza subjetiva do estresse.

O corpo também não ajuda muito na obtenção de uma definição. Não existe um grupo específico de reações fisiológicas capaz de assegurar a um pesquisador se alguém está sob o efeito do estresse. A razão disso? Muitos dos mecanismos que nos fazem encolher de pavor diante de um predador feroz também são usados quando fazemos sexo – ou até quando estamos saboreando uma deliciosa ceia de Natal. Para o corpo, tigres, orgasmos e peru com farofa se parecem muito, e de modo notável. O estado psicológico de excitação é característico tanto do estresse quanto do prazer.

Então, o que fazer? Há alguns anos, os pesquisadores Jeansok Kim e David Diamond elaboraram uma definição em três partes que cobre quase toda a questão. Na visão deles, se os três elementos se manifestarem ao mesmo tempo, a pessoa está estressada.

Elemento um - Tem que haver uma resposta fisiológica de excitação em relação ao estresse e é necessário que ela possa ser verificada por alguém. Percebi isso de maneira óbvia na primeira vez que um dos meus filhos, então com 1 ano e meio, viu uma cenoura em seu prato. Ele fez um escândalo na hora: berrou, chorou e fez xixi na fralda. A perturbação do seu estado fisiológico foi constatada por mim e, provavelmente, por qualquer pessoa que se encontrasse a 1km da mesa da nossa cozinha.

Elemento dois - O fator estressante deve ser considerado repulsivo. Isso pode ser avaliado com uma simples pergunta: "Se a pessoa tivesse a possibilidade de diminuir a gravidade da experiência ou evitá-la por completo, ela faria isso?" A atitude do meu filho diante daquela situação foi muito clara nesse aspecto. Em poucos segundos, ele pegou a cenoura do prato e a jogou no chão. Depois, desceu muito habilmente da cadeira e tentou pisar na hortaliça predadora. Não há dúvida de que ele queria evitá-la.

Elemento três - A pessoa não pode sentir que tem condições de dominar o fator estressante. Quanto mais se perde o controle, mais intenso o estresse é considerado. O elemento controle e a sua irmã gêmea muito próxima, a previsibilidade, são o cerne da impotência aprendida. Em parte, meu filho reagiu com toda aquela força por saber que eu queria que ele comesse a cenoura, e ele estava acostumado a me obedecer. A questão era o controle. Embora eu tenha me disposto a apanhar a cenoura do chão, lavá-la e esfregá-la na minha barriga dizendo "Hum, que gostoso...", ele não se animou. Ou, mais importante, não quis nem um pedacinho daquilo e achou que eu fosse fazê-lo comer tudo. A falta de domínio sobre a cenoura causou o descontrole do seu comportamento.

Sempre que vemos esses três elementos atuando juntos, estamos diante do tipo de estresse que pode ser avaliado com facilidade em laboratório. Quando falo de estresse, geralmente estou me referindo a situações assim.

Uma enchente de hormônios

Dá para perceber a reação do corpo ao estresse: o pulso dispara, a pressão sanguínea sobe e sentimos uma enorme liberação de energia. É o famoso hormônio adrenalina em ação. Sua ativação é desencadeada pelo hipotálamo. Quando os sistemas sensoriais detectam o estresse, o hipotálamo responde enviando um sinal para as glândulas adrenais (ou suprarrenais), que ficam bem longe dele, sobre os rins. Essas glândulas lançam imediatamente baldes cheios de adrenalina na corrente sanguínea. O efeito geral é chamado de reação de luta ou fuga.

Mas há ainda outro hormônio menos famoso em ação – também liberado pelas glândulas adrenais e tão poderoso quanto a adrenalina. É o cortisol. Pense nele como a "tropa de elite" da reação humana ao estresse. É a segunda parte da nossa resposta defensiva e, em pequenas doses, anula os aspectos mais desagradáveis do estresse e nos devolve à normalidade.

Por que o organismo precisa ter todo esse trabalho? A resposta é muito simples. Sem essa reação flexível, de disponibilidade imediata e altamente regulada ao estresse, estaríamos mortos. Lembre-se de que o cérebro é o órgão de sobrevivência mais sofisticado do mundo. Todas as suas diversas complexidades são construídas com a finalidade de satisfazer um objetivo egoísta e ligeiramente sensual: permitir que tenhamos uma vida longa o suficiente para transmitir os nossos genes à próxima geração. Nossas reações ao estresse atendem aquela parte do objetivo que se refere a viver o bastante. O estresse nos ajuda a lidar com as ameaças que poderiam impedir a nossa reprodução.

E que tipos de fatores inibidores do sexo será que enfrentamos durante o início da nossa evolução? Imagine-se como um homem das cavernas vagando pelas savanas do leste da África. Que preocupações ocupariam sua mente? Predadores entrariam na lista das 10 mais, assim como lesões físicas, que poderiam muito bem ser causadas por esses animais. Hoje em dia, uma perna quebrada requer uma visita ao médico. No nosso passado distante, quase sempre esse problema equivalia a uma sentença de morte. O clima e a oferta de comida disponível no dia também poderiam ser motivo de inquietação. Muitas necessidades *imediatas* começam a se revelar, e elas não têm nada a ver com idade avançada.

Por que imediatas? Nos primeiros milhões de anos de nossa história evolutiva, a maioria das questões ligadas à sobrevivência não levava horas nem mesmo minutos para ser resolvida. Ou o tigre nos devorava ou fugíamos dele – ou, em alguns casos, tínhamos a sorte de acertá-lo com uma lança. De qualquer modo, a situação acabava em menos de meio minuto. Por isso, nossas reações ao estresse foram configuradas para nos ajudar a resolver problemas que demoravam segundos, e não anos. Sua principal função era fazer com que nossos músculos se movessem o mais rápido possível, quase sempre para que escapássemos de perigos. Podemos constatar a importância desse mecanismo de defesa imediata observando pessoas que não conseguem apresentar uma reação completa e instantânea ao estresse. Se você fosse portador da doença de Addison, por exemplo, sua pressão sanguínea não subiria em resposta a um fator altamente estressante, como o ataque de um leão. Ao contrário, ela cairia de maneira catastrófica, provavelmente deixando-o em um estado de choque debilitante. Você ficaria sem energia. E depois viraria almoço.

Hoje em dia, nossos momentos de estresse não são medidos em rápidos encontros com leões. Agora nos vemos expostos por horas, dias e às vezes meses a situações caóticas que podem envolver desde um ambiente de trabalho opressivo e criancinhas que não param de chorar a problemas financeiros. Nosso organismo não foi feito para isso. E, quando quantidades moderadas de hormônio permanecem por um tempo excessivo no nosso corpo ou aumentam muito, elas se tornam bastante prejudiciais. É assim que um sistema bem ajustado acaba se desregulando a ponto de afetar um cão em uma caixa de metal – ou a nota de uma prova ou uma avaliação de desempenho.

De resfriados a prejuízos ao aprendizado

O estresse pode ser muito prejudicial. A curto prazo, o estresse agudo acelera a função cardiovascular – o que provavelmente é a fonte da lenda urbana segundo a qual as mães são capazes de erguer carros para salvar um filho preso embaixo das rodas. A longo prazo, no entanto, o excesso de adrenalina deixa de controlar a elevação da pressão sanguínea. Esses aumentos desregulados criam pontos ásperos como lixa dentro dos vasos sanguíneos. Os pontos se transformam em cicatrizes que permitem que substâncias pegajosas existentes no sangue se acumulem ali, obstruindo as artérias. Se isso acontecer nos vasos sanguíneos do coração, o resultado é um infarto do miocárdio. Caso ocorra no cérebro, a consequência é um

AVC. Não é para menos que pessoas com estresse crônico corram alto risco de apresentar um desses problemas.

Esse quadro afeta também o sistema imunológico. No início, a resposta ao estresse ajuda a mobilizar as células brancas, enviando-as para lutar nas frentes mais vulneráveis do corpo, como a pele. O estresse agudo é capaz até de melhorar nossa reação a uma vacina contra a gripe. O estresse crônico, porém, reverte esse efeito reduzindo o número de soldados do exército das células brancas, tirando-lhes suas armas e até mesmo matando-os. A longo prazo, ele ataca os componentes do sistema imunológico envolvidos na produção de anticorpos. Juntas, essas ofensivas mutilam nossa capacidade de combater infecções. O estresse crônico pode fazer ainda com que o sistema imunológico atire de maneira indiscriminada, até mesmo contra alvos que não respondem ao ataque – como nosso próprio organismo. Não surpreende, portanto, que o estresse nos leve a adoecer com mais frequência. Com *muito* mais frequência. Um estudo mostrou que indivíduos estressados estavam três vezes mais sujeitos a contrair resfriados comuns. Sua vulnerabilidade ao vírus causador dessa infecção era mais significativa quando o fator estressante tinha natureza social e durava mais de um mês. Essas pessoas são igualmente mais propensas a sofrer de distúrbios autoimunes, como asma e diabetes.

Para que você tenha uma ideia de quanto o sistema imunológico pode ser sensível ao estresse, vou mencionar um teste feito com alunos do departamento de teatro da Universidade da Califórnia, em Los Angeles. Imagine o que é ficar o dia inteiro pensando nas coisas mais deprimentes que aconteceram na sua vida e depois fazer uma representação desses sentimentos diante de pesquisadores *enquanto eles tiram o seu sangue.* Durante a experiência, os participantes utilizaram a técnica da atuação metódica (em que, se a cena exigir que a pessoa aja como se estivesse assustada, ela deve pensar em algo aterrorizante e recitar as falas ao mesmo tempo que acessa essas memórias). Um grupo trabalhou apenas com lembranças felizes, enquanto o outro usou somente recordações tristes. Os pesquisadores monitoraram as amostras de sangue, sempre em busca de "competência" imunológica. Aqueles que tinham interpretado os roteiros alegres apresentaram um sistema imunológico saudável, com células de defesa em grande quantidade, em bom estado e de prontidão. Os que haviam recebido roteiros depressivos mostraram algo inesperado: uma baixa marcante em sua resposta imunológica. Eles tinham poucas células de defesa, que não eram tão fortes nem estavam muito prontas a entrar em ação. A vulnerabilidade desses atores a infecções era, portanto, muito maior.

O cérebro é tão influenciado pelo estresse quanto o sistema imunológico. O hipocampo, a fortaleza da memória humana, é crivado de receptores de cortisol, como se fossem cravos enfiados em um tender. Por esse motivo, ele é *muito* reativo aos sinais de estresse. Quando o estresse não é excessivamente intenso, o cérebro funciona melhor. A pessoa resolve problemas com mais eficiência e tem mais probabilidade de reter informações. Existe uma razão evolutiva para isso. Eventos que ameaçam a vida estão entre as experiências mais importantes de que nos lembramos. Eles aconteciam em velocidade altíssima na savana, e os indivíduos que os registravam na memória com mais rapidez (e que se recordavam deles com exatidão e agilidade) estavam mais aptos a sobreviver do que os que não eram capazes de fazer isso. Pesquisas revelam que memórias de situações estressantes se formam de maneira quase instantânea no cérebro humano e podem ser lembradas com toda a presteza em momentos de crise.

No entanto, quando o estresse é muito intenso ou prolongado, ele prejudica o aprendizado. Seus efeitos são devastadores, e podemos vê-los no dia a dia. Pessoas estressadas não realizam cálculos matemáticos com eficiência e não processam a linguagem de forma satisfatória. Têm memória ruim, tanto a de curto quanto a de longo prazo. Além disso, não generalizam nem adaptam informações antigas a novas situações tão bem quanto quem não está sob estresse. Elas não conseguem se concentrar. Em quase todos os aspectos que podemos avaliar, o estresse crônico compromete a capacidade de aprender. Um estudo mostrou que adultos com alto nível de estresse apresentaram desempenho 50% inferior em determinados testes cognitivos em relação a quem tinha baixo nível de estresse. Especificamente, o estresse causa danos à memória declarativa (a que abrange tudo o que podemos declarar) e a função executiva (o tipo de pensamento que envolve a solução de problemas). Essas, é claro, são habilidades necessárias para nos destacarmos na escola e no trabalho.

O bandido e o mocinho

A questão biológica que está por trás desse ataque declarado à nossa inteligência pode ser descrita como a história de duas moléculas – uma é o bandido; a outra, o mocinho. O vilão é o já mencionado cortisol, que faz parte de uma gangue de hormônios arruaceiros que possuem um nome difícil de pronunciar - glicocorticoides (vou chamá-los de hormônios do estresse). Eles são secretados pelas glândulas adrenais, localizadas sobre os rins. Essas glândulas reagem de maneira tão acentuada aos sinais neurais que parecem ter, em algum momento, feito parte do cérebro e depois desabado até se alojarem na porção média do abdômen.

Os hormônios do estresse prejudicam o cérebro para valer quando conseguem chegar ao sistema nervoso central em grandes quantidades. É o que ocorre com quem apresenta estresse crônico. Essas substâncias parecem ter predileção pelas células do hipocampo, o que é um problema porque essa região cerebral está profundamente envolvida em vários aspectos do aprendizado humano. Os hormônios do estresse deixam as células do hipocampo mais vulneráveis a outros fatores estressantes. Eles também são capazes de desconectar redes neurais, os entrelaçamentos de células do cérebro que agem como um cofre que guarda nossas memórias mais preciosas. Além disso, podem impedir que neurônios novinhos em folha surjam no hipocampo. Sob condições extremas, chegam a matar células do hipocampo. Literalmente falando, o estresse intenso tem condições de causar danos aos tecidos cerebrais que, talvez, sejam os que mais nos ajudam a passar no vestibular.

O cérebro parece estar ciente de tudo isso - e fornece tanto o bandido quanto o mocinho dessa história. Você foi apresentado ao nosso herói na Regra nº 1, sobre atividade física. Trata-se do BDNF (um dos fatores de crescimento do cérebro) - o integrante mais importante de um grupo poderoso de proteínas chamadas neurotrofinas. Ele atua no hipocampo como uma força militar armada com fertilizantes, mantendo os neurônios vivos e em constante crescimento, até mesmo na presença de ação hostil. Desde que ele exista em quantidade suficiente, os hormônios do estresse não conseguem causar estragos. Como eu disse, o BDNF é o mocinho. Então, de que modo o sistema falha?

O problema começa quando a presença dos hormônios do estresse no cérebro é exagerada e se estende por um período longo. É a situação que encontramos no estresse crônico, sobretudo na impotência aprendida. Por mais maravilhosos que sejam os exércitos fertilizadores do BDNF, é possível dominá-los se eles sofrerem um cerco bastante forte e demorado de glicocorticoides. Como invasores que conquistam uma fortaleza, essas substâncias, quando em excesso, acabam por subjugar as defesas naturais do cérebro e causar estragos. Em grande quantidade, são capazes de desativar o gene que produz o BDNF nas células do hipocampo. Você leu direito: além de vencerem as nossas defesas naturais, os hormônios do estresse conseguem *desativá-las*. Os efeitos danosos podem ser duradouros, fato observado em pessoas que vivenciam um estresse devastador.

Talvez você se recorde do que houve com o guarda-costas que estava no carro com a princesa Diana na noite em que ela morreu. Até hoje ele não tem nenhuma lembrança do que ocorreu nas horas anteriores ao acidente nem nas que se seguiram à tragédia. Essa é uma reação típica a um trauma grave. Sua prima mais leve, a tendência a lapsos de memória, é comum quando o estresse é menos intenso, embora mais abrangente.

Um dos efeitos mais perigosos do estresse prolongado é a sua capacidade de desencadear a depressão. Não estou falando daquela "tristeza" que as pessoas às vezes sentem como um aspecto normal da vida cotidiana nem da que é causada por uma circunstância trágica, como a morte de um parente. Estou me referindo a um tipo de depressão que faz com que até 800 mil pessoas por ano tentem se suicidar. Essa é uma doença tão orgânica quanto a diabetes e, em geral, sua taxa de mortalidade é maior. A exposição crônica ao estresse pode nos levar às portas desse distúrbio e depois nos forçar a entrar. A depressão é um desajuste dos processos de pensamento, incluindo memória, linguagem, raciocínio quantitativo, inteligência fluida e percepção espacial. A lista é longa e bem conhecida. No entanto, uma das marcas registradas desse problema não é tão fácil assim de reconhecer, a não ser por quem o apresenta. Muitos indivíduos deprimidos acreditam que não há como sair desse estado. Eles começam a achar que os choques da vida são permanentes e que a situação nunca vai melhorar. Até mesmo quando há solução – o tratamento costuma ser muito bem-sucedido –, não há percepção de que ela existe. As pessoas não conseguem se convencer de que podem se curar da depressão da mesma forma como não se veem capazes de sobreviver a um ataque cardíaco.

Está claro que o estresse compromete o aprendizado. O mais importante, no entanto, é que ele prejudica *as pessoas*.

Amortecedor genético

Em um mundo tão complexo quanto o do cérebro, será que a relação entre o estresse e o aprendizado é mesmo tão direta? A resposta é sim.

O estresse descontrolado é ruim para o cérebro da maioria das pessoas. É claro que "maioria" não significa "todas". Assim como velas espalhadas de maneira heterogênea por uma sala escura, algumas pessoas iluminam aspectos do comportamento humano com uma clareza surpreendente. Isso ilustra a complexidade dos fatores ambientais e genéticos.

Jill nasceu em um lar pobre, em uma área carente de uma grande cidade. O pai começou a fazer sexo com ela e com a outra filha quando as duas meninas ainda nem tinham idade para ir à escola. A mãe foi internada duas vezes em uma instituição psiquiátrica em decorrência do que então era chamado de "colapso nervoso". Quando Jill estava com 7 anos, seu pai, muito agitado, convocou uma reunião de família na sala. Diante de todos, ele encostou um revólver na cabeça e disse: "Vocês me levaram a isto." E estourou os miolos. O estado mental da mãe continuou a piorar, e durante anos ela teve muitas outras passagens por hospitais psiquiátricos. Quando estava em casa, batia em Jill, que desde o início da adolescência fora forçada a trabalhar para ajudar a pagar as contas. À medida que foi ficando mais velha, seria normal que essa menina apresentasse profundas cicatrizes psicológicas e danos emocionais graves, usasse drogas e até engravidasse uma ou duas vezes. Em vez disso, Jill se transformou em uma mocinha encantadora e muito popular na escola. Ela se tornou cantora talentosa, aluna de destaque por suas notas altas e presidente de sua turma no ensino médio. Em todas as avaliações, mostrava-se emocionalmente bem ajustada, como se tivesse passado incólume pelas circunstâncias terríveis da sua infância.

A história de Jill, relatada em uma importante publicação psiquiátrica, exemplifica como as reações humanas ao estresse são diversas. Há muito tempo, psiquiatras constataram que algumas pessoas são mais tolerantes a ele do que outras. Geneticistas moleculares estão começando a lançar luz sobre os motivos desse fato. No caso de determinados indivíduos, existem genes - alguns deles já isolados - que funcionam como um amortecedor natural dos efeitos do estresse, até mesmo o do tipo crônico. No futuro, talvez um simples exame de sangue nos permita distinguir as pessoas que são capazes de suportar o estresse daquelas que são sensíveis a ele.

O ponto crítico do estresse

Como é possível explicar tanto as reações típicas ao estresse, que podem ser bastante debilitantes, e as exceções? Para isso, recorri a um pesquisador experiente - Bruce McEwen, um especialista maduro, inteligente, sempre de terno e gravata.

Ele desenvolveu uma estrutura poderosa que nos permite compreender todos os tipos de reação humana ao estresse e deu a isso o nome de "alostase". "Al(o)-" tem origem no grego *állos*, que significa diferente, enquanto "-stase" vem do grego *stásis*, que quer dizer estabilidade. A ideia é que existem sistemas que se modificam para manter o corpo estável. O sistema do estresse e seus vários subsistemas intrincados é um deles. O cérebro coordena essas mudanças em todo o corpo – inclusive as de comportamento – em reação a ameaças em potencial.

Esse modelo diz que o estresse, por si só, não é prejudicial nem tóxico. O que faz com que ele se torne nocivo é o resultado de uma interação complexa entre o mundo externo e a nossa capacidade fisiológica de lidar com ele. A reação que apresentamos depende do estresse - de sua duração e gravidade - e do nosso próprio organismo. Existe um ponto em que o estresse se torna pernicioso - é o que McEwen chama de "carga alostática". Eu a senti na primeira e única vez que ouvi minha mãe falar um palavrão e também quando tirei a pior nota da minha vida. Todos nós temos histórias que ilustram os efeitos concretos do estresse.

Como você deve estar lembrado, minha mãe era professora da quarta série. Certo dia, eu estava no meu quarto, no segundo andar da casa. Ela estava em seu próprio quarto, naquele mesmo andar, corrigindo provas. Foi quando começou a ler o teste de uma de suas alunas preferidas, uma menina doce, de cabelos castanhos, bem magrinha, que vou chamar de Kelly. A garota era a aluna dos sonhos de qualquer professora: inteligente, de situação familiar estável e abençoada com muitos amigos. Kelly tinha se saído muito bem na primeira metade do ano letivo.

No segundo semestre, porém, a história foi outra. Minha mãe sentiu que havia algo de errado no exato instante em que a menina entrou na sala de aula depois das férias. Seu olhar era de desalento e, em uma semana, ela se envolveu em sua primeira briga. Na semana seguinte, tirou o primeiro C em uma prova, e essa seria a sua nota máxima dali para a frente, pois até o fim do ano só conseguiu D e F. Kelly foi mandada à sala do diretor várias vezes, e minha mãe, exasperada, resolveu descobrir o que causara aquele colapso. Ela ficou sabendo que os pais de Kelly tinham se divorciado durante as férias e que os conflitos de família, que eles, com muita propriedade, vinham escondendo da filha, começaram a se revelar. À medida que a situação em casa piorava, o desempenho da garota na escola caía ainda mais. E, naquele dia frio, minha mãe xingou ao dar a Kelly o seu terceiro D em ortografia.

"Droga!", ela disse, quase sem fôlego, sem saber que eu estava no quarto ao lado. Fiquei paralisado ao ouvi-la gritar: "A capacidade que Kelly tem de se sair bem na minha matéria não tem nada a ver com minha aula!"

É claro que minha mãe estava se referindo à relação entre a vida em família e a vida escolar, uma ligação que deixa professores frustrados há muito tempo. Um dos fatores mais úteis para prever o desempenho na escola, aliás, é a estabilidade emocional no lar.

O estresse em casa

Quero enfatizar o estresse que ocorre na vida em família porque essa situação está intimamente relacionada à capacidade que as crianças têm de apresentar um bom rendimento escolar. No caso dos adultos, ela afeta o desempenho profissional.

Tome como exemplo um caso muito comum, o de crianças que presenciam brigas entre os pais. A questão é simples: para elas, os conflitos conjugais não resolvidos são profundamente perturbadores. Por isso, tapam os ouvidos, ficam imóveis com os punhos cerrados, gritam, olham de cara feia, dizem que querem sair dali, imploram aos pais que parem de discutir. Uma série de estudos vem mostrando que as crianças – até mesmo bebês de 6 meses – reagem aos confrontos entre os adultos de modo fisiológico. Elas podem, por exemplo, apresentar aceleração do ritmo cardíaco e pressão sanguínea mais alta. Crianças de todas as idades que assistem a desentendimentos frequentes entre os pais têm mais hormônios do estresse na urina. Para elas, é difícil controlar as emoções, acalmar-se e concentrar a atenção em outras pessoas. Não há nada que possam fazer para acabar com a briga, e a perda de controle causa uma debilidade emocional. Como você já sabe, o controle é uma forte influência na percepção do estresse. Essa perda pode afetar muitas coisas na vida delas, inclusive o rendimento escolar. Elas estão vivenciando a carga alostática.

Eu mesmo já tive uma experiência com o efeito que o estresse causa às notas escolares. Quando eu estava no último ano do ensino médio, minha mãe recebeu o diagnóstico da doença que terminaria por matá-la. Após a consulta com o médico, ela voltou para casa e estava tentando preparar o jantar para nós. No entanto, no momento em que a vi, ela estava parada olhando para a parede da cozinha. Com hesitação, contou que tinha uma doença fatal e incurável e, depois, como se aquilo não fosse suficiente, detonou outra bomba. Meu pai, que já sabia do problema, não estava lidando muito bem com a notícia e havia decidido pedir o divórcio. Ao ouvir aquilo senti como se tivesse levado um soco no estômago. Fiquei alguns segundos sem conseguir me mexer. Meu rendimento na escola no dia seguinte e nas 13 semanas depois desse episódio foi um desastre. Não me recordo de muita coisa das aulas. Só me lembro de ter ficado olhando para os meus livros, pensando que aquela mulher fantástica havia me ensinado a ler e a amar os livros, que nós já tínhamos sido uma família feliz e que tudo isso estava chegando ao fim. O que minha mãe estava sentindo, algo provavelmente muito pior do que eu era capaz de imaginar, ela jamais disse. Sem saber como reagir, meus amigos logo se afastaram de mim, uma vez que também me distanciei deles. Perdi a capacidade de me concentrar, minha mente voltava à infância. Meu empenho acadêmico virou um desastre. Tirei o único D de toda a minha vida escolar, e não me importei nem um pouco com isso.

Até mesmo depois de todos esses anos, ainda é difícil escrever a respeito desse momento. Mas ele exemplifica com perfeição a segunda consequência muito marcante do estresse: cérebros estressados não aprendem da mesma maneira que cérebros não estressados. Pelo menos, minha desolação teve um fim. Imagine como deve ser crescer em uma família sem estabilidade emocional, em que o estresse parece eterno. Levando em conta que ele é capaz de afetar intensamente o aprendizado, poderíamos dizer que as crianças que vivem em lares com altos níveis de ansiedade não teriam um desempenho tão bom quanto aquelas que são criadas em um ambiente doméstico mais carinhoso e protetor.

Foi exatamente isso que os pesquisadores descobriram. O estresse conjugal é capaz de afetar de forma negativa o desempenho acadêmico em quase todos os aspectos em que ele pode ser avaliado e em quase qualquer idade. Estudos iniciais se concentraram nas médias das notas ao longo do tempo. Eles revelaram disparidades marcantes entre grupos em que há divórcio e grupos de controle. Pesquisas subsequentes mostraram que, até mesmo quando o casal permanece junto, as crianças que vivem em lares com instabilidade emocional tiram notas muito baixas. (Investigações minuciosas mostraram que era a presença do conflito explícito, e não a separação dos pais, que servia como indicativo do rendimento escolar precário.) Essas crianças também se saem mal em testes padronizados de matemática e de leitura.

Quanto mais alto o grau de conflito, maior o efeito sobre o desempenho. Professores costumam relatar que crianças pertencentes a lares conturbados apresentam níveis mais baixos tanto de aptidão quanto de inteligência. Esses alunos têm uma probabilidade três vezes maior de serem expulsos da escola e de engravidar na adolescência. E a sua tendência de viver na pobreza é cinco vezes maior. Em um artigo na revista *Atlantic Monthly*, a ativista social Barbara Whitehead declarou: "Os professores veem muitas crianças distraídas em termos emocionais, tão aborrecidas e preocupadas com o drama explosivo de sua própria família que são incapazes de se concentrar em questões tão triviais quanto tabuadas."

A saúde física se deteriora, as faltas - tanto as justificadas quanto as não justificadas - aumentam. As primeiras podem ocorrer porque o estresse exaure o sistema imunológico, e isso aumenta o risco de infecção. Embora não haja provas conclusivas, um conjunto crescente de dados sugere que as crianças que vivem em ambientes hostis estão mais sujeitas a apresentar determinados distúrbios psicológicos, como depressão e ansiedade. Esses problemas causam graves danos a processos cognitivos importantes para o bom desempenho acadêmico. Os efeitos do estresse na infância podem acompanhar a criança enquanto ela cresce. De fato, o desempenho pode sofrer um golpe negativo independentemente da idade da pessoa, ainda que antes ela tivesse sido uma figura muito produtiva e admirada, como Lisa Nowak.

O estresse no trabalho

Talvez você já tenha ouvido falar de Lisa Nowak, piloto da Marinha americana, especialista em combate eletrônico condecorada e engenheira aeroespacial. Uma mulher bonita e inteligente. O governo americano gastou milhões de dólares treinando-a para ser astronauta. Ela também é mãe de dois filhos. Lisa estava prestes a se divorciar um mês antes de assumir sua maior atribuição profissional: especialista de missão em uma viagem orbital da NASA em julho de 2006. Isso é que é estresse acumulado. No início de 2007, ela pegou algumas armas, um disfarce e até um monte de fraldas geriátricas (para não perder tempo se quisesse ir ao banheiro) e colocou tudo isso no carro. Depois, dirigiu quase sem parar de Orlando, na Flórida, até Houston, no Texas. Seu suposto objetivo: sequestrar uma mulher que ela considerava uma ameaça a um possível relacionamento seu com um colega astronauta em quem estava interessada. Até o momento em que este livro estava sendo escrito, a engenheira de alto nível aguardava por julgamento sob acusação de tentativa de sequestro e de roubo e destruição de provas. Em vez de permanecer como líder de um dos projetos americanos mais desafiadores do ponto de vista técnico, é provável que ela nunca mais volte a voar, o que torna essa história muito triste. Além disso, todo o dinheiro investido no seu treinamento terá sido um desperdício colossal. Mas aqueles poucos milhões de dólares são insignificantes se comparados ao custo do estresse no ambiente de trabalho.

O estresse ataca o sistema imunológico, aumentando a chance de que os funcionários adoeçam. Eleva a pressão sanguínea, intensificando os riscos de infarto, AVC e doenças autoimunes. Isso afeta diretamente o custo da assistência médica e da aposentadoria. O estresse está por trás de mais de metade dos 550 milhões de dias de trabalho perdidos todos os anos. Colaboradores estressados tendem a faltar pelos mais insignificantes motivos e com frequência chegam atrasados. De acordo com os Centros de Controle e Prevenção de Doenças dos Estados Unidos, 80% de todos os gastos médicos no país estão relacionados ao estresse. Quando 77% dos componentes da força de trabalho afirmam estar esgotados, isso corresponde a muito cortisol, a uma grande quantidade de reuniões perdidas e a um número considerável de consultas médicas. Ainda assim, não é tudo. O estresse prolongado pode causar depressão, que altera a capacidade de pensar – um ataque direto ao capital intelectual de uma organização. Esse dano à produtividade apresenta três aspectos.

Em primeiro lugar, a depressão atinge os instintos naturais que o cérebro tem para a improvisação da mesma maneira que a artrite prejudica uma bailarina. A inteligência fluida, a capacidade de resolução de problemas (incluindo o raciocínio quantitativo) e a formação de memórias são extremamente afetadas pela depressão. O resultado é uma erosão da inovação e da criatividade, tão real do ponto de vista da bioquímica quanto se estivéssemos falando de articulações e músculos. Em uma economia baseada no conhecimento, em que a agilidade intelectual costuma ser o aspecto mais importante para a sobrevivência, isso não faz bem à competitividade, ao valor das ações nem ao balanço das empresas. Aliás, o custo da depressão para a força de trabalho americana em 1990 foi estimado em US$53 bilhões. A queda na produtividade foi o que mais contribuiu - cerca de US$33 bilhões do total.

O segundo aspecto é que as mesmas pessoas que perdem a criatividade são as que mais demandam gastos com a saúde. Assim, além de reduzir a contribuição que funcionários competentes podem prestar, o estresse faz com que esses colaboradores comecem a exaurir os recursos internos da empresa. E as despesas não são apenas com saúde mental. Indivíduos deprimidos correm um risco maior de apresentar diversas outras doenças.

Em terceiro lugar, as pessoas que ficam esgotadas são demitidas com frequência - isso quando não saem da empresa por conta própria. A rotatividade de pessoal atrapalha ainda mais a produtividade, além de colocar em marcha o dispendioso processo de contratação e treinamento. A dura verdade é que qualquer ataque às células do cérebro humano é uma investida contra a competitividade. O balanço final? Análises estatísticas de muitos estudos apontam para o mesmo quadro desanimador. O estresse faz com que as empresas percam entre US$200 bilhões e US$300 bilhões por ano – um prejuízo de até US$75 bilhões por trimestre.

Três fatores são importantes para determinar se o local de trabalho é estressante: o tipo de estresse, o equilíbrio entre estímulo ocupacional e tédio e a condição da vida doméstica do funcionário. Especialistas na área empresarial passaram muito tempo investigando quais tipos de estresse deixam as pessoas menos produtivas e, como se esperava, chegaram à mesma conclusão que o pastor-alemão de Marty Seligman: o controle é fundamental. A grande tempestade provocada pelo estresse ocupacional ocorre quando o funcionário se vê diante da combinação de dois fatos nocivos: saber que esperam muito dele e não ter controle sobre o resultado do seu desempenho. Para mim, essa parece ser a fórmula para a impotência aprendida.

Pelo lado positivo, a restauração do controle pode fazer com que as empresas recuperem a produtividade. Vou dar um exemplo. Uma companhia do setor comercial concordou em ser estudada depois de permitir a aplicação de um programa de administração do estresse baseado no controle. No fim de dois anos, a economia foi de quase US$150 mil somente com custos de indenizações trabalhistas. O total investido na implantação desse projeto? Cerca de US$6 mil. E apenas 16 horas do programa foram suficientes para baixar níveis perigosos de pressão sanguínea de funcionários hipertensos.

O controle não é o único fator que afeta a produtividade. Funcionários que atuam em linhas de montagem e executam a mesma operação cansativa dia após dia detêm o controle do seu processo de produção. Acontece que o tédio às vezes desencadeia um estresse capaz de deixar o cérebro completamente apático. O que fazer para tornar o trabalho mais estimulante? Estudos mostram que um pouco de incerteza contribui para a produtividade, sobretudo no caso de profissionais inteligentes e motivados. Eles precisam de equilíbrio entre o que conseguem e o que não conseguem controlar. Leves sensações de incerteza podem levá-los a utilizar estratégias únicas de resolução de problemas.

A terceira característica, se você é gerente, não é da sua conta. Estou falando da influência da vida familiar sobre o desempenho no trabalho. Não existe nenhum muro entre as questões pessoais e a produtividade profissional. Afinal, não possuímos dois cérebros que podemos usar e trocar de acordo com o lugar em que estamos - o quarto ou o escritório. O estresse no trabalho afeta a vida no lar, causando mais estresse em casa. O excesso de estresse na família gera ainda mais estresse no trabalho, e este, por sua vez, é levado de volta para o ambiente doméstico. É uma espiral mortal que alimenta a si mesma, e os pesquisadores a chamam de "conflito trabalho-família". Portanto, podemos ter uma sensação maravilhosa de autonomia no escritório, bem como tremendas oportunidades de resolver problemas com os colegas, mas, se a nossa vida familiar for um caos, estaremos sujeitos aos efeitos negativos do estresse, e o mesmo vale para o nosso empregador.

Tanto faz se estamos avaliando o desempenho na escola ou o rendimento profissional, a estabilidade emocional no lar exerce uma profunda influência sobre nós. Será que existe algo que possamos fazer em relação a uma questão tão pessoal, levando em conta que suas consequências podem ter uma grande abrangência pública? A resposta surpreendente pode ser sim.

Intervenção no casamento

O pesquisador John Gottman é capaz de prever o futuro de um relacionamento depois de três minutos de interação com o casal. Sua capacidade de avaliar com exatidão se um casamento está fadado ao fracasso ou ao sucesso é de quase 90%. Os dados estatísticos do seu trabalho são comprovados por publicações com revisão de pares. Talvez Gottman tenha nas mãos o futuro dos setores da educação e dos negócios.

Como ele consegue acertar tanto? Depois de muitos anos de observação cuidadosa, Gottman identificou comportamentos conjugais específicos – tanto positivos quanto negativos – que mais facilitavam a previsão. No entanto, essa pesquisa acabou se revelando insatisfatória, pois ele teria que dar às pessoas uma notícia parecida com o diagnóstico de uma doença mortal incurável. Assim, seu próximo passo foi tentar empregar uma parte do conhecimento usado na previsão para ajudar os casais a terem um futuro melhor. Gottman criou estratégias de intervenção no casamento com base nas pesquisas que realizou ao longo de décadas. Elas se concentram em aprimorar os comportamentos que comprovadamente indicam sucesso conjugal e eliminar os que levam ao fracasso da relação. Até mesmo em suas formas mais simples, suas intervenções reduzem as taxas de divórcio em quase 50%.

O que essas estratégias fazem na realidade? Elas promovem a diminuição tanto da frequência quanto da intensidade das interações hostis entre marido e mulher. Esse resgate da civilidade tem muitos efeitos colaterais positivos além da reconstrução da união, principalmente quando o casal tem filhos. A ligação é direta. Hoje em dia, segundo Gottman, ele é capaz de prever a qualidade de um relacionamento não apenas por meio do exame das reações que os pais apresentam ao estresse, mas também com base em uma amostra da urina dos filhos.

Essa última afirmação merece esclarecimento. Por conta da sua pesquisa sobre o casamento, Gottman está sempre em contato com casais que estão começando uma família. Ele observou que, quando marido e mulher iniciam a transição para a condição de pais, as interações hostis entre eles aumentam significativamente. O que provoca isso? Há muitas causas - da crônica privação do sono às frequentes exigências do novo integrante da família (os bebês costumam fazer três solicitações por minuto). Quando a criança completa 1 ano, a satisfação conjugal cai nada menos do que 70%. A essa altura, o risco de depressão materna passa de 25% a surpreendentes 62%. A probabilidade de divórcio cresce, e isso significa - pelo menos nos Estados Unidos - que muita gente chega ao mundo em um ambiente emocional conturbado.

A observação desse fato fez com que Gottman e sua colega Alyson Shapiro tivessem uma ideia. E se ele aplicasse suas estratégias de intervenção conjugal enquanto a mulher ainda estivesse grávida? As comportas da hostilidade ainda não estariam abertas e as taxas de depressão ainda não teriam chegado às alturas. Baseando-se em suas estatísticas, ele sabia que o casamento melhoraria de maneira significativa. A grande questão estava relacionada às crianças. Qual seria o efeito de um ambiente emocional estabilizado sobre o sistema nervoso em desenvolvimento do bebê? Gottman resolveu descobrir.

A investigação científica, que se estendeu por anos, foi chamada de Trazendo o Bebê para Casa. Consistia em expor casais à espera de um filho às intervenções conjugais, independentemente de haver problemas no casamento ou não, e depois avaliar o desenvolvimento da criança. Gottman e Shapiro descobriram uma mina de ouro de informações. Eles constataram que os bebês criados nos lares submetidos às intervenções eram bem diferentes dos que pertenciam ao grupo de controle. Seu sistema nervoso não se desenvolvia da mesma maneira. Seu comportamento refletia universos emocionais distintos. As crianças do grupo de intervenção não choravam tanto. Elas mudavam o foco de atenção com mais intensidade e reagiam a fatores estressantes externos de modo bem mais estável. Em termos fisiológicos, os bebês desses lares apresentavam todos os sinais fundamentais de um estado emocional ajustado e saudável, enquanto os dos grupos de controle manifestavam sintomas de um sistema nervoso desorganizado e em condições precárias. As disparidades foram marcantes e revelaram uma conclusão promissora e que faz muito sentido. Ao estabilizar o relacionamento dos pais, Gottman e Shapiro transformaram não apenas o casamento como também os filhos.

Creio que as descobertas de Gottman podem mudar o mundo, começando com boletins e avaliações de desempenho.

Ideias

Aquilo que as pessoas fazem em sua vida pessoal é da sua própria conta, é claro. Infelizmente, o que elas fazem nessa esfera interfere também na vida pública. Considere o histórico criminal de um sujeito que tinha acabado de se mudar do Texas para uma cidade no litoral do Pacífico, na região noroeste dos Estados Unidos. Ele detestou o novo lar com todas as suas forças e resolveu dar o fora dali. Roubou o carro do vizinho (pela segunda vez naquele mês) e dirigiu por uma longa distância até o aeroporto, onde deixou o automóvel. Em seguida, deu um jeito de enganar tanto os seguranças quanto os funcionários da companhia aérea que ficavam no portão de embarque e entrou de graça em um voo de volta ao Texas. Ele realizou essa façanha poucos meses antes de completar 10 anos. Não surpreende que esse menino venha de um lar desajustado. Como podemos ver, se nenhuma atitude for tomada, a questão privada de educar essa criança se transformará, em muito pouco tempo, em um problema público. E esse não é o único caso. Como aplicar a Regra nº 8, que diz que os cérebros estressados não aprendem do mesmo modo que os cérebros não estressados, e alterar a maneira como criamos as crianças e fazemos negócios? Refleti muito sobre isso.

Orientando os pais primeiro

O atual sistema de educação começa na primeira série, normalmente admitindo crianças com cerca de 6 anos. O currículo inclui um pouco de escrita, um pouco de leitura, um pouco de matemática. A professora costuma ser uma total desconhecida. Além disso, há algo que é completamente ignorado: as condições do lar, embora a estabilidade familiar seja um dos principais indicativos do sucesso na escola. Mas o que aconteceria se levássemos essa influência a sério?

Minha ideia prevê um sistema educacional em que os primeiros a receber instrução não são as crianças, e sim os pais. E que matéria eles fariam? A que ensina como criar um lar estável com o uso dos protocolos eficientes de Gottman, que modificam o sistema nervoso do bebê. A intervenção poderia começar até mesmo na maternidade, oferecida pelo hospital (como uma aula do método Lamaze de preparação para o parto, que leva quase o mesmo tempo). Assim existiria uma parceria única entre os sistemas de saúde e de educação. *Dessa forma, a educação se torna responsabilidade da família desde o início da vida da criança.*

A primeira série escolar começaria uma semana após o nascimento. As extraordinárias habilidades cognitivas dos bebês, da aquisição da linguagem até a intensa necessidade de uma considerável quantidade de tempo para brincar, seriam estimuladas em um currículo elaborado só para elas. (Isso *não* é um incentivo ao estranho setor que pretende transformar bebês em Einsteins no primeiro ano de vida. A maioria dos seus produtos não foi testada, e alguns deles se mostraram prejudiciais ao aprendizado. Minha ideia prevê ações pedagógicas rigorosamente avaliadas que ainda não existem – outra razão para que educadores e neurocientistas trabalhem juntos.) Os pais fariam séries ocasionais de cursos conjugais de revisão, apenas para garantir a estabilidade doméstica. Dá para imaginar como seria o histórico acadêmico de uma criança que tivesse se desenvolvido em um ambiente emocional estável? Nessa fantasia, ela alcança o máximo do seu potencial.

Essas intervenções ainda não são oferecidas por hospitais e escolas americanas. Também não existe um currículo formal para fazer aflorar todo o poder cognitivo da turminha que ainda não consome alimentos sólidos.

Mas essas ideias podem ser desenvolvidas e testadas. A melhor aposta viria de experiências feitas em conjunto por neurocientistas e pesquisadores da área educacional.

Aconselhamento familiar e creches gratuitas

Historicamente, as pessoas realizam o seu melhor trabalho – às vezes algo que muda o mundo – poucos anos após o início da sua vida profissional. No campo da economia, a maioria das pesquisas que recebem o Nobel é feita nos primeiros 10 anos da carreira do premiado. Albert Einstein publicou a maior parte das suas ideias criativas aos 26 anos. Não é para menos que as empresas desejam recrutar jovens talentos.

O problema na economia atual é que as pessoas estão começando a formar a família no mesmo momento em que, teoricamente, deveriam estar realizando o seu melhor trabalho. Elas tentam ser produtivas em uma das fases mais estressantes da vida. E se as empresas encarassem com seriedade essa colisão infeliz de eventos? Poderiam oferecer a intervenção de Gottman como benefício a todos os funcionários recém-casados ou que estivessem para se tornar pais. Será que isso serviria para reverter o fluxo negativo de estresse familiar que costuma chegar ao local de trabalho nesse momento da vida das pessoas? Talvez com uma iniciativa desse tipo as empresas até aumentassem a produtividade e conquistassem a gratidão e a lealdade dos seus colaboradores.

As organizações correm também o risco de perder seus melhores e mais brilhantes funcionários nessa época, uma vez que eles são forçados a tomar a terrível decisão entre a carreira e a família. A escolha é ainda mais dura para as mulheres. No século XXI, inventamos duas classificações econômicas: a classe livre de crianças (pessoas que não têm filhos ou que não são os principais responsáveis por crianças) e a classe que tem elos com crianças (as que são as principais responsáveis por seus cuidados). Em termos de gênero, essas categorias têm muito pouca simetria. As mulheres prevalecem na classe das pessoas ligadas a crianças na proporção de nove para um.

E se os colaboradores talentosos não precisassem escolher entre a carreira e a família? E se as empresas oferecessem creches no local de trabalho apenas para não perder os funcionários no momento em que, provavelmente, eles são mais valiosos? É claro que isso afetaria mais as mulheres, o que promoveria um equilíbrio maior entre os gêneros dentro da organização. Será que um benefício como esse afetaria tanto a produtividade que os custos com a creche seriam compensados pelos ganhos? Essa é uma boa pergunta para uma pesquisa. Com essa medida, talvez as empresas não apenas ganhassem funcionários mais estáveis como também contribuíssem para que as crianças da geração seguinte fossem muito mais saudáveis.

Poder para os trabalhadores

Muitos livros abordam a temática de como lidar com o estresse. Alguns deles são confusos, outros são tremendamente esclarecedores. Os que são bons defendem a seguinte ideia: a administração bem-sucedida do estresse requer em grande parte a retomada do controle. Isso significa que gerentes e profissionais de recursos humanos têm nas mãos um poderoso recurso. Para detectar problemas relacionados ao estresse, basta examinar as situações em que um funcionário se sente sem o menor domínio do que está acontecendo. Seria possível desenvolver questionários baseados na definição dos três elementos do estresse apontados por Jeansok Kim e David Diamond para avaliar com regularidade não a percepção ampla da repulsa, e sim a questão mais restrita da falta de poder. O próximo passo seria mudar esse quadro.

Essas são apenas algumas das possibilidades que poderiam se realizar se neurocientistas e executivos algum dia trabalhassem juntos na pesquisa da biologia do estresse e seus efeitos no ambiente profissional. É possível que as descobertas contribuíssem para a redução da taxa de faltas dos funcionários, do número de consultas médicas e dos gastos com planos de saúde. A economia de dinheiro não seria o único benefício proporcionado por essa iniciativa. Muita criatividade poderia ser gerada pelo simples ato de dar aos colaboradores uma saída – não do emprego, mas do estresse que eles vivem no trabalho.

Não é coincidência que especialistas na pesquisa do estresse, cientistas da área educacional e executivos cheguem a conclusões parecidas a respeito do que estressa as pessoas. O mais impressionante é que nós conhecemos os fatores principais desde que Marty Seligman parou de dar choques em cachorros em meados da década de 1970. Já está na hora de fazermos um uso produtivo dessa linha de pesquisa abominável.

Resumo

Regra nº 8

Cérebros estressados não aprendem do mesmo modo

- O sistema de defesa do corpo – a liberação de adrenalina e cortisol – foi feito para garantir nossa resposta imediata a um perigo importante, porém passageiro, como o ataque de um leão. O estresse crônico, como a hostilidade doméstica, desregula de maneira nociva esse sistema, que é programado para lidar apenas com reações de curto prazo.
- Com o estresse crônico, a adrenalina cria cicatrizes nos vasos sanguíneos que podem causar infarto e AVC. Além disso, o cortisol prejudica as células do hipocampo, o que afeta nossa capacidade de aprender e de nos lembrar.
- O pior tipo de estresse é a sensação de que não temos controle sobre o problema – que nada podemos fazer para resolvê-lo.
- O estresse emocional afeta de modo profundo a sociedade, a capacidade de aprendizado escolar das crianças e a produtividade das pessoas no trabalho.

4

Integração sensorial

Regra nº 9

Estimule mais sentidos ao mesmo tempo

Toda vez que Tim vê a letra "E", ele vê também a cor vermelha. É como se de repente fosse forçado a olhar para o mundo com óculos de lentes dessa cor. Quando ele afasta os olhos da letra "E", tudo retorna ao normal, até que ele encontre a letra "O". Nesse momento, o mundo fica azul. Para Tim, ler um livro é como estar dentro de uma boate. Durante muito tempo, ele achou que isso acontecia com todas as pessoas. Quando descobriu que isso não ocorria com *ninguém* – pelo menos não com as pessoas que conhecia –, começou a desconfiar de que era louco. Nenhuma das impressões estava correta, é claro. Tim sofre – se é que esse é o verbo adequado – de um distúrbio cerebral chamado sinestesia. Embora esse fenômeno atinja uma em cada 2 mil pessoas (alguns avaliam que seja uma em cada 200), os cientistas não sabem quase nada a seu respeito. À primeira vista, parece haver um curto-circuito no processamento dos diversos estímulos sensoriais. Se eles conseguirem identificar com exatidão o que acontece quando esse processamento falha, poderão entender melhor o que se passa quando ele dá certo. Portanto, a sinestesia intriga os pesquisadores interessados em saber como o cérebro processa os estímulos do mundo exterior. O efeito que isso tem sobre o aprendizado é o ponto central desta Regra do Cérebro: estimule mais sentidos ao mesmo tempo.

Na "balada" sexta-feira à noite

O fato de sermos capazes de detectar qualquer coisa sempre me pareceu um pequeno milagre. Por um lado, o interior da nossa cabeça é um lugar escuro e silencioso, ermo como uma caverna. Por outro lado, o cérebro estala com a percepção de estímulos visuais, sonoros, gustativos, olfativos e táteis - tão vibrante quanto uma festa de adolescentes. Como isso é possível? Durante muito tempo, ninguém conseguiu compreender. Os gregos achavam que o cérebro não servia para muita coisa. Ficava ali paradão como um monte de argila (de fato, ele não gera energia suficiente nem para provocar uma pontada em um dedo). Aristóteles acreditava que o coração era o responsável por toda a ação, bombeando sangue rico e vermelho 24 horas por dia. O coração, segundo ele, abrigava a "chama da vida", um fogo que produzia calor suficiente para dar ao cérebro a sua função: atuar como mecanismo de resfriamento (ele achava que os pulmões também ajudavam). Talvez por causa dessa avaliação, nós até hoje usemos a palavra "coração" ao nos referirmos a diversos aspectos da vida mental.

Mas como o cérebro, que fica enfurnado em seus aposentos de osso, percebe o mundo? Considere o seguinte exemplo: é sexta-feira à noite e você está em uma boate. As batidas fortes da música dominam o ambiente - ao mesmo tempo irritantes e hipnóticas, elas são mais sentidas do que escutadas. Feixes de laser percorrem o salão. Corpos se movem. Os cheiros de álcool, de fritura e de cigarro se misturam no ar como uma segunda trilha sonora. Em um canto, uma namorada dispensada chora. Há tanta informação nesse lugar que a sua cabeça começa a doer. Você sai para tomar ar. A garota que levou o fora vai atrás de você.

Cenas assim ilustram a incrível quantidade de informação sensorial que o cérebro precisa processar ao mesmo tempo. Estímulos físicos externos e estímulos emocionais internos são apresentados a ele em um jato infinito de sensações. O ambiente de uma boate pode parecer uma situação extrema. No entanto, é possível que exiba menos informações do que as que você detectaria na manhã seguinte nas ruas da cidade. Sempre fiel, seu cérebro perceberia o barulho das buzinas, o aroma de café vindo de uma lanchonete, a cor do sinal de pedestres e as pessoas apressadas que cruzam o seu caminho. Exatamente como fez na noite anterior, quando captava aquela música "bate-estacas" e o cheiro de cigarro. Você é uma maravilha. E nós, da terra da neurociência, estamos apenas começando a entender como você faz isso.

Os cientistas sempre mencionam uma experiência chamada efeito McGurk para ilustrar a integração sensorial. Suponha que mostrassem a você um vídeo com uma pessoa pronunciando a sílaba "ga". Você não sabe, mas antes o pesquisador havia retirado o som original do vídeo e feito uma dublagem com o som "ba". Quando ele lhe pede que escute aquilo novamente, porém agora de olhos fechados, você ouve "ba" muito bem. No entanto, se você abrir os olhos, seu cérebro de repente perceberá o movimento da boca dizendo "ga" enquanto para os seus ouvidos continuará sendo "ba". O cérebro não sabe lidar com essa contradição. Por isso, inventa uma saída. Se você for como a maior parte das pessoas, escutará a sílaba "da" quando os seus olhos se abrirem. Esse é o meio-termo que o cérebro encontra entre o que ouve e o que vê. Trata-se da necessidade que ele tem de tentar sempre a integração.

Mas você não precisa estar em um laboratório para comprovar isso. Basta ir ao cinema. A voz dos atores não emana da tela, de jeito nenhum. Ela vem de alto-falantes posicionados pela sala de maneira inteligente: alguns na parte de trás, outros nas laterais, porém nenhum centrado nos lábios dos artistas. Mesmo assim, você acredita que as vozes estão vindo daquelas bocas. Seus olhos observam lábios se movendo em sintonia com as palavras que você escuta, e o cérebro integra a experiência para levá-lo a acreditar que o diálogo está saindo da tela. Juntos, esses sentidos criam a percepção de alguém falando à sua frente, quando, na verdade, não é dali que o som está partindo.

Como os sentidos se integram

Análises como essas desencadearam uma série de teorias sobre como os sentidos se integram. Em uma das pontas desse grande continuum, estão ideias que me trazem à mente as tropas britânicas durante a Guerra de Independência dos Estados Unidos. Na outra ponta, estão tópicos que me fazem lembrar de como os americanos lutaram contra eles. Os britânicos, seguindo as tradições das grandes guerras europeias, utilizavam muitas unidades de planejamento central. Esses comandos reuniam as informações que recebiam dos líderes nos campos de batalha e, depois, emitiam as suas ordens. Os americanos, que não tinham nenhum tipo de tradição para seguir, usavam táticas de guerrilha: analisavam a situação no próprio local e tomavam as decisões antes de consultar qualquer comando central.

Tome como exemplo o som de um único tiro em um campo verdejante durante aquela guerra. No modelo britânico dessa experiência, nossos sentidos funcionam individualmente, enviando suas informações para o comando superior do cérebro, onde se localizam os centros de percepção sofisticados. É apenas nesses centros que os estímulos sensoriais são unificados em uma percepção coesa do ambiente. Os ouvidos escutam o disparo do rifle e produzem um relatório auditivo completo desse evento. Os olhos veem a fumaça do tiro elevar-se da relva e processam essa informação à parte, gerando um relatório visual do acontecimento. O nariz, ao sentir o cheiro da pólvora, faz a mesma coisa. Cada um dos órgãos encaminha os dados para o comando superior. Lá, os estímulos são reunidos, a percepção coesa é criada e o cérebro informa ao soldado o que ele acabou de vivenciar. Os processos podem ser divididos em três fases:

FASE 1: SENSAÇÃO

Nesse estágio, captamos as energias do ambiente através dos olhos, da boca, do nariz, dos ouvidos e da pele. Nosso esforço envolve a conversão dessa informação externa em uma linguagem elétrica capaz de ser compreendida pelo cérebro.

FASE 2: DIRECIONAMENTO

Uma vez que a informação é transformada na linguagem da mente, ela é enviada a regiões específicas do cérebro para sofrer mais processamento. Os sinais da visão, da audição, do tato, do paladar e do olfato são inteiramente processados em locais separados e especializados. O tálamo, a estrutura bem conectada em formato de ovo que se encontra no meio do "segundo cérebro", ajuda a supervisionar a maior parte desses deslocamentos.

FASE 3: PERCEPÇÃO

Os diversos sentidos começam a juntar as informações. Esses sinais integrados são remetidos a áreas cada vez mais complexas do cérebro (na verdade, chamadas de regiões mais elevadas) e nós começamos a perceber aquilo que nossos sentidos nos deram. Como você verá, nessa fase final os processamentos ocorrem em duas direções: de baixo para cima e de cima para baixo.

No modelo americano, é tudo muito diferente. Os sentidos trabalham juntos, consultando-se e influenciando uns aos outros, desde o início do processo. No instante em que os ouvidos e os olhos captam o tiro e a fumaça, essas duas impressões dialogam imediatamente. Elas percebem que os eventos estão ocorrendo ao mesmo tempo, sem conversar com nenhuma autoridade superior. A imagem de um rifle atirando por cima de um campo aberto emerge no cérebro do observador. As fases continuam sendo sensação, direcionamento e percepção. No entanto, temos que adicionar a seguinte observação: "Os sinais começam a se comunicar imediatamente, influenciando rodadas subsequentes de processamento." O último estágio - a percepção - não é aquele em que a integração começa, e sim a etapa em que ela culmina.

Qual é o modelo correto? Os dados apontam mais na direção do segundo, mas a verdade é que ninguém sabe como isso funciona. Há sugestões tentadoras de que os sentidos de fato se ajudam, e de maneira coordenada e exata. Este capítulo está mais interessado no que acontece após a sensação e o direcionamento – depois que obtemos a percepção.

Processamento de baixo para cima e de cima para baixo

Dá para ver como a última fase é importante ao examinarmos o que acontece quando ela não funciona. Oliver Sacks relatou o caso de um paciente que perdeu diversas capacidades de processamento da percepção. Embora o Dr. Richard, como Sacks o chamou, não tivesse problema de visão, ele nem sempre conseguia encontrar sentido no que via. Quando alguém entrava em seu quarto e se sentava em uma cadeira, sua percepção, por vezes, era de que as diversas partes daquele corpo não eram todas daquela pessoa. Somente quando ela se levantava da cadeira é que ele de repente percebia que elas formavam um só corpo. Quando o Dr. Richard via uma fotografia do público em um estádio de futebol, ele costumava identificar todas as roupas de cores iguais como um conjunto de peças que pertencia apenas a um indivíduo. Para ele, coisas tão parecidas não podiam ter donos diferentes. O mais interessante é que às vezes o Dr. Richard não captava estímulos multissensoriais como parte da mesma experiência. Em determinadas ocasiões, por exemplo, ele não era capaz de fazer a conexão entre o movimento da boca de alguém que estivesse falando e o seu discurso. Não havia sincronia. Ele dizia que era como se estivesse assistindo a um "filme estrangeiro mal dublado".

Tendo em vista a vantagem que representa para a sobrevivência o fato de conseguirmos ver o mundo como um todo, os pesquisadores se preocupam muito com o problema da integração. Eles se perguntam: o que acontece depois que o tálamo executa suas primeiras tarefas de distribuição? A informação, dissecada em pedaços sensoriais e lançada por todo o cérebro, precisa ser reintegrada (e o Dr. Richard não era muito bom nisso). Onde e como a informação dos diferentes sentidos começa a se juntar?

Saber onde isso ocorre é mais fácil do que saber como. Já descobrimos que as operações mais sofisticadas acontecem em regiões conhecidas como córtices de associação. Essas são áreas especializadas que existem por todo o cérebro, incluindo os lobos parietal, temporal e frontal. Não são regiões sensoriais nem motoras, e sim pontes entre elas (por isso o nome *associação*). Os pesquisadores acreditam que esses córtices usam dois tipos de processamento para chegarem à percepção - o que se dá de baixo para cima (análise sensorial) e o que ocorre de cima para baixo (baseado não só nas sensações, mas também em experiências e interpretações). À medida que os sinais sensoriais ascendem a esferas cada vez mais elevadas de processamento neural, os efeitos vão se manifestando. Veja um exemplo a seguir.

O escritor W. Somerset Maugham disse: "Só existem três regras para escrever um romance. Infelizmente, ninguém sabe quais são." Depois que nossos olhos leem essa frase e o tálamo espalha diversos de seus aspectos por todo o interior do crânio, processadores direcionados de baixo para cima começam a funcionar. O sistema visual (sobre o qual falarei mais no capítulo sobre a visão) é um processador clássico desse tipo. O que acontece? Detectores de características – que atuam como auditores em uma empresa de contabilidade – recebem os estímulos visuais da frase. Eles inspecionam os elementos estruturais de todas as letras de cada palavra da citação de Maugham. Em seguida, escrevem um relatório, uma concepção visual de letras e palavras. Um arco de cabeça para baixo se transforma na letra "U". Duas linhas em ângulo reto se tornam a letra "T". Combinações de linhas retas e curvas formam a palavra "três". A informação escrita contém muitas características visuais, por isso o relatório demanda muito esforço e tempo para ser organizado. Esse é um dos motivos que fazem da leitura um modo relativamente lento de introduzir informações no cérebro.

Em seguida, tem início o processamento de cima para baixo. Ele pode ser comparado a membros da diretoria lendo o relatório dos auditores e depois manifestando sua reação a ele. Muitos comentários são feitos. Seções são analisadas à luz do conhecimento preexistente. Os diretores já ouviram falar da palavra "três", por exemplo - eles se familiarizam com o conceito de regras a partir do momento que captamos qualquer coisa. Alguns deles até já ouviram falar de W. Somerset Maugham, e por isso levam até a nossa consciência o filme *Servidão humana*, que estudamos em um curso de história do cinema. Informações são adicionadas ao fluxo de dados ou são subtraídas dele. O cérebro é capaz até mesmo de alterar esse fluxo se quiser. E ele toma essa decisão com muita frequência.

Esse tipo de atividade interpretativa é da alçada do processamento de cima para baixo. A essa altura, o cérebro, muito generoso, nos permite saber que estamos percebendo algo. Levando em conta que as pessoas têm experiências anteriores exclusivas, elas dão interpretações diferentes a suas análises. Assim, dois indivíduos podem captar o mesmo estímulo e ter percepções totalmente diversas. Isso dá no que pensar. Não há garantia de que o nosso cérebro vai perceber o mundo com exatidão, ainda que outras partes do nosso corpo possam fazer isso.

Enfim, a vida é repleta das qualidades complexas dos sons, das imagens visuais, das formas, das texturas, dos gostos e dos odores, e o cérebro procura simplificar esse mundo criando mais confusão. Isso exige que grandes grupos de receptores atuem de modo simultâneo, cada um deles encarregando-se de um atributo sensorial específico. Para que sejamos capazes de saborear a riqueza e a diversidade da percepção, o sistema nervoso central precisa integrar a atividade de "populações" sensoriais inteiras. Ele faz isso enviando sinais elétricos através de um emaranhado surpreendente de agrupamentos neurais cada vez mais complexos e mais elevados. Por fim, percebemos alguma coisa.

Sobrevivência por meio do trabalho em equipe

Existem muitos tipos de sinestesia – mais de 50, de acordo com uma pesquisa. Um dos mais estranhos é aquele em que, até mesmo quando as conexões do cérebro ficam confusas, os sentidos continuam trabalhando juntos. Há pessoas que veem determinada palavra e imediatamente sentem um gosto na boca. Não estou me referindo à reação comum de quem fica com água na boca ao imaginar o sabor de uma sobremesa depois de ouvir a palavra "chocolate". Estou falando de ver a palavra "céu" em um livro e de repente sentir um gosto de limão na língua. Uma experiência revelou que, mesmo que não se lembrassem da palavra exata, os portadores de sinestesia continuavam sentindo o gosto desde que houvesse uma descrição generalizada daquele termo. Dados dessa natureza mostram como os processos sensoriais estão programados para funcionar juntos. E este é o ponto principal desta Regra do Cérebro: estimule mais sentidos ao mesmo tempo.

A razão evolutiva para essa observação é simples: o nosso berço no leste da África não foi revelando suas informações sensoriais progressivamente, ou sentido a sentido, durante a evolução da nossa espécie. Ele não possuía *apenas* estímulos visuais, como um filme mudo, e alguns milhões de anos depois adquiriu de repente trilha sonora e, posteriormente, cheiros, sabores e texturas. Quando os nossos ancestrais desceram das árvores, eles encontraram um mundo multissensorial completo e já tinham perfeitas condições de apreendê-lo.

Essas ideias são fundamentadas em algumas experiências bem interessantes. Há muitos anos, pesquisadores foram capazes de espiar dentro do cérebro usando a tecnologia de aparelhos de ressonância magnética funcional. Eles exibiram aos participantes do estudo um vídeo de alguém falando, mas sem som. Quando examinaram o que o cérebro dos voluntários estava fazendo, descobriram que a área responsável pelo processamento do som, o córtex auditivo, era estimulada como se a pessoa estivesse escutando alguma coisa. Se ela visse alguém apenas fazendo careta, por exemplo, o córtex auditivo permanecia quieto. Era necessário que fosse um estímulo visual *relacionado* ao som. Ficou claro que os estímulos visuais influenciam os estímulos auditivos, até mesmo quando não há som.

Em outra experiência realizada quase na mesma época, pesquisadores conectaram um estimulador tátil à mão dos participantes e começaram a projetar breves feixes de luz perto dela. Às vezes, os pesquisadores ligavam o estimulador enquanto o feixe ainda estava aceso; outras vezes, quando ele já não estava mais presente. Eles observaram que a área cerebral associada à visão sempre se acendia com mais intensidade quando a reação tátil ocorria junto com a exposição da luz. Com isso, foram capazes de, literalmente, incentivar o sistema visual por meio da introdução do toque. Esse efeito é chamado de reforço multimodal.

A ativação de múltiplos sentidos também afeta nossa capacidade de detectar estímulos. A maioria das pessoas tem muita dificuldade de ver uma luz tremeluzente à medida que sua intensidade é gradualmente diminuída. Pesquisadores resolveram testar esse limiar coordenando de forma precisa a emissão de um som breve com a oscilação da luz até que ela se apagasse. A presença do som mudou o limiar. Os participantes da pesquisa descobriram que conseguiam enxergar a luz muito além do seu limite usual quando o som era incluído no teste.

Esses dados exibem uma bela amostra dos poderosos instintos de integração do cérebro. Como sabemos que esse órgão se desenvolveu em um ambiente multissensorial, podemos supor que, quanto mais informações sensoriais o meio apresenta, mais otimizadas se tornam as nossas capacidades de aprendizado. Poderíamos ir adiante e dizer que o oposto também é verdade: o aprendizado é menos eficiente em um ambiente unissensorial. E é exatamente isso que acontece, com implicações diretas nas áreas da educação e do trabalho.

O elo do aprendizado

O psicólogo cognitivo Richard Mayer provavelmente fez mais do que qualquer outra pessoa para explorar a ligação entre o aprendizado e a exposição à multimídia (técnica que emprega de forma simultânea diversos meios de transmissão da informação, combinando texto, som, imagens estáticas e animadas). Ele exibe um sorriso de 10 megawatts e sua cabeça tem a aparência exata de um ovo (embora seja um ovo muito inteligente). Suas experiências mostram isso. Por exemplo, separe os alunos de uma turma em três grupos. Todos três devem receber a mesma informação - um deles, por meio de um sentido (digamos, a audição); outro, por meio de outro sentido (a visão); e o terceiro, por meio da combinação dos dois primeiros.

O grupo que está no ambiente multissensorial sempre obtém melhores resultados do que aquele que é submetido a uma exposição unissensorial. Suas lembranças são mais exatas, têm melhor resolução e duram mais - continuam nítidas 20 *anos* depois. Sua capacidade de solucionar problemas também se aprimora. Em um estudo, o grupo que assistiu a apresentações multissensoriais produziu mais de 50% de saídas mais criativas para as questões propostas do que os alunos que participaram das experiências unissensoriais. Em outro teste, a melhora foi de mais de 75%.

Os benefícios dos estímulos multissensoriais também são físicos. Os músculos respondem com mais presteza, o limiar para detectar estímulos melhora e os olhos reagem a estímulos visuais com mais rapidez. E não estou falando apenas de combinações de visão e audição. Quando o tato é associado à informação visual, o aprendizado de reconhecimento é quase 30% melhor do que quando ele é usado sozinho. Esses avanços são maiores do que poderíamos prever com a simples adição de dados unissensoriais. Em outras palavras, as contribuições positivas das apresentações multissensoriais são maiores do que a soma de suas partes. Para resumir, as exposições multissensoriais são a melhor opção.

Muitas teses tentam explicar essas descobertas, e a maior parte delas está relacionada com a memória de trabalho. Como eu disse no Capítulo 5, essa memória, antes chamada de memória de curto prazo, é um espaço de trabalho complexo que nos permite guardar a informação durante um curto período. Talvez você esteja lembrado de sua importância para a vida escolar e profissional. Aquilo que acontece no mundo volátil da memória de trabalho afeta profundamente a possibilidade de que algo que foi ensinado venha também a ser aprendido.

Todas as explicações sobre o aprendizado multissensorial tratam também de uma propriedade que contraria a intuição e que paira sobre o ponto central do seu mecanismo: informações extras dadas no momento do aprendizado melhoram esse processo. É a mesma coisa que dizer que, se em um passeio você carregar duas mochilas em vez de uma, terminará a caminhada mais rápido. Esse é o processamento "elaborado" que vimos no capítulo sobre a memória de curto prazo. Formalmente falando: é o processamento cognitivo extra de informação que nos ajuda a integrar novos materiais a dados anteriores. As experiências multissensoriais são, é claro, mais elaboradas. Será que é por isso que funcionam? Richard Mayer acredita que sim. E outros pesquisadores pensam da mesma maneira, sobretudo quando se trata de examinar o reconhecimento e a lembrança.

Outro exemplo de sinestesia também embasa essa ideia. Está lembrado da extraordinária capacidade mental de Solomon Shereshevskii? Ele conseguia memorizar uma lista de 70 palavras, repeti-la sem errar (de frente para trás e de trás para a frente) e reproduzi-la, mais uma vez sem erros, 15 anos depois. Shereshevskii tinha categorias múltiplas de habilidades – ou inabilidades. Ele sentia que algumas cores eram quentes ou frias, o que é algo comum. Mas ele também achava que o número 1 era um homem orgulhoso e forte e que o número 6 era um cara com o pé inchado, algo nada comum. Algumas das imagens que ele descrevia eram quase alucinatórias. Ele contou a seguinte história: "Uma vez, saí para comprar sorvete. (...) Caminhei até a atendente e perguntei que tipo de sorvete eles vendiam. 'Sorvete de frutas', ela disse. Acontece que ela respondeu em um tom que fez com que um monte de carvão, de cinzas pretas, saísse de sua boca. E eu não consegui comprar o sorvete depois de ouvi-la falar daquele jeito."

É óbvio que Shereshevskii vivia em seu próprio universo mental, porém ele exemplifica um princípio mais abrangente. De modo quase universal, os portadores de sinestesia respondem à pergunta "De que adianta toda essa informação extra?" com uma afirmação imediata e sincera: "Ajuda a lembrar." Tendo em vista tal unanimidade, os pesquisadores há anos se indagam se existe relação entre sinestesia e capacidade mental avançada.

Existe. Em geral, quem tem sinestesia apresenta uma capacidade de memória avançada fora do comum – memória fotográfica em alguns casos. A maior parte dessas pessoas relata experiências estranhas como algo altamente prazeroso, o que pode, em razão da dopamina, ajudar na formação da memória.

Regras para o restante de nós

Ao longo de décadas, Mayer elaborou diversas regras para apresentações multimídia. Ele aliou o que sabemos a respeito da memória de trabalho às suas próprias descobertas empíricas sobre como a exposição à multimídia afeta o aprendizado humano. Veja a seguir um resumo de cinco dessas regras.

1. *Princípio multimídia* – Os alunos aprendem melhor com palavras e imagens do que apenas com palavras.
2. *Princípio da proximidade temporal* – Os alunos aprendem melhor quando palavras e imagens correspondentes são apresentadas de maneira simultânea, e não sucessiva.
3. *Princípio da proximidade espacial* – Os alunos aprendem melhor quando palavras e imagens correspondentes são expostas perto umas das outras, e não afastadas na página ou na tela.
4. *Princípio da coerência* – Os alunos aprendem melhor quando dados irrelevantes são excluídos, e não incluídos.
5. *Princípio da modalidade* – Os alunos aprendem melhor com animação e narração do que com animação e texto na tela.

Embora sejam (maravilhosamente) empíricos, esses princípios se aplicam apenas a combinações de dois sentidos: audição e visão. Nós temos três outros sentidos que também são capazes de contribuir para o aprendizado. Começando com a história de um ex-soldado, vamos ver o que acontece se adicionarmos mais um: o olfato.

Sinta o cheiro

Certa vez, ouvi a história de um homem que desistiu da faculdade de medicina por causa do nariz. Para compreender a história dele, você tem que saber algo sobre o cheiro da cirurgia. E também precisa ter matado alguém. A cirurgia pode ser uma experiência com um cheiro bem desagradável. Quando se faz uma incisão em um corpo, inevitavelmente se cortam vasos sanguíneos. Para impedir que o sangue atrapalhe a operação, os cirurgiões usam uma ferramenta de cauterização que é tão quente quanto um ferro de solda. Ela age diretamente na incisão e a fecha por meio da queima, e a sala é invadida pelo cheiro acre de carne tostada. Os combates também costumam ter esse cheiro. E o aluno de medicina em questão era um veterano do Vietnã com grande experiência em conflitos. Ele não manifestou nenhum tipo de repulsão quando voltou para casa nem apresentou transtorno de estresse pós-traumático. Tornou-se um estudante muito ativo e acabou sendo admitido na faculdade de medicina. Depois, deu início à sua primeira experiência com cirurgia. Ao entrar na sala de operação, logo sentiu o cheiro da carne queimada pela cauterização. O odor lhe trouxe de imediato a lembrança de um soldado inimigo que ele tinha matado à queima-roupa com um tiro no rosto. Durante anos, esse fato permanecera trancafiado em um canto da sua mente. Sua súbita recordação o fez literalmente se curvar, e ele saiu da sala chorando. Em seus ouvidos ecoavam os estranhos sons que o inimigo emitia enquanto morria e o barulho dos helicópteros a distância. Durante todo aquele dia, o ex-soldado reviveu a situação. À noite, começou a se lembrar de uma sucessão de outros episódios igualmente terríveis. Diante disso, abandonou o curso de medicina na semana seguinte.

Essa história exemplifica um dado que os pesquisadores conhecem há anos: o olfato é capaz de evocar memórias. Isso é chamado de efeito Proust. Marcel Proust, o autor de *Em busca do tempo perdido*, falou, 100 anos atrás, dos cheiros e da sua capacidade de trazer à lembrança eventos há muito esquecidos. Experiências específicas investigam essa tese. Em uma delas, por exemplo, dois grupos de pessoas recebem a tarefa de assistir juntos a um filme e, depois, se apresentar separadamente no laboratório para um teste de memória. O grupo de controle faz o teste em uma sala sem manipulação. O grupo experimental é avaliado em uma sala com cheiro forte de pipoca. Os resultados são então comparados, pontuando-se itens como o número de acontecimentos lembrados, precisão do relato, características específicas, e assim por diante. As constatações às vezes são impressionantes. Segundo alguns pesquisadores, os grupos expostos ao cheiro conseguem resgatar com exatidão o dobro de memórias em relação aos de controle. No entanto, outros cientistas registram melhoras de apenas 20 e de 10%.

Uma forma de reagir a esses dados é dizer "Uau!". Outra é perguntar: "Por que tanta disparidade?" Uma boa razão para isso é que o resultado depende do tipo de memória e da metodologia utilizada para resgatá-la. Por exemplo, os pesquisadores descobriram que algumas memórias são muito sensíveis a cheiros, enquanto outras praticamente não são afetadas por esses estímulos. Os odores parecem exercer uma influência maior quando se pede aos participantes da pesquisa que recuperem os detalhes emocionais de uma memória, como ocorreu com o ex-soldado, ou que se lembrem de fatos de sua própria vida. Os melhores resultados são obtidos quando os cheiros são compatíveis com a situação. A utilização do cheiro de gasolina na sala da experiência para um teste de cinema não produzirá os mesmos resultados positivos de recuperação que o uso do cheiro de pipoca.

Os odores não são muito eficientes na recuperação de memórias declarativas. Podemos usar o olfato para melhorar os resultados de testes com esse tipo de memória, mas apenas se os participantes da pesquisa receberem estímulo emocional – geralmente, isso corresponde a estresse – antes do início da experiência. (Por algum motivo, a exibição de um filme de meninos aborígines australianos sendo circuncidados é um dos recursos mais empregados para isso.) No entanto, estudos mostram que os cheiros são capazes de aprimorar a memória declarativa durante o sono, assunto que abordarei mais adiante. Será que existe uma explicação para a existência do efeito Proust? Um motivo que faça com que os aromas evoquem lembranças? Talvez sim. Entretanto, para compreendê-lo, precisamos ter algum conhecimento de como o cheiro é processado no cérebro.

Na região situada exatamente entre os olhos, existe uma concentração de neurônios mais ou menos do tamanho de um selo postal. Esse aglomerado é chamado de região olfativa. Sua superfície externa, o epitélio olfativo, se localiza na porção superior das cavidades nasais. Quando inalamos o ar, moléculas de odor penetram nessas cavidades e entram em contato com os nervos localizados ali. Isso em si já é fantástico, levando em conta que essa área está sempre coberta por uma camada grossa de muco. De alguma forma, essas substâncias bioquímicas persistentes penetram no muco e tocam de leve os pequenos receptores de proteína em forma de pena que estão cravados nos nervos do epitélio olfativo. Os receptores são capazes de reconhecer um grande número de moléculas odoríferas. Quando isso acontece, os neurônios se ativam, e em pouco tempo o cheiro de alguma coisa será sentido. O restante da jornada ocorre no cérebro. Os nervos do epitélio olfativo, agora muito ocupados, conversam animadamente com um grupo de nervos que se localiza bem acima deles, no bulbo olfativo. É esse conjunto de nervos que ajuda o bulbo a distinguir os sinais que recebe do epitélio.

Agora começa a parte interessante da história. Nesse ponto do processamento de um estímulo, todos os nossos outros sistemas sensoriais precisam enviar um sinal para o tálamo solicitando autorização para se conectar ao restante do cérebro – inclusive aos níveis mais altos, onde a percepção ocorre. No entanto, essa norma não se aplica aos nervos encarregados das informações olfativas. Como chefes de Estado importantes em um comboio, os sinais do olfato contornam o tálamo e vão direto para os seus destinos cerebrais, sem precisar de nenhum intermediário.

Um desses destinos é a amígdala cerebelar, e é a essa altura que o efeito Proust começa a fazer sentido. Você deve estar lembrado de que a amígdala supervisiona não apenas a formação de experiências emocionais como também a *memória* desses acontecimentos. Como o cheiro estimula diretamente a amígdala, ele também faz isso com as emoções. Os sinais olfativos passam ainda pelo córtex piriforme e chegam até o córtex orbitofrontal, uma parte do cérebro situada logo acima e atrás dos olhos que exerce uma profunda influência em nossas decisões. Portanto, os cheiros podem afetar as nossas escolhas. É quase como se dissessem: "Meu sinal é tão importante que vou lhe dar uma emoção inesquecível. O que você vai fazer em relação a isso?"

Os sinais olfativos parecem estar sempre muito apressados para tomar esses atalhos, tanto que as células receptoras olfativas nem contam com uma barreira de proteção. E não é isso o que acontece com quase todas as outras células de recepção sensorial do corpo humano. A defesa dos receptores visuais na retina é feita pela córnea, por exemplo. Os receptores auditivos são protegidos pelo tímpano. O único elemento que resguarda os receptores olfativos é o muco do nariz. Afora isso, eles estão diretamente expostos ao ar.

Ideias

Não há dúvidas de que sinais múltiplos, transmitidos por meio de sentidos diferentes, aprimoram o aprendizado. Eles aceleram as reações, aumentam a precisão, melhoram a detecção de estímulos e enriquecem a codificação no momento do aprendizado. Infelizmente, ainda não colhemos esses benefícios com regularidade nas salas de aula nem nos ambientes de trabalho. Veja a seguir algumas ideias que me vêm à mente.

Aulas multissensoriais

Como você viu no capítulo sobre a atenção, os primeiros instantes de uma aula são sagrados para a cognição. É o período em que a mente dos alunos está prestando atenção naturalmente no professor. Se as apresentações nesse momento crítico fossem multissensoriais, a taxa de retenção geral poderia aumentar. Como eu disse, repetir informações em intervalos calculados ajuda a estabilizar a memória. E se as transmitíssemos de forma multissensorial e depois repetíssemos também os modos de apresentação? A primeira reexposição poderia ser no formato visual, por exemplo; a segunda, por meio auditivo; a terceira, de forma cinética. Será que essa programação rica em codificação melhoraria o nível de retenção das informações, reforçando a influência já marcante da repetição?

Temos também que parar de negligenciar nossos outros sentidos. Vimos que o tato e o olfato podem prestar contribuições valiosas ao processo de aprendizado. E se começássemos a pensar em maneiras de adotá-los na sala de aula, talvez em combinação com tipos de apresentações mais comuns no processo de ensino? Será que aproveitaríamos seus efeitos estimulantes?

Um estudo mostrou que uma combinação de cheiro e sono melhorava a consolidação da memória declarativa. Essa experiência divertida foi feita com um jogo de cartas que meus filhos e eu disputamos sempre. É necessário ter um baralho especial de 52 cartas com 26 pares de animais. Viramos todas as cartas com a face para baixo e depois começamos a selecionar duas de cada vez para encontrar as que combinam. É um teste de memória declarativa. A pessoa que acerta o maior número de pares vence o jogo.

Na experiência, os grupos de controle jogavam normalmente. Depois, iam dormir sem ser incomodados. Mas os grupos experimentais, não. A sala em que jogavam era impregnada de cheiro de rosas. Mais tarde, quando já tinham caído no sono, os pesquisadores perfumavam o quarto onde eles estavam com aquele mesmo aroma. Ao acordar, todos eram testados em relação ao conhecimento do lugar em que os pares de cartas haviam sido descobertos no dia anterior. Os integrantes dos grupos de controle, que não passavam por ambientes com o cheiro, respondiam corretamente 86% das vezes. As pessoas que eram expostas ao aroma acertavam 97% das vezes. Exames de imagem cerebral mostraram o envolvimento direto do hipocampo nessa operação. É provável que o cheiro realçasse a lembrança durante o processamento que costuma ocorrer durante o sono, enquanto estamos "fora do ar".

No mundo cada vez mais competitivo do desempenho escolar, há pais que não poupariam esforços para dar aos filhos uma vantagem de 11% em relação aos concorrentes. Alguns presidentes de empresas também apreciariam muito esse benefício, sobretudo diante de acionistas ansiosos.

Marcas sensoriais

A escritora Judith Viorst disse certa vez: "Força é a capacidade de quebrar uma barra de chocolate em quatro pedaços e só comer um." É claro que ela estava se referindo ao poder do chocolate sobre o autocontrole. Isso atesta o poder da emoção como estimulante da ação.

É exatamente isto que as emoções fazem: afetam a motivação. Como expliquei no capítulo sobre a atenção, elas são usadas pelo cérebro como um meio de selecionar determinados estímulos para uma avaliação mais rigorosa. Como os aromas estimulam áreas cerebrais responsáveis por criar tanto emoções quanto memórias, muitos empresários perguntam: "Será que o cheiro, que interfere na motivação, pode influenciar também as vendas?"

Uma empresa testou os efeitos do cheiro no ambiente comercial e descobriu um resultado fantástico. Uma máquina de venda automática que liberava o cheiro de chocolate fez com que as vendas desse alimento aumentassem 60%. Essa é uma bela motivação. A mesma empresa instalou um equipamento que borrifava o cheiro de casquinha de sorvete próximo a uma sorveteria muito mal localizada - a loja ficava dentro de um grande hotel e era difícil encontrá-la. O crescimento das vendas foi de 55%.

Bem-vindo ao mundo das marcas sensoriais. O setor econômico está começando a prestar mais atenção nas reações sensoriais humanas, e o destaque é para o olfato. Em uma experiência para uma loja de roupas, os pesquisadores perfumaram a seção feminina com uma essência sutil de baunilha – sabe-se que esse aroma desperta reação positiva nas mulheres. No setor masculino, espalharam o cheiro de rosa-do-marrocos (*rose maroc*), uma fragrância fresca e ligeiramente frutada que já tinha sido testada com homens. Os resultados foram surpreendentes. Quando os perfumes foram utilizados, as vendas dobraram em relação à média normal nos dois departamentos. E, quando os cheiros foram trocados – baunilha para os homens e rosa-do-marrocos para as mulheres –, as vendas despencaram, ficando abaixo da média. Qual foi a conclusão? O aroma funciona, porém somente quando utilizado de maneira específica. "Não dá para simplesmente usar qualquer fragrância agradável e achar que vai dar certo", diz Eric Spangenberg, o pesquisador responsável pelo trabalho. Em vista disso, a Starbucks não permite que seus funcionários usem perfume durante o expediente, pois isso pode interferir no cheiro sedutor do café que eles servem e que é importante para atrair clientes.

Profissionais de marketing começaram a apresentar recomendações para o uso do cheiro na diferenciação das marcas: em primeiro lugar, escolha um aroma adequado às expectativas e necessidades do público-alvo. O cheiro agradável do café faz um executivo ocupado se lembrar do aconchego do lar, produzindo uma sensação de calma quando ele está prestes a fechar um contrato. Em segundo lugar, integre fragrância à "personalidade" do produto. O cheiro refrescante de uma floresta ou o odor "salgado" de uma praia têm mais condições de despertar um ímpeto de aventura em potenciais compradores de carros utilitários esportivos do que, digamos, o aroma de baunilha. Não se esqueça do efeito Proust: o cheiro é capaz de evocar memórias.

Cheiros no trabalho

E o papel do aprendizado no ambiente profissional? Vou apresentar duas ideias que tive com base nas minhas experiências como professor. De vez em quando dou aula de biologia molecular para engenheiros, e certa vez decidi fazer meu próprio experimento proustiano. (Nada rigoroso, apenas uma simples pesquisa informal.) Antes de toda lição sobre uma enzima (a RNA polimerase II), eu preparava a sala borrifando o perfume Brut em uma parede. Eu estava dando essa mesma matéria em uma classe em outro prédio, mas lá eu não aspergia o perfume quando descrevia a enzima. Depois, realizei o teste expondo os alunos das duas turmas àquela fragrância. Todas as vezes que fiz essa experiência, obtive o mesmo resultado. Quem havia sentido o perfume durante o aprendizado se saía melhor nas questões referentes à enzima – às vezes muitíssimo melhor – do que quem não tinha sido exposto àquele cheiro antes.

E isso me levou a ter uma ideia. Muitas empresas têm necessidade de orientar os clientes sobre seus produtos. São informações dos mais variados tipos, que envolvem desde a instalação de programas de computador até o conserto de motores de avião. Por motivos financeiros, o tempo das aulas costuma não ser suficiente e uma grande quantidade de questões é abordada na maior correria. Com isso, 90% do que é dito acaba sendo esquecido no *dia* seguinte. (Para a maior parte dos temas declarativos, a deterioração da memória começa nas primeiras horas após a apresentação do assunto.) Mas e se o professor vinculasse cada lição a um cheiro, como na minha experiência com o Brut? Seria possível expor os alunos a uma fragrância enquanto estivessem dormindo. Eles acabariam associando a experiência pessoal da aula – completa com a sua intensa transferência de informação – com o perfume.

Após a aula, os alunos (digamos que estejam aprendendo a consertar motores de avião) retornam à empresa. Duas semanas depois, veem-se em meio a uma sala repleta de motores de avião para consertar. A maioria deles terá esquecido algumas informações transmitidas naquela aula atribulada e precisará consultar as anotações. Essa revisão poderia acontecer na presença do cheiro que eles sentiram durante o aprendizado. Será que isso reforçaria as lembranças? E se eles fossem expostos ao perfume enquanto estivessem na oficina consertando os motores? A memória aprimorada talvez melhorasse o desempenho e até diminuísse a taxa de erros.

Parece absurdo? Possivelmente. Aliás, é necessário ter cuidado na hora de diferenciar aprendizado dependente do contexto (lembre-se dos testes com os mergulhadores que citei na Regra nº 5) de experiências multissensoriais. De qualquer modo, isso é um primeiro passo na tentativa de pensarmos em ambientes de aprendizado que superem o que é quase um vício em informações visuais e auditivas. Essa é uma área em que há muitos frutos potenciais para as pesquisas – um campo em que neurocientistas, educadores e executivos podem trabalhar juntos de forma prática.

Resumo

Regra nº 9

Estimule mais sentidos ao mesmo tempo

- Nós absorvemos informações sobre um acontecimento por meio dos sentidos, transformamos os estímulos em sinais elétricos (relativos à visão, ao som, etc.), enviamos esses sinais a áreas específicas do cérebro, reconstruímos o que aconteceu e, por fim, temos a percepção do evento como um todo.
- O cérebro parece depender de experiências passadas para decidir como combinar esses sinais. É por isso que duas pessoas podem ter uma percepção muito diferente do mesmo acontecimento.
- Nossos sentidos evoluíram para funcionar juntos – a visão influenciando a audição, por exemplo. Por isso, aprendemos melhor quando estimulamos vários sentidos ao mesmo tempo.
- Os cheiros têm um poder extraordinário de evocar lembranças, talvez porque os sinais do olfato contornam o tálamo e vão direto para os seus destinos, entre os quais está a supervisora das emoções: a amígdala cerebelar.

Visão

Regra nº 10

A visão se sobrepõe aos outros sentidos

Não vemos com os olhos, e sim com o cérebro. A prova, como você verá a seguir, está em um grupo de 54 amantes do vinho. Para ouvidos desacostumados, o vocabulário que os apreciadores dessa bebida usam para descrevê-la pode parecer pretensioso e talvez mais adequado às classificações que um psicólogo faz do comportamento dos pacientes. ("Complexidade agressiva, com um leve toque espirituoso" é algo que ouvi em uma noitada de degustação de vinhos para a qual me convidaram por engano.)

No entanto, essas palavras são levadas muito a sério pelos profissionais da área. Existe uma terminologia específica para os vinhos brancos e outra para os tintos, e as duas, em tese, nunca se cruzam. Tendo em vista a maneira individualizada como cada um de nós percebe qualquer sensação, imagino até que ponto os degustadores de vinho podem ser objetivos. Parece que um grupo de pesquisadores do cérebro europeus pensou a mesma coisa. Eles foram até o marco zero do mundo da enologia, a Universidade de Bordeaux, e perguntaram: "O que aconteceria se colocássemos corante vermelho sem gosto e sem cheiro em vinhos brancos e déssemos a 54 degustadores profissionais para que experimentassem?" Diante dessa modificação apenas na aparência, como eles descreveriam os vinhos? Será que o paladar delicado seria capaz de detectar a artimanha ou será que o nariz seria enganado? A resposta é: "O nariz seria enganado." Quando os degustadores provaram os brancos alterados, todos eles utilizaram o vocabulário dos tintos. Os estímulos visuais pareciam se sobrepor a todos os seus outros sentidos altamente treinados.

O pessoal da comunidade científica se refestelou. Relatórios de pesquisas foram publicados com títulos como "A cor dos aromas" e "O nariz sente o que os olhos veem". Dados como esses apontam para as particularidades desta Regra do Cérebro. O processamento visual não se limita a ajudar na percepção que temos do mundo - ele a domina. Partindo da biologia básica, vou explicar por quê.

Um processo mais complexo do que se pensava

Nós vemos com o cérebro.

Essa descoberta essencial, depois de anos de estudo, dá a impressão de ser simples, mas não é. E se torna ainda mais traiçoeira porque a mecânica interna da visão parece fácil de entender. O primeiro contato da luz (grupos de fótons, na verdade) se dá com a córnea, uma estrutura transparente e fibrosa, que a refrata e a deixa passar para o interior do olho. A luz então viaja até a lente (entre a íris e o humor vítreo), onde é focalizada e tem permissão para atingir a retina, um grupo de neurônios na parte posterior do olho. O encontro produz sinais elétricos nessas células, e eles avançam para dentro do cérebro por meio do nervo óptico. O cérebro então interpreta a informação elétrica e nós temos a consciência visual. Esses passos parecem não exigir esforço nenhum e ser 100% confiáveis, isto é, capazes de fornecer uma representação exata dos objetos.

Embora estejamos acostumados a pensar na visão nesses termos fidedignos, nada nessa última frase é verdade. O processo é muito complexo e raramente nos proporciona uma representação exata do mundo, portanto não é 100% confiável. Para um grande número de pessoas, o sistema visual do cérebro funciona como uma câmera, apenas coletando e processando dados visuais brutos fornecidos pelo mundo externo. Essa analogia, no entanto, descreve mais a função do olho, e não tão bem assim. Percebemos o ambiente visual como uma *opinião* do que o cérebro pensa que está lá.

Acreditava-se que o cérebro processava informações como cor, textura, movimento, profundidade e forma em áreas distintas. Depois, estruturas em um nível mais elevado nesse órgão dariam sentido a essas características, e nós, de repente, obteríamos a percepção visual. Isso é bem parecido com o que você leu na Regra nº 9 sobre a integração dos sentidos em três fases - sensação, direcionamento e percepção - com o uso dos processos de baixo para cima e de cima para baixo. Está ficando cada vez mais claro que é preciso rever esse conceito. Hoje em dia se sabe que a interpretação visual começa antes, quando a luz atinge a retina. No passado, acreditava-se que essa colisão era um processo mecânico e automatizado: um fóton estimulava uma célula nervosa da retina a gerar um sinal elétrico, que acabava seguindo adiante até o interior da cabeça. Todo o esforço perceptivo se dava depois, nas profundezas do cérebro. Existem fortes evidências de que essa explicação, além de simplista, é errada.

A retina não funciona como uma antena passiva; ao contrário, ela parece processar bem rápido os padrões elétricos antes de enviar qualquer dado para o comando central. Células nervosas especializadas alojadas no fundo dessa estrutura interpretam os padrões de fótons que a atingem, os juntam como pequenos "filmes" e, em seguida, os encaminham para o interior do cérebro. A retina parece estar repleta dessas minúsculas produções cinematográficas, que vamos chamar de rastros. Esses vestígios são abstrações coerentes, porém parciais, de características específicas do ambiente visual, entre contornos, cantos, movimentos, sombras, etc. É possível que existam até 12 deles operando ao mesmo tempo, enviando interpretações dessas imagens. Esse novo conceito é um tanto surpreendente. É como descobrir que a televisão nos fornece longas-metragens porque o seu cabo está infestado de uma dúzia de cineastas amadores independentes muito empenhados no trabalho de criar os filmes enquanto assistimos a eles.

Rios de informação

Em seguida, esses filmes jorram a partir do nervo óptico que há em cada olho e inundam o tálamo, aquela estrutura em forma de ovo que serve como centro de distribuição da maior parte das sensações. Se compararmos esses fluxos de informação visual a um rio caudaloso, o tálamo pode corresponder a um delta. Uma vez que deixam essa área, os dados viajam por ramificações neurais cada vez mais divididas. No fim, haverá milhares de pequenos afluentes carregando partes da informação original para o interior do cérebro. Essas mensagens seguem para uma grande região complexa dentro do lobo occipital, chamada córtex visual. Coloque a mão na parte de trás da cabeça - a palma está a pouco mais de 5mm do seu córtex visual, a parte do cérebro que permite que você veja esta página.

O córtex visual é uma grande extensão de terreno neural, e os pequenos rios correm para diferentes áreas. Existem milhares delas, e suas funções são extremamente específicas. Algumas reagem às linhas diagonais e somente a um tipo delas (por exemplo, às de 40° de inclinação, mas não às de 45°). Outras só processam informações relativas a cor; outras, apenas a contornos; outras, somente a movimento.

Lesões na área que reage ao movimento causam um déficit extraordinário: a incapacidade de enxergar objetos em movimento, isto é, em seu deslocamento. Isso pode ser bem perigoso, e foi observado no célebre caso de uma suíça que vamos chamar de Gerte. Em muitos aspectos, sua visão era normal. Ela era capaz de fornecer o nome dos objetos em seu campo visual, reconhecia as pessoas como seres humanos e lia jornais com facilidade. No entanto, se olhasse para um cavalo galopando em um campo ou para um carro em alta velocidade, não via movimento. Em vez disso, captava uma sequência de instantâneos estáticos dos objetos, como se eles estivessem sob efeito de luz estroboscópica. Não detectava impressão de deslocamento contínuo, nenhuma percepção sem esforço de mudanças instantâneas de localização. Gerte adquiriu pavor de atravessar a rua. Essa limitação não lhe permitia calcular nem a velocidade nem a direção dos veículos. Ela não era capaz de perceber os carros se movendo, muito menos se estavam se aproximando dela (embora conseguisse identificar de imediato os objetos como automóveis e até o modelo e a placa dos veículos). Gerte chegou a dizer que conversar com alguém cara a cara era a mesma coisa que falar ao telefone: ela não via as mudanças na expressão facial que ocorrem durante uma conversa. Não distinguia nada que estivesse "se alterando".

A experiência dessa mulher mostra o caráter modular do processamento visual. Mas isso não se restringe ao movimento. Milhares de pequenos rios que fluem para essas áreas permitem que essas características individuais sejam processadas separadamente. E, se a percepção visual terminasse nesse ponto, talvez enxergássemos o mundo com a fúria desorganizada de um quadro de Picasso, um pesadelo de objetos fragmentados, com cores livres e contornos estranhos, sem limites.

A história, porém, não acaba aqui. No ponto em que o campo visual está em seu estado mais fragmentado, o cérebro resolve reunir a informação espalhada. Afluentes individuais começam a se recombinar, a se misturar, a congregar as informações, comparando resultados e, depois, enviam a análise para centros cerebrais mais elevados. Os centros recebem esses cálculos altamente complicados de várias fontes e os integram em um nível ainda mais sofisticado. Eles vão subindo até alcançar dois rios gigantes de informação processada. Um deles, que se chama fluxo ventral, reconhece o que um objeto é e que cor tem. O outro, batizado de fluxo dorsal, identifica a sua localização no campo visual e percebe se ele se movimenta. "Regiões de associação" desempenham o trabalho de agrupar os sinais. Elas juntam

– ou, melhor, voltam a aglutinar – os sinais elétricos que estavam dispersos. Em seguida, enxergamos alguma coisa. Portanto, o processo da visão não é tão simples quanto o de uma câmera fotográfica. É mais complexo e mais rebuscado do que qualquer pessoa poderia ter imaginado. Os cientistas ainda não chegaram a uma conclusão sobre o motivo dessa fragmentação seguida de reintegração.

Se o processamento visual já está parecendo complicado, prepare-se porque isso vai piorar ainda mais. Geralmente confiamos no nosso sistema visual para nos fornecer uma representação fiel, imediata e 100% precisa do que está à nossa frente. Por que acreditamos nisso? Porque o cérebro insiste em nos ajudar a criar a realidade que captamos. Dois exemplos explicam essa tendência exasperante. Um deles envolve pessoas que veem policiais minúsculos que obviamente não existem. O outro está relacionado à percepção de camelos.

Policiais e camelos

Se eu disser que neste momento você está tendo alucinações, talvez passe pela sua cabeça que bebi além da conta. Mas é verdade. Neste exato instante, enquanto lê este texto, você está vendo partes desta página que não existem. E isso, amigo, é uma alucinação. Agora, vou mostrar como o cérebro gosta de inventar coisas que não são 100% fiéis ao que os olhos transmitem para ele.

Existe uma região no olho em que os neurônios da retina, os responsáveis pela transmissão da informação visual, se juntam para dar início à sua jornada até os tecidos profundos do cérebro. Esse local de reunião se chama disco óptico. É um lugar estranho, porque ali não há células capazes de perceber estímulos visuais. É uma área cega – e você também é. Trata-se do ponto cego, e cada olho tem um. Você já detectou dois buracos negros no seu campo de visão que se recusam a desaparecer? Não, é claro. Mas é isso que você deveria enxergar. Acontece que seu cérebro o engana. À medida que os sinais vão sendo enviados para o córtex visual, ele detecta a presença desses espaços e depois faz algo extraordinário. Examina a informação visual que está a 360° ao redor dos pontos cegos e calcula o que provavelmente deve haver ali. Em seguida, como um programa computadorizado de pintura, preenche as lacunas. O nome desse processo é "preenchimento", entretanto poderia ser "fingimento". Para alguns pesquisadores, o cérebro não cria o que está faltando, ele apenas ignora a ausência de informação visual. Seja como for, nunca teremos uma representação 100% exata.

Não deveria ser surpresa o fato de o cérebro apresentar sistemas de formação de imagens assim tão independentes. Os sonhos são uma evidência de que isso acontece. Mas o grau de descontrole desses mecanismos pode se evidenciar em um fenômeno conhecido como síndrome de Charles Bonnet, que afeta milhões de pessoas. A maioria delas não dá um pio sobre isso, e talvez por um bom motivo: elas veem coisas que não existem. É como se o sistema de preenchimento do ponto cego tivesse desandado de vez. De acordo com alguns portadores desse distúrbio, objetos que fazem parte do seu dia a dia aparecem de repente em seu campo de visão. Outros, porém, dizem que pessoas desconhecidas surgem de maneira inesperada ao seu lado na hora do jantar. O neurologista Vilayanur Ramachandran relatou o caso sensacional de uma mulher que viu dois policiais minúsculos correndo pelo chão, levando um criminoso ainda menor para um camburão do tamanho de uma caixa de fósforos. Há também quem enxergue anjos, bodes de casaca, palhaços, bigas romanas e elfos. As ilusões costumam ocorrer à noite e, em geral, são benignas. Afetam mais comumente os idosos, sobretudo os que já sofreram algum dano em seu sistema visual. O extraordinário é que quase todos os portadores dessa síndrome sabem que as imagens não são reais. Ninguém ainda conseguiu explicar por que essas alucinações acontecem.

Esse é só um exemplo das maneiras marcantes que o cérebro utiliza para participar da experiência visual. Longe de ser uma câmera, ele fragmenta a informação que lhe chega por meio dos olhos, fazendo-a passar por uma série de filtros e, depois, reconstrói o que acredita estar enxergando. Ou o que acha que deveríamos ver.

No entanto, esse ainda não é o fim do mistério. Além de vermos coisas que não existem sem nos incomodarmos com isso, o modo exato *como* construímos as falsas informações obedece a determinadas regras. Experiências anteriores têm papel importante naquilo que o cérebro nos permite enxergar, e as conclusões desse órgão exercem uma influência vital nas nossas percepções visuais. Vamos considerar as questões que menciono a seguir.

Desde os tempos antigos, as pessoas se perguntam por que dois olhos criam uma única percepção visual. Se há um camelo no nosso campo de visão esquerdo e outro no nosso campo de visão direito, por que não vemos dois camelos? Conheça a seguir um modo bacana de ilustrar essa questão.

1. Feche o olho esquerdo e depois estenda o braço esquerdo à sua frente.
2. Erga o dedo indicador da mão esquerda, como se estivesse apontando para o céu.
3. Mantenha o braço nessa posição enquanto coloca o braço direito a cerca de 15cm do rosto. Erga o dedo indicador direito como se também estivesse apontando para o céu.
4. Sem abrir o olho esquerdo, posicione o dedo indicador direito ligeiramente à esquerda do indicador esquerdo.
5. Agora, bem rápido, abra o olho esquerdo e feche o direito. Faça isso várias vezes.

Se você posicionou os dedos adequadamente, o indicador direito vai pular para o lado do esquerdo e depois voltará. Quando você abrir os dois olhos, os pulos irão cessar. Esse teste simples mostra que as imagens que aparecem em cada retina são sempre diferentes. Também revela que, quando os dois olhos trabalham juntos, de algum modo o cérebro tem informações suficientes para ver uma realidade sem saltos.

Por que só vemos um camelo? Por que enxergamos dois braços com dedos que não saltam? Porque o cérebro intercala as informações que partem dos dois olhos. Ele faz mais ou menos um zilhão de cálculos e, em seguida, nos fornece a sua melhor suposição. E é mesmo uma estimativa. É possível mostrar que o cérebro não sabe onde as coisas estão. Ele cria hipóteses sobre a probabilidade de como o acontecimento em questão deveria ser e depois, em um palpite confiante, aproxima uma imagem que conseguimos ver. Aquilo que percebemos não é a imagem, e sim o palpite confiante. Por que o cérebro faz isso? Porque é forçado a solucionar um problema: vivemos em um mundo tridimensional, mas a luz incide sobre a retina de maneira bidimensional. O cérebro precisa lidar com essa disparidade se quiser retratar o mundo com exatidão. Só para complicar as coisas, os dois olhos fornecem a esse órgão dois campos visuais distintos e projetam as suas imagens de cabeça para baixo e de trás para a frente. Para dar sentido a tudo isso, o cérebro se vê obrigado a fazer suposições.

Em que essas hipóteses se baseiam, pelo menos em parte? A resposta é de gelar o sangue: em experiências anteriores com eventos que já vivenciamos. Depois de inserir, de forma categórica, diversas conclusões a respeito da informação recebida (algumas podem ser inatas), o cérebro nos fornece suas descobertas para que possamos examiná-las com muita atenção. Ele tem todo esse trabalho por um motivo importante e repleto de boa vontade darwiniana: para que vejamos apenas *um* camelo na sala quando houver somente *um* camelo na sala (e para que possamos observar a altura, o formato e o tamanho adequados do animal e até para que sejamos capazes de perceber se ele está a fim de nos morder ou não). Tudo isso acontece mais ou menos no tempo que levamos para piscar os olhos. Na verdade, está ocorrendo neste exato minuto.

Se você acha que o cérebro precisa dedicar à visão uma grande parte dos seus preciosos recursos envolvidos no pensamento, acertou em cheio. Ela usa cerca de metade deles. Isso ajuda a explicar por que degustadores de vinho munidos de toneladas de experiência profissional negligenciam as papilas gustativas com tanta rapidez diante do estímulo visual. E esse é o ponto central da Regra do Cérebro deste capítulo.

Fantasma visível

Na terra dos reinos sensoriais, existem muitas formas de mostrar que a visão não é um chefe de Estado benevolente, e sim um ditador. Vejamos a questão dos membros-fantasmas. Às vezes, pessoas que sofreram amputação continuam a sentir a presença daquela parte do corpo que já não existe mais. Em alguns casos, elas têm a sensação de que aquele membro perdido está paralisado em uma posição. Outras vezes, sentem dor. Os pesquisadores usam situações desse tipo para demonstrar a forte influência da visão sobre os outros sentidos.

Uma pessoa que havia amputado o braço esquerdo tinha a sensação de que esse membro-fantasma estava "paralisado". Em um teste, ela se sentou diante de uma mesa sobre a qual fora colocada uma caixa sem tampa e com uma divisória. Na frente da caixa, havia dois portais - um para o braço direito e outro para o coto. A divisória era um espelho, e a pessoa era capaz de ver tanto o reflexo da mão funcional quanto o do coto. Quando ela olhava para a mão, via que o braço direito estava presente e que o braço esquerdo não estava ali. No entanto, quando olhava para o reflexo do braço direito no espelho – que parecia ser o braço ausente –, o membro-fantasma, que estava do outro lado da caixa, de repente "acordava". Se ela mexesse a mão normal enquanto observava o seu reflexo, era capaz de sentir a mão-fantasma se movimentar também. E, se parasse de mover o braço direito, o esquerdo, que não existia, também "parava". A inclusão da informação visual começou a convencer o cérebro daquela pessoa de um renascimento milagroso do braço amputado. Isso é a visão atuando não apenas como ditadora, mas também como curandeira mística. O efeito da captura visual é tão forte que pode ser usado para aliviar dores no membro-fantasma.

Como medir o domínio da visão?

Um modo de fazer isso é mostrar seus efeitos sobre o aprendizado e a memória. Historicamente, pesquisadores têm usado dois tipos de memória em suas investigações. A primeira, a memória de reconhecimento, é um modo consagrado de explicar a familiaridade. Costumamos usá-la quando vemos fotos antigas de família. Por exemplo, ao olharmos o retrato de uma tia idosa de quem não nos lembrávamos havia anos, nem sempre nos recordarmos do nome dela ou da foto. Mesmo assim, ainda a reconhecemos como tia. Embora talvez não sejamos capazes de nos lembrar de determinados detalhes, quando batemos os olhos naquela imagem, sabemos que já a vimos antes.

Outros tipos de aprendizado incluem a célebre memória de trabalho. Como você já sabe, trata-se de um conjunto de buffers de armazenamento temporário com capacidade limitada e uma duração tão pequena que chega a desanimar. A memória visual de curto prazo é a parte do buffer destinada a preservar informações visuais. Quase todos nós conseguimos guardar quatro objetos de cada vez nesse dispositivo, portanto se trata de um espaço bem pequeno. E parece que só faz diminuir. Dados recentes mostram que, quanto mais complexos os objetos, menor a quantidade de objetos que podem ser capturados. Há indicações também de que o número e a complexidade dos objetos envolvem sistemas cerebrais diferentes, o que se opõe à própria ideia de capacidade de curto prazo. Essas limitações tornam ainda mais notável – ou mais deprimente – o fato de a visão ser provavelmente a melhor ferramenta individual de que dispomos para aprender alguma coisa.

Uma figura vale por mil palavras

Quando o assunto é memória, os pesquisadores sabem há mais de 10 anos que figuras e texto seguem regras bem diferentes. Simplificando: quanto mais visual for o estímulo, maior a probabilidade de que ele seja reconhecido – e lembrado. O fenômeno é tão forte que recebeu um nome próprio: efeito da superioridade da figura.

Esse efeito é um verdadeiro atleta olímpico. Testes realizados anos atrás mostraram que as pessoas eram capazes de se lembrar de mais de 2,5 mil figuras com pelo menos 90% de exatidão vários dias depois, apesar de só terem visto cada uma delas por cerca de 10 segundos. As taxas de precisão um ano mais tarde ainda giravam em torno de 63%. De acordo com um estudo, a informação reconhecida nessas figuras foi recuperada de modo confiável muitas décadas depois.

Todas essas experiências envolveram comparações com outras formas de comunicação. As modalidades escolhidas costumavam ser textos e apresentações orais, e o resultado geralmente era "a figura vence as duas". Isso ainda acontece. Esses métodos não são apenas menos eficientes para a retenção de certos tipos de informação - são *muito* menos eficientes. Quando os dados são apresentados oralmente, as pessoas se lembram de cerca de 10% deles quando testadas após a exposição. Esse número sobe 65% com a inclusão de uma figura.

Essa ineficiência do texto recebeu atenção especial. Um dos motivos que explicam sua menor capacidade de transmitir a informação é o fato de o cérebro ver as palavras como muitas figuras minúsculas. Dados revelam que uma palavra só é lida se o cérebro identificar separadamente todas as características simples das letras. Em vez de palavras, enxergamos pequenas obras-primas muito complexas, como as de um museu de arte, com centenas de peculiaridades em suas letras. Assim como aficionados da arte, observamos cada detalhe, verificando-o de maneira rigorosa antes de passarmos para o próximo. Essa descoberta tem amplas implicações na eficiência da leitura, uma atividade que cria um gargalo. Meu texto deixa você sufocado, mas não porque *não* se pareça com figuras, e sim por ter muitas semelhanças com elas. Por mais alarmante que isso seja, "palavra" é uma coisa que não existe para o córtex.

Isso não é algo necessariamente óbvio. Afinal de contas, o cérebro é tão adaptável quanto as massinhas de modelar. Depois de anos lendo livros, escrevendo e-mails e enviando mensagens de texto, poderíamos esperar que nosso sistema visual estivesse treinado para reconhecer palavras comuns sem se demorar nos tediosos passos extras envolvidos no reconhecimento das características das letras. Mas não é isso que acontece. Não importa quanta experiência tenhamos como leitores, esse sistema sempre avaliará as características textuais individuais enquanto percorre as páginas. E faremos isso até que não sejamos mais capazes de ler.

Talvez fosse possível prever essa ineficiência. Nosso histórico evolutivo nunca foi dominado por outdoors com textos nem pelo Microsoft Word. Os elementos que prevaleciam na savana eram tigres e árvores repletas de folhas. O que torna a visão tão significativa para nós pode ser o simples fato de que, graças a ela, conseguíamos identificar as principais ameaças à nossa vida naquele ambiente. E também a maior parte das fontes de alimento. E, ainda, as oportunidades de reprodução.

Essa tendência é tão preponderante que, até mesmo enquanto lemos, a maioria de nós tenta visualizar a mensagem do texto. "Palavras são apenas selos postais apresentando o objeto que você vai desembrulhar", disse George Bernard Shaw. Hoje em dia, a neurociência conta com muita tecnologia para embasar essa afirmação.

A visão, o olfato e a luta pelo controle evolutivo

Veja agora um truque que você pode usar para enganar um bebê. Isso pode evidenciar algo a respeito da sua própria personalidade. Certamente, também mostra algo sobre o processamento visual.

Amarre uma fita na perna no bebê. Prenda a outra ponta a um sino. No início, parece que a criança mexe as pernas de forma aleatória. Mas logo ela aprende que, se movimentar uma das pernas, o sino toca. E em pouco tempo já está toda feliz balançando aquela perna. Deixe-a badalar o sino várias vezes. Depois, corte a fita. O sino não vai mais produzir som. Será que agora o bebê para de agitar a perna? Não. Ele continua a movimentá-la. Percebendo que algo está errado, faz gestos mais bruscos. Nada. Dá uma série de chutes rápidos em sequência. Ainda assim, nada feito. Por fim, ergue os olhos para o sino e fica olhando fixamente para esse objeto. Esse comportamento visual nos diz que o bebê está prestando atenção no problema. Os pesquisadores são capazes de avaliar o estado de atenção do cérebro até em lactentes por causa dessa confiança no processamento visual.

Essa história ilustra algo fundamental em relação ao modo como o cérebro percebe o mundo. Quando os bebês começam a compreender as relações de causa e efeito, podemos determinar a maneira como eles prestam atenção nas coisas. Para isso, basta ver como eles olham para o ambiente ao seu redor. A importância desse comportamento de observação não pode ser subestimada. Os bebês usam indicações visuais para mostrar que estão atentos a algo – apesar de ninguém lhes ter ensinado a fazer isso. A conclusão é de que as crianças já nascem com diversos softwares pré-instalados dedicados ao processamento visual.

Isso é verdade. Os bebês demonstram predileção por padrões de alto contraste. Parecem entender o princípio do destino comum: elementos que se movimentam juntos são percebidos como partes do mesmo objeto, como as listras de uma zebra. Eles conseguem distinguir rostos humanos de semblantes não humanos e dão a impressão de preferir os primeiros. Possuem uma compreensão da relação entre tamanho e distância – sabem que um objeto que se aproxima (e, portanto, fica maior) continua sendo o mesmo objeto. São capazes até de classificar objetos visuais por características físicas comuns. O domínio comportamental da visão começa a se revelar já no pequenino mundo dos bebês.

E também aparece no mundo ainda menor do DNA. O sentido do olfato e o da visão em cores lutam violentamente pelo controle evolutivo, pelo direito de ser consultados primeiro sempre que um evento externo ocorre. E a visão está vencendo. Aliás, cerca de 60% dos nossos genes relacionados ao olfato ficaram com lesões permanentes por causa dessa disputa e estão marchando rumo à obsolescência em um ritmo quatro vezes mais acelerado do que em qualquer outra espécie analisada. O motivo disso é simples: o córtex visual e o córtex olfativo ocupam muito terreno neural. No mundo superpovoado que fica sob o crânio, uma parte tem que ceder para que outra ganhe espaço.

Independentemente de examinarmos comportamentos, células ou genes, podemos observar como a visão é importante para a experiência humana. Espalhando-se pelo cérebro como um superpoder fora de controle, esse sentido usa porções enormes de recursos biológicos. Em troca, cria filmes, gera alucinações e consulta informações antigas antes de permitir que enxerguemos o mundo externo. Alegremente, ele distorce dados de outros sentidos para fazer suas integrações e, pelo menos no caso do olfato, parece estar tomando conta do terreno.

Será que adianta alguma coisa tentar ignorar esse rolo compressor, principalmente quando se é pai, mãe, educador ou profissional? Basta pensarmos na experiência com os especialistas em vinho de Bordeaux para saber que não.

Ideias

Devo a escolha de minha carreira ao Pato Donald. Não estou brincando. Até me lembro do momento em que ele me convenceu. Eu tinha 8 anos na época, e a minha mãe levou a família para assistir a um desenho animado maravilhoso, de 27 minutos, chamado *Donald no país da matemática*. Usando um repertório de imagens visuais e muito senso de humor, o Pato Donald me apresentou à matemática, ao seu poder e à sua beleza. Fez com que eu me interessasse por ela. Gostei tanto que quis ver o filme de novo. Minha mãe permitiu, e o efeito foi tão memorável que acabou influenciando a escolha da minha carreira. Esse filme recebeu o Oscar de melhor curta-metragem de animação em 1959. Também devia ter ganhado o prêmio de "Professor do Ano". Essa produção ilustra, de forma concreta, o poder da imagem em movimento na comunicação de informações complexas aos alunos. E é uma das inspirações para as sugestões que exponho a seguir.

Os professores deveriam entender por que as figuras prendem a atenção

Os educadores deveriam conhecer a maneira como as figuras transferem informações. Há estudos muito sólidos que explicam como elas prendem a atenção. Somos muito atentos a cores, orientação espacial e tamanho. E prestamos especial atenção quando o objeto está em movimento. A maior parte das coisas que nos ameaçava no Serengeti *se movia*, e o cérebro desenvolveu armadilhas altamente sofisticadas para detectá-las. Temos até regiões especializadas para distinguir quando são os nossos olhos que estão se movendo e quando é o mundo que está fazendo isso. Com frequência, essas áreas desativam a percepção do movimento dos olhos em favor do movimento do ambiente.

Os professores deveriam usar animações de computador

A animação captura a importância não apenas da cor e da localização, mas também do movimento. Com a consagração dos gráficos computadorizados, provavelmente chegou ao fim o tempo em que esse conhecimento era opcional para os educadores. Por sorte, as diretrizes básicas não são difíceis de aprender. Com os softwares atuais, animações simples podem ser criadas por qualquer pessoa que saiba desenhar um quadrado e um círculo. Figuras bidimensionais básicas são perfeitas para isso. Estudos mostram que, se os desenhos forem complexos ou realistas demais, podem desviar a atenção da transferência de informação.

Que tal testar o poder das imagens?

Embora o efeito da superioridade da figura seja algo apropriado para determinadas matérias, ele não se aplica a todo tipo de conteúdo. Os dados nesse campo são insuficientes. Há meios de comunicação que são mais eficazes na transmissão de determinadas informações do que outros. Será que as figuras expressam ideias conceituais, como "liberdade" e "quantidade", melhor do que, digamos, uma narrativa? As artes da linguagem são mais bem representadas na forma de figuras ou há outros meios de comunicação mais apropriados para isso? Testar essas questões na sala de aula pode fornecer a resposta, e para isso é necessário que haja colaboração entre professores e pesquisadores.

Usando mais figuras do que palavras na comunicação

"Menos texto, mais imagens" eram praticamente palavras de guerra em 1982. Foram usadas como chacota para saudar a chegada do *USA Today*, um tipo novo de jornal com essa característica. Algumas pessoas disseram que o estilo nunca daria certo. Outras estimaram que, se essa fórmula emplacasse, ela marcaria o início do fim da civilização ocidental como o público leitor de jornais a conhece. Essa segunda previsão talvez ainda não esteja definida, mas a primeira já teve um veredicto categórico e vergonhoso. Depois de quatro anos do seu lançamento, o *USA Today* já era o segundo jornal mais lido nos Estados Unidos e, depois de 10 anos, passou a ser o primeiro. Até hoje se mantém nessa posição.

O que aconteceu? Em primeiro lugar, sabemos que as figuras são mecanismos de apresentação da informação mais eficientes do que o texto. Em segundo lugar, a força produtiva americana trabalha além de seus limites, e assim mais coisas são feitas por menos pessoas. Em terceiro lugar, muitos americanos ainda leem jornal. Portanto, no mundo maluco dessa gente que trabalha demais, a mídia preferida é a que realiza melhor a transferência da informação. Como o sucesso do *USA Today* sugere, a atração pode ser forte o bastante para persuadir os consumidores a colocar a mão no bolso. Ou seja, a princípio, a informação visual pode parecer a mais atraente para os consumidores, em parte porque exige menos esforço para ser compreendida. Além disso, como esse é o modo mais eficiente de colar informação em um neurônio, talvez existam fortes motivos para que o departamento de marketing das empresas pensem em como fazer com que as apresentações figurativas se tornem o meio principal de transmitir informações.

O efeito inicial das figuras sobre a atenção já foi testado. Com o uso da tecnologia do infravermelho para o acompanhamento do olhar, 3,6 mil consumidores foram testados em relação a 1.363 anúncios impressos. Qual foi o resultado? A comunicação por meio das figuras revelou-se mais eficiente na captura da atenção – independentemente do tamanho dessas imagens. Até mesmo quando a figura era pequena e estava rodeada de elementos não figurativos, o olhar ia para ela. Os pesquisadores do estudo, entretanto, não aferiram o grau de retenção.

Jogando fora as apresentações em PowerPoint

O software PowerPoint se tornou onipresente em todos os ambientes em que há apresentações, das salas de aulas aos auditórios de empresas e de instituições científicas. O que há de errado nisso? Esse tipo de exposição se baseia em palavras, com níveis hierárquicos de capítulos e subtítulos – apenas palavras. Profissionais de todas as áreas precisam saber que a informação estruturada em texto tem uma incrível ineficiência e que as figuras produzem resultados fantásticos. Eles deveriam tomar duas providências:

1. Descartar as atuais apresentações em PowerPoint.
2. Criar novas apresentações.

As antigas podem ser guardadas, pelo menos por um período, para serem usadas como comparação. Os profissionais em atividade deveriam testar o novo formato e verificar o que funciona melhor.

Resumo

Regra nº 10

A visão se sobrepõe aos outros sentidos

- A visão é o sentido dominante – ela usa quase metade dos recursos cerebrais.
- Aquilo que vemos é apenas o que o cérebro nos diz para ver, e não é 100% exato.
- A análise visual que fazemos ocorre em muitas etapas. A retina reúne fótons em fluxos de informação que são como pequenos filmes. O córtex visual processa esses fluxos – algumas de suas áreas registram movimento, outras captam cores, outras percebem os contornos, e assim por diante. Por fim, a informação é reintegrada para que possamos vê-la como um todo.
- O melhor modo de aprender e lembrar é por meio de figuras, e não de palavras escritas ou faladas.

Diferenças entre os sexos

Regra nº 11

O homem e a mulher têm cérebros diferentes

O homem era o rei da cocada preta. A mulher não estava com essa bola toda.

Os resultados da experiência poderiam ser resumidos nessas duas frases. Três pesquisadores criaram a figura fictícia de um vice-presidente de uma fábrica de aviões. Quatro grupos de pessoas - cada um deles com número igual de homens e mulheres - foram instruídos a dar uma nota para o desempenho profissional do suposto executivo. Todos os grupos receberam uma breve descrição de seu trabalho, mas aos integrantes do primeiro grupo também foi dito que se tratava de um homem. Orientados a fazer uma avaliação tanto da sua competência quanto da sua simpatia, eles o elogiaram como "muito competente" e "simpático". O segundo grupo recebeu a informação de que se tratava de uma mulher. Ela foi considerada "simpática", porém "não muito competente". Todos os outros aspectos eram iguais. A única diferença era o gênero.

Ao terceiro grupo disseram que o vice-presidente era um homem de grande destaque, que tinha um desempenho excelente e que estava em rápida ascensão na hierarquia da empresa. O quarto grupo foi informado de que se tratava de uma mulher de notável projeção e, igualmente, em franca ascensão na companhia. O terceiro grupo considerou o homem "muito competente" e "simpático". O quarto grupo avaliou a mulher como "muito competente", entretanto não a achou "simpática". Aliás, as descrições dos integrantes desse grupo incluíam palavras como "hostil". Como eu disse, o homem era o rei da cocada preta, mas a mulher não estava com essa bola toda.

Meu objetivo é mostrar como o preconceito relacionado ao gênero prejudica as pessoas em situações reais. Quando mergulhamos de cabeça no mundo controverso do cérebro e dos gêneros, ter esses efeitos sociais em mente é de fundamental importância. Existe muita confusão em torno da maneira como homens e mulheres interagem e, mais ainda, sobre por que esses relacionamentos se dão de determinado jeito. Os termos também se misturam, atrapalhando a distinção entre os conceitos de "sexo" e "gênero". No contexto deste capítulo, o sexo se refere, de forma geral, à biologia e à anatomia. O gênero está quase sempre associado a expectativas sociais. O sexo está fixado no concreto do DNA. O gênero, não. As diferenças entre o cérebro do homem e o da mulher começam, em primeiro lugar, pelo modo como eles se tornaram o que são.

O X da questão

Como nos tornamos homens ou mulheres? O processo de definição sexual começa com todo o entusiasmo que o sexo costuma despertar. Quatrocentos milhões de espermatozoides se atropelam na tentativa de encontrar o óvulo. A tarefa não é assim tão difícil. No mundo microscópico da fertilização humana, o óvulo tem quase o mesmo tamanho da Lua, e os espermatozoides, o de naves espaciais com asas em formato de X. Essa é uma boa letra para esse exemplo – é o nome daquele cromossomo tão importante que metade dos espermatozoides e todos os óvulos contêm. Você deve se lembrar dos cromossomos - provavelmente os estudou nas aulas de biologia. São aquelas tirinhas retorcidas de DNA que ficam dentro do núcleo e que contêm a informação necessária para produzir cada um de nós. Esse trabalho demanda 46 cromossomos, e podemos pensar neles como volumes de uma enciclopédia. A metade, 23, é transmitida pela mãe, enquanto a outra metade é fornecida pelo pai. Dois deles são os cromossomos sexuais. Pelo menos um desses dois tem que ser X, do contrário não haverá vida.

Quem recebe dois cromossomos X se torna mulher. Os que ganham um X e um Y viram homens. As esposas de Henrique VIII gostariam que ele soubesse disso. Ele mandou executar uma delas por não ser capaz de lhe dar um varão, que seria o herdeiro do trono. Mas o rei deveria ter mandado decapitar a si mesmo. O Y só pode ser transmitido pelo esperma (o óvulo nunca tem esse cromossomo), de modo que é o homem que determina o sexo.

As diferenças de gênero podem ser classificadas em três áreas: genéticas, neuroanatômicas e comportamentais. Os pesquisadores, em geral, estudam apenas uma delas em toda a sua carreira. Cada uma dessas regiões é como uma ilha no oceano da pesquisa global. Nós vamos passear pelas três, começando com a explicação molecular de por que Henrique VIII deve a Ana Bolena um enorme pedido de desculpas.

Um dos fatos mais interessantes a respeito do cromossomo Y é que a maior parte dele não é necessária para se criar uma pessoa do sexo masculino. Para colocar esse programa em marcha, basta um pequeno fragmento que se localiza próximo à parte central do cromossomo - ali há um gene chamado SRY. No nosso passeio, percebemos que a primeira área, a ilha dos genes, é dominada por um único cientista, David C. Page. Foi ele quem isolou o SRY. Embora já esteja na casa dos 50 anos, Page parece ter uns 28. Diretor do Instituto Whitehead e professor do Instituto de Tecnologia de Massachusetts (MIT), ele é um homem de intelecto notável e tem ótimo senso de humor. Page foi o primeiro terapeuta sexual molecular do mundo. Ele descobriu que é possível destruir o gene SRY contido em um embrião masculino e torná-lo feminino, assim como é possível inserir o SRY em um embrião feminino e transformá-lo em masculino (SR significa *sex reversal*, ou "reversão do sexo"). Mas como? Quem acredita que os homens possuem todos os atributos biológicos para dominar o planeta vai considerar esta explicação um pouco problemática: segundo os pesquisadores, a programação básica do embrião dos mamíferos é para se tornar mulher.

Existe uma disparidade considerável entre os dois cromossomos. O cromossomo X faz a maior parte do trabalho pesado do desenvolvimento, enquanto o pequeno Y vem perdendo os genes associados a ele - quase cinco a cada 1 milhão de anos - em uma espécie de suicídio em câmera lenta. Hoje, tem menos de 100 genes. Em comparação, o cromossomo X apresenta cerca de 1,5 mil genes, todos participantes dos projetos de construção embrionários. E eles não exibem nenhum sinal de decadência.

Como possuem apenas um cromossomo X, os homens precisam de todos os genes X que forem capazes de conseguir. As mulheres, por sua vez, têm o dobro da quantidade necessária. Pense nessa situação como uma receita que só requer uma xícara de farinha. Se colocarmos as duas, as coisas vão mudar de maneira bastante desagradável. Então, para resolver o problema dos dois Xs, o embrião feminino apenas ignora um deles. Esse "tratamento" silencioso é conhecido como inativação do X. Um dos cromossomos é marcado com o equivalente molecular do aviso "Não perturbe". Como há dois Xs para escolher, o da mãe ou o do pai, os pesquisadores quiseram saber qual dos dois costuma receber essa sinalização.

A resposta foi surpreendente. *Não há preferência*. Algumas células do pequeno embrião feminino colocam o aviso no cromossomo X da mãe. Células vizinhas o prendem no X herdado do pai. Não parece haver explicação lógica para isso, e o evento é considerado aleatório. Isso significa que as células do embrião feminino são um mosaico complexo de genes X da mãe e do pai, tanto ativos quanto inativos. Como o embrião masculino precisa de todos os 1,5 mil genes X para sobreviver e como só possui um cromossomo X, seria uma burrice se ele colocasse o aviso "Não perturbe". Portanto, nunca faz isso. A inativação do X não ocorre nos homens. E, como eles sempre recebem o X materno, são todos, literalmente, "filhinhos da mamãe" no que diz respeito a esse cromossomo. É uma diferença muito grande em comparação com suas irmãs, que são mais complexas do ponto de vista genético. Esses fatos surpreendentes descrevem nossas primeiras descobertas com base genética em relação às diferenças potenciais entre os gêneros.

Hoje conhecemos a função de muitos dos 1,5 mil genes presentes no cromossomo X. Pode engolir em seco agora. Uma grande parte deles está envolvida com funções cerebrais. Muitos governam a maneira como *pensamos*. Em 2005, o genoma humano foi sequenciado, e se descobriu que uma porcentagem significativa de genes do cromossomo X criava proteínas relacionadas à construção do cérebro. É possível que alguns desses genes atuem no estabelecimento de funções cognitivas mais elevadas, englobando desde habilidades verbais e comportamentos sociais até determinados tipos de inteligência. Os pesquisadores chamam esse cromossomo de "local de badalação" cognitiva.

Essas descobertas revelam um dos principais pontos da ilha dos genes. Mas eles não são nem de longe os únicos locais relevantes – nem mesmo essa ilha é a mais importante.

Será que maior é melhor?

A razão da existência dos genes é criar moléculas que façam a intermediação das funções das células em que se localizam. Conjuntos dessas células formam a neuroanatomia do cérebro (que, por sua vez, cria o nosso comportamento). Saindo da ilha dos genes, nossa próxima parada é a ilha das células, uma região em que os pesquisadores investigam grandes estruturas no cérebro. Nesse contexto, o mais difícil é encontrar estruturas que *não* sejam afetadas pela dosagem de cromossomos sexuais.

Análises em laboratórios – lideradas por pesquisadores de ambos os sexos, vale dizer – mostraram diferenças no córtex frontal e pré-frontal, áreas do cérebro que controlam boa parte da nossa capacidade de tomar decisões. Alguns locais desse córtex são mais volumosos no cérebro feminino do que no masculino. Desigualdades baseadas no sexo também existem no sistema límbico, que guia a nossa vida emocional e interfere em alguns tipos de aprendizado. Outras distinções proeminentes foram observadas na amígdala cerebelar, que administra não apenas a produção de emoções como também a capacidade de nos lembrarmos delas. Na contramão do preconceito social, essa região é muito maior nos homens do que nas mulheres. Em repouso, as amígdalas femininas tendem a falar mais com o hemisfério esquerdo, enquanto as masculinas conversam mais com o hemisfério direito. As células do cérebro se comunicam por meio de substâncias bioquímicas, que também apresentam disparidades determinadas pelo sexo. O controle da serotonina se destaca. Essa substância é fundamental para regular as emoções e o humor (o Prozac age por meio da alteração do ajuste desse neurotransmissor). Os homens conseguem sintetizar a serotonina cerca de 52% mais rápido do que as mulheres. Será que essas diferenças físicas significam algo? No caso dos animais, acredita-se que o tamanho de uma estrutura corresponde à sua importância relativa para a sobrevivência. Os exemplos envolvendo seres humanos parecem, à primeira vista, seguir um padrão semelhante. Já sabemos que no cérebro dos violinistas a área destinada a controlar a mão esquerda é maior do que a que comanda a direita. Mas os neurocientistas quase saem no tapa quando a discussão é sobre como a estrutura se relaciona com a função. Ainda ignoramos se as diferenças na distribuição de neurotransmissores e no tamanho de uma região cerebral têm importância expressiva.

A cautela em relação a essas questões não fez com que os neurocientistas desistissem de investigar as diferenças de comportamento e também não vai nos impedir de ir em frente. Aperte os cintos, porque estamos prestes a pousar na área mais barulhenta e mais violenta do ponto de vista intelectual do nosso itinerário imaginário: a ilha do comportamento.

Guerra dos sexos

Eu não queria escrever sobre isso. A caracterização dos comportamentos específicos de cada gênero tem uma história longa e bastante conturbada. Até mesmo as instituições que abrigam as melhores mentes não estão imunes a isso. Larry Summers era reitor de Harvard quando atribuiu as notas mais baixas das garotas em matemática e ciências à genética comportamental, comentário que lhe custou o emprego. E ele não é a única pessoa de grande capacidade intelectual que pensa assim. Considere as três seguintes citações:

> "A fêmea é um macho impotente, incapaz de produzir sêmen porque tem uma natureza fria. Portanto, deveríamos considerar a condição feminina uma deformidade, embora ela ocorra no curso normal da natureza."
>
> – ARISTÓTELES (384-332 A.C.)

> "As meninas começam a falar e ficam em pé antes dos meninos porque as ervas daninhas sempre crescem mais rápido do que as plantas boas."
>
> – MARTINHO LUTERO (1483-1546)

> "Se conseguiram mandar um homem para a Lua... por que não enviam todos para lá?"
>
> –JILL (1985, ESCRITO EM UMA PAREDE DE BANHEIRO EM RESPOSTA À CITAÇÃO DE LUTERO)

E, assim, a cansativa guerra dos sexos prossegue. Quase 2,4 mil anos de história separam Aristóteles de Jill e, apesar disso, parece que mal nos movemos. Recorrendo a metáforas planetárias, como a de Vênus e Marte, algumas pessoas tentam ampliar as diferenças perceptíveis e criar receitas para relacionamentos. E esta é a era de maior progresso científico na história da humanidade.

Em grande parte, acredito que tudo se resume a estatísticas.

Pode haver diferenças na maneira como os homens e as mulheres pensam a respeito de determinadas questões. Mas, quando as pessoas ouvem falar de distinções que podem ser aferidas, elas costumam achar que os cientistas estão se referindo a indivíduos – como elas mesmas. Isso é um *grande* erro. Ao buscarem tendências comportamentais, os pesquisadores não examinam indivíduos, e sim populações (ou grupos em que os elementos apresentam características em comum). As estatísticas nesses estudos nunca podem ser aplicadas a indivíduos. Embora as tendências se evidenciem, há variações no âmbito de um grupo, em geral com significativas áreas de sobreposição entre os gêneros. É verdade que toda vez que a neurocientista Flo Haseltine faz um exame de ressonância magnética funcional, ela vê partes diferentes do cérebro se acenderem quando se trata de um homem e quando se trata de uma mulher. O modo como isso se relaciona ao nosso comportamento é uma questão completamente isolada.

Primeiros indícios

O que sabemos sobre as raízes das diferenças comportamentais começou com as patologias do cérebro. O retardo mental é mais comum em homens do que em mulheres na população em geral. Muitos desses distúrbios são causados por mutações em um dos 24 genes do cromossomo X. Como você já sabe, os homens não têm cromossomo X de reserva. Se o deles sofrer danos, terão que viver com as consequências. Caso o cromossomo X de uma mulher apresente problema, ela, quase sempre, pode ignorar os efeitos. Essa continua a ser uma das evidências mais fortes do envolvimento do cromossomo X na função cerebral e, portanto, no comportamento cerebral.

Profissionais da saúde mental conhecem há anos as diferenças no tipo e na gravidade de distúrbios psiquiátricos que são baseadas no sexo. Os homens são afetados pela esquizofrenia de maneira mais severa do que as mulheres, por exemplo. Elas têm mais propensão a ficar deprimidas do que os homens em uma proporção superior a dois para um - taxa que se estabelece logo depois da puberdade e que se mantém estável ao longo dos 50 *anos* seguintes. Os homens exibem um comportamento mais antissocial. Elas têm mais ansiedade. A maior parte dos alcoólatras e dos viciados em drogas é composta de homens. A maioria das pessoas que sofrem de anorexia é mulher. Segundo Thomas Insel, do Instituto Nacional de Saúde Mental, "é difícil encontrar um fator que seja um indicativo maior de alguns desses distúrbios do que o gênero sexual".

Mas o que dizer do comportamento normal? Há pouquíssimas pontes entre as três ilhas de pesquisa. Mas existem projetos para instalá-las. Vou falar de dois dos melhores.

Situações traumáticas

Imagine uma horrível apresentação de slides em que um garotinho é atropelado por um carro enquanto passeia com os pais. Quem vê essa cena nunca mais a esquece. Mas e se *conseguisse* esquecê-la? A amígdala cerebelar ajuda na criação de emoções e na capacidade de nos lembrarmos delas.

Suponha que houvesse um elixir mágico que pudesse neutralizá-la temporariamente. Esse elixir existe e foi usado para mostrar que homens e mulheres processam as emoções de maneira diferente.

Você provavelmente já ouviu falar que há uma oposição entre o hemisfério cerebral esquerdo e o hemisfério cerebral direito. Devem ter dito que esse fator distingue as pessoas criativas das analíticas. Isso é uma lenda. É o mesmo que afirmar que o lado esquerdo de um navio é responsável por fazer a embarcação flutuar e que o lado direito é encarregado de fazê-la se deslocar pela água. Ambos os lados estão envolvidos nos dois processos. Mas isso não significa que os hemisférios cerebrais são iguais. O direito tende mais a se lembrar dos pontos principais de uma experiência, e o lado esquerdo, dos detalhes.

O pesquisador Larry Cahill examinou o cérebro de homens e mulheres submetidos a estresse agudo (eles assistiram a filmes de mutilações) e constatou o seguinte: os homens lidavam com essa experiência ativando a amígdala cerebelar do hemisfério direito, enquanto a amígdala do hemisfério esquerdo permanecia comparativamente quieta. As mulheres usavam o hemisfério oposto. No caso delas, era a amígdala cerebelar esquerda que entrava em ação, enquanto a do lado direito ficava quase silenciosa. Se os homens acionam o hemisfério direito (o mais ligado ao ponto principal da questão), será que eles têm uma lembrança mais geral do que detalhada de determinada situação relacionada ao estresse? E será que as mulheres se recordam mais dos pormenores do que do aspecto essencial de uma experiência dessa natureza? Cahill resolveu descobrir.

O elixir mágico do esquecimento, um remédio chamado propranolol, costuma ser usado para regular a pressão sanguínea. Como betabloqueador, ele também inibe os elementos bioquímicos que em geral ativam a amígdala cerebelar durante experiências emocionais. Esse medicamento está sendo estudado para ser empregado em eventuais tratamentos de distúrbios relacionados a guerras.

Mas Cahill fez com que os participantes de sua pesquisa ingerissem o remédio antes de assistirem a um filme traumático. Uma semana depois, testou a memória deles em relação ao que tinham visto. Os homens perderam a capacidade de se lembrar das informações principais da história em comparação com os indivíduos do sexo masculino que não haviam tomado o medicamento. As mulheres não conseguiram se recordar dos detalhes. Precisamos ter cuidado para não fazermos uma interpretação muito abrangente desses dados. Os resultados definem apenas reações emocionais a situações estressantes, e não a pormenores e a resumos objetivos.

Os resultados de Cahill foram obtidos logo após descobertas semelhantes feitas em todo o mundo. Outros pesquisadores ampliaram o trabalho dele e verificaram que as mulheres se lembram mais de eventos emocionais de sua vida pessoal, e com mais rapidez e intensidade, do que os homens. Elas costumam relatar memórias mais vívidas de acontecimentos de importância emocional, como brigas recentes, um primeiro encontro e férias. Outros estudos mostram que, sob estresse, as mulheres tendem a cuidar dos filhos, enquanto a tendência dos homens é se retrair. Essa característica feminina é chamada algumas vezes de inclinação para "cuidar e ser amigável". Suas origens são desconhecidas. Segundo Stephen Jay Gould isso envolve a discussão ancestral que opõe a natureza à criação: "Em termos lógicos, matemáticos e científicos é impossível separar uma coisa da outra."

Comunicação verbal

A behaviorista Deborah Tannen realizou alguns trabalhos fascinantes nessa área por meio do estudo da relação entre diferenças de gênero e capacidade verbal. A versão resumida de suas descobertas e de outros especialistas ao longo dos últimos 30 anos é a seguinte: "As mulheres são melhores nisso." Embora as especificidades costumem ser controversas, grande parte do embasamento empírico tem origens pouco comuns, incluindo as patologias cerebrais. Sabemos há anos que distúrbios de linguagem e de leitura ocorrem cerca de duas vezes mais em meninos do que em meninas. As mulheres também se recuperam melhor do que os homens de deficiências verbais causadas por AVCs. Muitos pesquisadores desconfiam de que disparidades de risco como essas são indícios de diferenças ocultas na cognição normal. Em geral, eles recorrem a dados neuroanatômicos para explicar as distinções: as mulheres costumam usar os dois hemisférios cerebrais enquanto falam e processam informação verbal. Os homens utilizam principalmente um. No caso do sexo feminino, a ligação entre os dois hemisférios costuma ser feita por estruturas grossas. No cérebro masculino, esses conectores são mais finos. É como se as mulheres tivessem um sistema de backup que está ausente nos homens.

Esses dados clínicos vêm sendo empregados para embasar descobertas percebidas primeiramente por educadores. As meninas parecem mostrar mais sofisticação verbal do que os garotos durante os anos que permanecem no sistema escolar. Elas são melhores em tarefas que envolvem memória verbal, fluência verbal e velocidade de articulação. Quando crescem, continuam sendo campeãs no processamento desse tipo de informação. No entanto, por mais verdadeiros que esses dados pareçam, quase nenhum deles pode ser dissociado do contexto social. É por isso que o comentário de Gould é tão útil.

Durante muito tempo, Tannen observou e gravou em vídeo a interação entre meninas e meninos. Seu objetivo original era descobrir como crianças de ambos os sexos e de idades variadas falavam com o/a melhor amigo/a e se era possível detectar padrões nessa relação. Caso encontrasse alguns, verificaria quanto eles eram estáveis ou não. Será que os padrões percebidos em crianças também se manifestam em jovens universitários? Os que ela identificou eram previsíveis, estáveis e não dependiam da idade nem da geografia. Os estilos de conversa que desenvolvemos quando adultos se originam diretamente das interações que solidificamos na infância com pessoas do mesmo sexo. As constatações de Tannen se concentram em três áreas.

Consolidação de relacionamentos

Quando meninas conversam na condição de melhores amigas, elas se aproximam, mantêm contato visual e falam muito. Usam seus talentos verbais sofisticados para consolidar os relacionamentos. Os meninos nunca fazem isso. Eles raramente se olham de frente de modo direto, preferindo ângulos oblíquos ou posições paralelas. Estabelecem pouco contato visual, seu olhar sempre passeia pelo ambiente. Não usam informação verbal para fortalecer as relações. Em vez disso, a agitação parece ser a principal moeda da sua economia social. Realizar ações físicas juntos é a cola que preserva seus relacionamentos.

Desde que eram bem pequenos, meus filhos, Josh e Noah, fazem uma brincadeira para demonstrar a superioridade de um sobre o outro. Às vezes, isso inclui uma bola. Por exemplo, Josh diz: "Consigo jogar esta bola no teto." E logo faz isso. Em seguida, os dois riem. Noah responde pegando a bola e dizendo: "Ah, é? Eu consigo jogar a bola no céu." E lança a bola ainda mais alto. Esses desafios, acompanhados de muitas risadas, continuam até que alcancem a "galáxia" ou o maior prêmio de todos, "Deus".

Tannen identificou esse estilo em todas as situações que observou – menos as que envolviam meninas. A versão feminina é mais ou menos assim: uma garotinha diz que é capaz de jogar a bola no teto e faz isso. Ela e a irmã riem. A outra irmã pega a bola, joga no teto e diz: "Eu também consigo!" Em seguida, elas conversam sobre como é bacana as duas serem capazes de lançar a bola na mesma altura. Esses estilos persistem na vida adulta para ambos os sexos.

Os dados de Tannen, infelizmente, foram mal interpretados como "Os meninos sempre competem, enquanto as meninas sempre cooperam". Como esse exemplo mostra, porém, os garotos agem de maneira muito cooperativa. Mas eles fazem isso por meio da disputa com o uso de sua estratégia preferida, que é a atividade física.

Negociação de status dentro do grupo

Quando chegam ao ensino fundamental, os meninos, por fim, começam a usar as habilidades verbais em alguma coisa: negociar o seu status em um grupo maior. Tannen descobriu que garotos de alta posição mandam no restante do grupo, pressionando, verbal ou fisicamente, os colegas de status inferior. Os "líderes" mantêm seus feudos não apenas dando ordens como se assegurando de que elas serão cumpridas. Outros membros igualmente fortes tentam desafiá-los, por isso aqueles que estão no comando aprendem rápido a rebater os desafios. Isso também costuma ser feito com palavras. O resultado final é que a hierarquia fica muito evidente entre os meninos. E é dura. Em geral, a vida de um garoto de status inferior é triste. O comportamento independente, característico de quem está no topo e exerce o controle, é muito cobiçado.

Tannen identificou comportamentos muito diferentes ao observar menininhas. Havia tanto garotas de status superior quanto de status inferior, como acontecia com os meninos. Mas elas usavam estratégias de outra natureza para criar e manter a hierarquia. As meninas ficam muito tempo conversando. Essa comunicação é tão importante que o tipo de papo determina a qualidade do relacionamento. O status de "melhor amiga" é dado àquela que é escolhida como confidente. Quanto mais segredos revelados, maior a probabilidade de que as garotas se considerem próximas. Elas tendem a reduzir a ênfase do seu status nessas situações. Com o uso da habilidade verbal sofisticada, não se inclinam a dar ordens imperiais. Se uma delas tenta se impor às demais, essa atitude costuma ser rejeitada – a menina é rotulada de "mandona" e é isolada socialmente. Não que elas não tomem decisões. Diversas integrantes do grupo apresentam sugestões e depois discutem alternativas. No fim, surge o consenso.

A diferença entre os gêneros pode ser exemplificada por um detalhe marcante. Os meninos dizem: "Faça isto." As meninas, por sua vez, propõem: "*Vamos* fazer isto."

Uso da linguagem na vida adulta

Tannen descobriu que, com o tempo, essas maneiras de empregar a linguagem vão se reforçando cada vez mais, o que estimula sensibilidades sociais diferentes em cada um dos grupos. Qualquer menino que dê ordens é um líder. Toda menina que dá ordens é mandona. Quando eles se tornam jovens universitários, a maior parte desses comportamentos já está profundamente enraizada. É nesse momento que os problemas ficam mais aparentes, evidenciando-se depois no trabalho e no casamento.

Uma recém-casada de 20 e poucos anos estava dando um passeio de carro com uma amiga chamada Emily. Ela sentiu sede.

- Emily, você está com sede? - a moça perguntou.

Com a experiência de toda uma vida em negociação verbal, Emily sabia o que a amiga desejava.

- Não sei. *Você* está com sede? - ela perguntou de volta.

A partir daí, seguiu-se uma pequena conversa para decidir se as duas estavam com sede suficiente para parar o carro e tomar água.

Alguns dias depois, a moça estava no carro com o marido.

- Você está com sede? - ela perguntou.

- Não, não estou - ele respondeu.

Naquele dia, os dois tiveram uma baita briga. Ela se zangou porque queria parar, enquanto ele ficou aborrecido porque ela não foi direta. Conflitos como esse se tornaram cada vez mais comuns à medida que os anos de casamento foram se passando.

Esse tipo de roteiro pode se reproduzir facilmente no local de trabalho. As mulheres que exercem estilos de liderança "masculinos" correm o risco de ser consideradas mandonas. Os homens que agem assim são, com frequência, elogiados como pessoas que sabem tomar decisões. A grande contribuição de Tannen foi mostrar que esses estereótipos se formam ainda na infância - enquanto adquirimos as habilidades de relacionamento social - talvez auxiliados pela desigualdade no desenvolvimento verbal. Eles transcendem a geografia, a idade e até o tempo. A pesquisadora, que estudou literatura inglesa na faculdade, identificou essas tendências em manuscritos que têm séculos de existência.

Natureza ou criação?

As descobertas de Tannen são padrões estatísticos, e não um fenômeno que ou se aplica a todos ou a ninguém. Ela constatou que vários fatores afetam nossos padrões de linguagem. Características regionais, personalidade, profissão, classe social, idade, etnia e ordem de nascimento estão entre os aspectos que influenciam o modo como usamos a linguagem para negociar em nossas interações sociais. Meninos e meninas são tratados de forma diferente na sociedade desde o momento em que nascem e, geralmente, são criados em comunidades impregnadas de preconceitos que remontam a séculos. Seria um milagre se nós transcendêssemos nossa experiência e agíssemos de maneira igualitária.

Considerando o poder que a cultura tem de afetar o comportamento, seria simplista demais procurarmos uma explicação apenas biológica para as observações de Tannen. E, levando em conta a grande influência que a biologia do cérebro exerce sobre o comportamento, também seria simplista buscarmos uma explicação unicamente social. A verdadeira resposta para a questão das diferenças entre a natureza e a criação é: "Não sabemos." Isso pode ser decepcionante. Todos nós queremos construir pontes entre essas ilhas. Cahill, Tannen e muitos outros pesquisadores estão fazendo o melhor que podem para nos fornecer as tábuas e os pregos. Contudo, isso não é o mesmo que dizer que as conexões existem. Acreditar que há fortes associações entre genes, células e comportamentos, quando não há nenhuma, não é apenas errado - é também perigoso. Pergunte a Larry Summers o que ele acha disso.

Ideias

Como podemos usar esses dados na vida real?

Associe os fatos diretamente às emoções

Lidar com a vida emocional de homens e mulheres corresponde a uma grande parte do trabalho de professores e de profissionais do mundo empresarial. Eles precisam saber que:

1. As emoções são úteis. Elas fazem com que o cérebro preste atenção.

2. Homens e mulheres processam determinadas emoções de maneira distinta.

3. As diferenças são produto de interações complexas entre a natureza e a criação.

Tente organizar a turma de modo diferente

A professora da terceira série de um dos meus filhos começou a perceber um estereótipo que piorava com o passar do ano letivo. As meninas estavam se destacando em linguagem, enquanto os meninos se saíam melhor em matemática e ciências. As diferenças relativas à linguagem até faziam sentido para ela. Mas não havia dados estatísticos para embasar o fato de que os homens têm mais aptidão para matemática e ciências do que as mulheres. Por que, então, ela estava diante daquele estereótipo?

Para a professora, talvez parte da explicação estivesse na participação social dos alunos durante a aula. Quando ela fazia uma pergunta, a criança que respondia primeiro acabava assumindo uma posição de incrível importância. Em linguagem, as meninas eram sempre as primeiras a se manifestar. Outras garotas seguiam o instinto participativo do "Eu também". A reação por parte dos meninos era hierarquizada. Em geral, as garotas sabiam as respostas, enquanto os meninos normalmente as ignoravam. Assim, eles apresentavam o comportamento típico dos homens de status inferior: se retraíam. Uma diferença de desempenho logo se implantou. Em matemática e ciências, a probabilidade de que meninos e meninas respondessem primeiro a uma pergunta era igual. Os garotos, porém, usavam o seu habitual estilo verbal competitivo para demonstrar superioridade, tentando estabelecer a hierarquia por meio da capacidade de conhecimento. Isso incluía atacar qualquer pessoa que não tivesse status elevado, até mesmo as meninas. Assustadas, elas começaram a parar de participar nessas aulas. Mais uma vez, instalou-se uma discrepância de desempenho.

A professora marcou uma reunião com as garotas e confirmou suas observações. Depois lhes pediu que chegassem a um consenso em relação ao que fazer. Elas decidiram que queriam aprender matemática e ciências em aulas separadas dos meninos. A professora, que antes era defensora ferrenha das classes mistas, começou a avaliar se aquela proposta era adequada. No entanto, se as alunas começassem a perder a batalha da matemática e das ciências na terceira série, provavelmente não se sairiam bem nos anos seguintes. Então resolveu aceitar a sugestão. Em apenas duas semanas, a diferença de desempenho foi corrigida.

Será que a resolução dessa professora pode ser aplicada a turmas de todo o mundo? Na verdade, essa experiência não é, de maneira nenhuma, uma conclusão. É um comentário. Essa não é uma guerra que pode ser vencida por meio do teste de uma turma em um único ano letivo. Nesse caso, seria adequado testar centenas de classes e milhares de alunos de características muito variadas ao longo de anos.

No local de trabalho, crie equipes masculinas e femininas

Um dia, falei sobre gênero para um grupo de executivos em treinamento no Centro de Liderança da Boeing em St. Louis. Depois de apresentar alguns dados levantados por Larry Cahill a respeito da parte principal e dos detalhes de uma experiência, eu disse: "Às vezes, as mulheres são acusadas de serem mais emotivas do que os homens, tanto em casa quanto no trabalho. Talvez elas não sejam mais emotivas do que ninguém." Fiz essa afirmação baseado na seguinte ideia: como as mulheres captam a situação emocional com mais detalhes e a veem em melhor resolução, pode ser que elas obtenham mais informações às quais são capazes de reagir. Se os homens apreendessem a mesma quantidade de pormenores, talvez tivessem o mesmo número de reações.

E isso me fez pensar. No nosso histórico evolutivo, contar com uma equipe que era capaz de entender ao mesmo tempo a parte principal e os detalhes de determinada situação estressante nos ajudou a conquistar o planeta. Por que o mundo dos negócios deveria dispensar essa vantagem? Ter um grupo de trabalho que consegue entender tanto o aspecto essencial quanto as especificidades de um projeto estressante – como uma fusão, por exemplo – talvez seja um casamento realizado no paraíso dos negócios. Poderia afetar até os resultados financeiros do empreendimento.

As empresas costumam realizar o treinamento administrativo com simulações de situações. Elas poderiam fazer com que uma equipe mista e outra composta de pessoas do mesmo sexo trabalhassem juntas em um projeto. Além disso, formariam outro conjunto de duas equipes, mas, antes de destacá-las para atuar no projeto, as instruiriam sobre as diferenças entre os gêneros. Assim, teríamos quatro resultados em potencial. Será que o desempenho das equipes mistas seria melhor do que o dos grupos com integrantes do mesmo sexo? Será que o pessoal treinado se sairia melhor do que quem não recebeu orientações? Será que esses resultados permaneceriam estáveis em, digamos, seis meses? Talvez se descubra que as equipes administrativas que apresentam equilíbrio na apreensão dos aspectos principais e dos detalhes de uma situação são as que têm mais chance de ser produtivas. No mínimo, isso significa que tanto homens quanto mulheres possuem direitos iguais de ocupar posições em que podem tomar decisões.

Poderíamos criar ambientes em que as diferenças de gênero fossem observadas e aproveitadas, e não ignoradas e marginalizadas. Se isso tivesse ocorrido antes, é provável que hoje houvesse mais mulheres atuando nas áreas da ciência e da engenharia. Talvez tivéssemos despedaçado o teto de vidro arquetípico e economizado muito dinheiro para as empresas. E quem sabe o reitor de Harvard nem tivesse perdido o emprego.

Resumo

Regra nº 11

O homem e a mulher têm cérebros diferentes

- Enquanto os homens possuem apenas um cromossomo X, as mulheres têm dois (mas um deles fica na reserva). Esse cromossomo é chamado de "local de badalação" cognitiva por conter uma porcentagem extraordinária de genes envolvidos na construção do cérebro.
- As mulheres são mais complexas do ponto de vista genético porque o cromossomo X ativo em suas células é uma mistura do material genético da mãe com o do pai. O cromossomo X dos homens é sempre herdado da mãe, e seu cromossomo Y contém menos de 100 genes (enquanto o X abriga cerca de 1,5 mil).
- O cérebro dos homens e o das mulheres se distinguem em termos estruturais e bioquímicos – os homens têm amígdala cerebelar maior e produzem serotonina mais rápido, por exemplo. Mas não se sabe se essas diferenças são importantes.
- Homens e mulheres reagem de maneira diferente ao estresse agudo. Enquanto elas ativam a amígdala do hemisfério cerebral esquerdo e se lembram dos detalhes emocionais, eles utilizam a amígdala do hemisfério cerebral direito e apreendem o aspecto principal da experiência.

Exploração

Regra nº 12

Somos grandes exploradores naturais

Aos 2 anos, meu querido filho Josh levou uma dolorosa picada de abelha, e ele quase a mereceu.

Era uma tarde quente e ensolarada. Estávamos fazendo a "brincadeira de apontar", um exercício simples em que ele indicava alguma coisa com o dedo e eu olhava. Depois nós ríamos. Tínhamos dito a Josh que não tocasse em abelhas porque elas podiam picar. Usávamos a palavra "perigo" sempre que ele se aproximava de uma delas. Em um canteiro de trevos, ele avistou uma tentação gorduchinha e listrada que zunia sem parar. Quando esticou a mão em sua direção, eu disse com a maior calma: "Perigo." Obediente, ele recolheu a mão. Apontou então para um arbusto distante, dando prosseguimento à nossa brincadeira.

Ao voltar o meu olhar na direção do arbusto ouvi um berro de 110 decibéis. Enquanto eu me virava para o outro lado, Josh tentou tocar a abelha, que o picou na hora. Ele usou a brincadeira de apontar para me distrair, e eu fui enganado por um menininho de 2 anos.

"*Perigo!*", ele sussurrou quando o peguei no colo.

"Perigo", repeti com tristeza e abracei-o enquanto pegava um pouco de gelo. Então fiquei imaginando como seria a puberdade de Josh dali a cerca de 10 anos.

Esse incidente foi a minha estreia em uma sequência comportamental que é chamada de a terrível idade dos 2 anos. Foi um batismo barra-pesada para mim e para Josh. No entanto, também me fez sorrir. As faculdades mentais que as crianças usam para distrair os pais são as mesmas que empregarão quando crescerem, para descobrir a composição de sóis distantes ou a próxima fonte de energia alternativa. Somos exploradores naturais, ainda que esse hábito às vezes nos cause dor. A tendência é tão forte que é capaz de nos transformar em aprendizes por toda a vida. Mas isso pode ser observado melhor nos bebês (geralmente quando parecem estar se comportando da pior forma possível).

Quebrando as coisas

Os bebês proporcionam aos pesquisadores uma visão clara - livre da contaminação de anos de experiências - de como os seres humanos adquirem informação de modo natural. Pré-programados com diversos softwares de processamento de dados, eles absorvem informações usando estratégias surpreendentemente específicas, muitas das quais se mantêm na vida adulta. Em parte, compreender como os seres humanos aprendem nessa fase da vida significa entender como aprendemos em qualquer idade.

Mas nem sempre pensamos assim. Se você falasse algo a respeito de conexões pré-programadas no cérebro com pesquisadores de 40 anos atrás, a resposta seria em tom de indignação: "O que você andou fumando?" Ou até mais grosseira: "Saia já do meu laboratório." Isso aconteceria porque, durante décadas, os cientistas acreditaram que os bebês fossem uma folha em branco – uma tábula rasa. Na visão deles, tudo o que uma criancinha sabia era aprendido por meio de interações com o ambiente, em especial com os adultos. Sem dúvida, esse conceito foi formulado por pesquisadores que trabalhavam demais e que não tinham filhos. Hoje sabemos que não é assim. Passos significativos foram dados no sentido de entender o mundo cognitivo dos bebês. Agora as pesquisas recorrem a eles para mostrar como os seres humanos, inclusive os adultos, pensam a respeito de praticamente tudo.

Vamos espiar dentro da mente de uma criancinha e examinar o motor que conduz os processos de pensamento e o combustível motivador que mantém o seu intelecto em funcionamento.

O combustível é uma necessidade de saber insaciável, límpida e de alta octanagem. Os bebês nascem com o desejo profundo de compreender o mundo ao seu redor e com uma curiosidade incessante que os impele a explorá-lo de maneira agressiva. Essa ânsia de explicação está tão arraigada em sua experiência que alguns pesquisadores a classificam como um impulso, assim como a fome, a sede e o sexo.

Os bebês parecem se preocupar com as propriedades físicas dos objetos. Os que têm menos de um ano os analisam sistematicamente com todas as armas sensoriais que têm à disposição: apalpam, chutam, tentam rasgar, enfiam na orelha, metem na boca, nos dão para colocar na nossa boca. Parecem estar coletando informações sobre as propriedades do objeto com grande intensidade. Realizam experiências metódicas com o que têm nas mãos para ver o que aquilo faz. Lá em casa, isso significava, na maior parte das vezes, quebrar as coisas.

Os projetos de pesquisa com ênfase nos objetos vêm se tornado cada vez mais sofisticados. Em uma série de testes que ficou famosa, bebês receberam um ancinho e um kit de brinquedos separados um do outro. Em pouco tempo, eles aprenderam a usar o ancinho para pegar os objetos. Essa não é uma descoberta inovadora, como todo pai e toda mãe sabem. No entanto, os pesquisadores observaram algo surpreendente. Após algumas tentativas bem-sucedidas, os bebês perdiam o interesse no brinquedo. Mas não na experiência. Eles o colocavam em vários lugares e, em seguida, usavam o ancinho para recuperá-lo. Chegavam até a posicioná-lo fora de alcance para ver se conseguiam resgatá-lo. Parecia que o brinquedo não tinha a menor importância. O que contava era o fato de que o ancinho o trazia para mais perto. Eles estavam testando as relações entre os objetos, especificamente como um deles afetava o outro.

Testes de hipóteses como esses são a ferramenta usada por todos os bebês para obter informações. Com o objetivo de descobrir como o mundo funciona, eles empregam uma série de ideias que vão se corrigindo progressivamente. Testam o ambiente de um modo que se parece muito com o método científico: realizam uma observação sensorial, formam uma hipótese a respeito do que está acontecendo, criam uma experiência capaz de testar a hipótese e, depois, tiram conclusões de suas descobertas.

O teste da língua

Em 1979, Andy Meltzoff abalou o mundo da psicologia infantil quando mostrou a língua para uma recém-nascida e teve a educação de esperar pela resposta. O que ele descobriu o deixou surpreso. A menina também mostrou a língua para ele! Meltzoff confirmou esse comportamento de imitação testando bebês que tinham apenas 42 minutos de vida. Aquela criança nunca tinha visto uma língua antes – nem a de Meltzoff nem a dela –, mas sabia que tinha uma, estava a par de que ele possuía uma e, de algum modo, intuiu a ideia da imitação. Além disso, ela estava ciente de que, se estimulasse uma série de nervos em determinada sequência, poderia colocar a língua para fora (algo que, definitivamente, contraria o conceito da tábula rasa).

Fiz esse teste com o meu filho Noah. Demos início ao nosso relacionamento mostrando a língua um para o outro. Nos primeiros 30 minutos da vida dele, já tínhamos estabelecido uma conversa de imitação. Quando Noah completou a primeira semana, já estávamos entrosados naquele diálogo: toda vez que eu entrava no quarto onde ficava o seu berço, nos cumprimentávamos com exibições de língua. Da parte dele, era um comportamento apenas adaptativo, enquanto eu fazia aquilo por puro prazer. Se eu não tivesse colocado a língua para fora inicialmente, ele não faria isso de modo tão previsível toda vez que eu entrasse em seu campo de visão.

Três meses depois, minha mulher foi me buscar no fim de uma aula em uma faculdade de medicina e levou Noah com ela. Embora eu ainda estivesse respondendo a perguntas, fiquei segurando Noah no colo enquanto conversava com os alunos. Do canto do olho, reparei que ele olhava para mim cheio de expectativa e colocava a língua para fora a cada cinco segundos. Sorri e lhe mostrei a língua. No mesmo instante, ele soltou uma risada e, todo feliz, começou a exibir a língua a mais ou menos cada meio segundo. Eu sabia o que aquele comportamento significava. Noah fez uma observação (papai e eu mostramos a língua um para o outro), formou uma hipótese (aposto que, se eu fizer isso agora, ele responderá com esse mesmo gesto), criou e executou a sua experiência (vou mostrar a língua para ele) e mudou o seu comportamento como resultado da avaliação da pesquisa (projetando a língua com mais frequência). Ninguém ensinou Noah nem nenhum outro bebê a fazer isso. E essa é uma estratégia que utilizamos por toda a vida. Talvez você tenha recorrido a ela hoje de manhã para encontrar os óculos. Pode ter proposto a hipótese de que eles estivessem na cozinha e foi até lá conferir. Na perspectiva da ciência cerebral, nem temos uma boa metáfora para descrever como sabemos agir assim. É tão automático que, no exemplo dos óculos, você provavelmente nem tenha percebido que estava diante do resultado de uma experiência bem-sucedida quando os achou em cima da pia.

A história de Noah é somente um exemplo de como os bebês usam valiosas estratégias pré-programadas para reunir informações, com o objetivo de conquistar conhecimentos que não tinham ao nascer. Também podemos observar isso em casos que envolvem o desaparecimento de canecas e comportamentos provocativos.

Para a pequena Emily, que tem menos de 1 ano e meio de idade, o objeto que sai do seu campo de visão deixa de existir. Isso ocorre porque ela não possui consciência daquilo que é chamado de "permanência do objeto". Mas essa situação está prestes a mudar. Emily começa a brincar com um pano de prato e uma caneca. Ela cobre a caneca com o pano e faz uma pausa de um segundo, mantendo uma expressão preocupada. Devagar, tira o pano de cima da caneca. A caneca continua ali! Ela fica olhando fixo por um instante, então cobre de novo o objeto bem depressa. Trinta segundos se passam antes que a sua mão volte a tocar o pano com o maior cuidado. Em uma repetição da experiência, ela remove o pano aos poucos. A caneca *ainda está* ali! A menina solta gritinhos de alegria. Agora as coisas passam a andar mais rápido. Ela cobre e descobre a caneca seguidamente, dando gargalhadas todas as vezes que a vê. Emily está percebendo a permanência do objeto: ainda que não esteja à vista, ele existe. Assim, repete a experiência por mais de meia hora. Se você já ficou um tempo com uma criança de 1 ano e meio, sabe que fazê-la se concentrar em qualquer coisa durante 30 minutos é uma espécie de milagre. No entanto, isso acontece, e com bebês dessa idade em todo o mundo.

Embora pareça uma forma deliciosa de brincadeira de esconder, essa experiência, no contexto evolutivo, poderia acarretar consequências fatais para quem não fosse capaz de aprendê-la. A permanência do objeto é um conceito importante quando se vive na savana. Por exemplo, tigres continuam existindo, ainda que de repente se escondam na vegetação. Quem não adquiria esse conhecimento geralmente virava o jantar do predador.

Também somos testados

Há uma distância extraordinária entre a idade de 1 ano e 2 meses e a de 1 ano e 6 meses. É nesse período que as crianças começam a aprender que as pessoas têm desejos e preferências independentes das delas. Mas não é assim que as coisas começam. Os bebês pensam que, porque gostam de algo, o mundo inteiro também gosta. Essa pode ser a origem do poema "Os Mandamentos do Bebê", que também chamo de "As Sete Regras de Administração na Perspectiva de um Bebê":

Se eu quero, é meu.
Se eu der para você e depois mudar de ideia, é meu.

Se eu posso tirar de você, é meu.
Se estamos construindo algumas coisas juntos, todas as peças são minhas.
Se é igual ao meu, é meu.
Se é meu, nunca vai pertencer a ninguém mais, independentemente de qualquer coisa.
Se é seu, é meu.

Com 1 ano e meio, as crianças percebem que esse ponto de vista talvez nem sempre seja exato. Nessa fase, elas começam a tomar conhecimento de um provérbio que a maior parte dos recém-casados precisa reaprender muito bem: "O que é óbvio para você é óbvio apenas para você."

Como os bebês reagem a uma nova informação desse tipo? Do modo habitual: realizando testes. Antes de completarem 2 anos, eles fazem muitas coisas que os pais não gostariam que fizessem. No entanto, depois dos 2 anos, as crianças fazem coisas *porque* os pais não querem que elas façam. Os queridinhos obedientes parecem se transformar em pequenos tiranos rebeldes. Muitos pais acreditam que, nessa fase, os filhos querem desafiá-los para valer. (Esse pensamento passou pela minha cabeça enquanto eu cuidava da picada sofrida por Joshua.) Mas isso é um erro. Esse estágio é apenas a extensão natural de um programa de pesquisa sofisticado que se inicia com o nascimento.

Testamos os limites das preferências das pessoas, depois recuamos e observamos como elas reagem. Em seguida, repetimos a experiência seguidamente para verificar em que medida nossas descobertas são estáveis - é como se estivéssemos brincando de esconder coisas. Aos poucos, começamos a perceber a duração, a altura e a largura dos desejos dos outros e até que ponto eles são diferentes dos nossos. Depois, apenas para confirmar se os limites continuam sendo aqueles, realizamos o teste de vez em quando.

Os bebês podem até não possuir uma grande compreensão do seu mundo, porém sabem muito bem como obtê-la. Isso me lembra um antigo provérbio chinês: "Pesque um peixe para mim e eu terei alimento para um dia. Ensine-me a pescar e eu terei alimento por toda a vida."

Macaquinho de imitação

Por que o bebê também nos mostra a língua? Nos últimos anos, começou a ser traçado o início de um mapa rodoviário neural - pelo menos para alguns dos comportamentos de pensamento "mais simples", como a imitação. Três pesquisadores da Universidade de Parma estavam avaliando a atividade cerebral de um macaco enquanto esse animal pegava diversos objetos no laboratório. Eles registravam o padrão de ativações neurais quando o primata apanhava uma uva-passa. Certo dia, o pesquisador Leonardo Fogassi entrou no laboratório e, distraído, pegou uma uva-passa de uma tigela. De repente, o cérebro do macaco começou a se ativar animadamente. Os registros se deram no padrão específico para as uvas-passas - foi como se *o próprio macaco tivesse acabado de pegar a fruta*. Mas o animal não a tinha apanhado - apenas vira Fogassi fazer isso.

Surpresos, os pesquisadores logo reproduziram e ampliaram a experiência e, depois, publicaram suas conclusões em uma série de teses inovadoras que descrevem a existência de "neurônios-espelhos". Essas são células cuja atividade reflete o que existe ao seu redor. Descobriu-se que os estímulos que poderiam causar reações neurais desse tipo são muito sutis. Se um primata apenas escutasse o som de alguém fazendo algo que ele tivesse experimentado antes – como rasgar um pedaço de papel –, esses neurônios podiam se ativar como se o animal estivesse vivenciando o estímulo de forma completa. Não demorou muito para que os pesquisadores identificassem neurônios-espelhos nos seres humanos. Eles estão por todo o cérebro, e um subconjunto participa do reconhecimento da ação – o comportamento clássico de imitação, como o dos bebês projetando a língua. Outros neurônios espelham diversos comportamentos motores.

Estamos começando a identificar também quais são as regiões do cérebro que estão envolvidas na capacidade de aprender com base em uma série de ideias que se corrigem progressivamente. Usamos o córtex pré-frontal direito para prever erros e avaliar em retrospectiva os estímulos associados a essas falhas. O córtex cingulado anterior, que fica logo abaixo do córtex pré-frontal, indica quando circunstâncias desfavoráveis detectadas exigem correção, isto é, mudança de atitude. A cada ano, o cérebro revela mais de seus segredos, e quem está à frente disso são os bebês.

Uma jornada para toda a vida

Não superamos a sede de conhecimento, e esse fato ganhou minha atenção no formato de um pós-doutorado na Universidade de Washington. Em 1992, Edmond Fischer compartilhou com Edwin Krebs o Prêmio Nobel de

Fisiologia, ou Medicina. Tive a sorte de conhecer tanto o trabalho quanto as salas deles. Ficavam no mesmo corredor que a minha. Quando cheguei, os dois já estavam com 70 e tantos anos. A primeira coisa que notei ao conhecê-los é que não tinham se aposentado. Nem em termos físicos nem mentais. Muito tempo depois de terem conquistado o direito de deixar o campo da ciência, continuavam à frente de pesquisas importantes e produtivas, com o maior entusiasmo. Todos os dias eu os via caminhando pelo corredor, alheios aos outros, conversando sobre novas descobertas, trocando anotações, escutando as ideias um do outro com atenção. Às vezes, havia mais alguém com eles, fazendo perguntas incessantes a respeito de algum resultado experimental. Eles eram criativos como artistas, sábios como Salomão, animados como crianças. Não tinham perdido *nada*. Seus motores intelectuais ainda roncavam, e a curiosidade continuava a ser o combustível. Isso porque nossas capacidades de aprendizado não precisam mudar à medida que envelhecemos. Podemos continuar aprendendo durante toda a vida.

Talvez tenha havido forte pressão evolutiva para que essas estratégias se mantivessem. A capacidade de resolver problemas era muito favorecida no ambiente instável do Serengeti. Mas não se tratava de qualquer tipo de solução. Quando descemos das árvores para a savana, não dissemos: "Deus, dai-me um livro, uma palestra e um conselho de diretores para que eu possa passar 10 anos aprendendo a sobreviver neste lugar." Nossa sobrevivência não dependia de recebermos pacotes de informação organizados e pré-planejados. Ela estava vinculada a experiências caóticas e reativas em que reuníamos informações. É por isso que um dos nossos melhores atributos é a capacidade de aprender por meio de uma série de ideias que vão se corrigindo por conta própria. "A cobra vermelha com listra branca me picou ontem, e eu quase morri" foi uma observação que fizemos de imediato. Então avançamos um passo: "Criei a hipótese de que, se eu me vir diante dessa cobra outra vez, a mesma coisa vai acontecer." Esse é um estilo científico de aprendizado que exploramos há, literalmente, milhões de anos. Não é possível superá-lo no período curtíssimo de sete a oito décadas que temos disponíveis no planeta.

Os pesquisadores demonstraram que algumas regiões do cérebro adulto continuam tão maleáveis quanto o cérebro de um bebê, portanto podemos estabelecer novas conexões, fortalecer as que já existem e até criar novos neurônios. Isso nos permite aprender durante toda a vida. Nem sempre se pensou assim. Até cinco ou seis anos atrás, o conceito predominante era de que nascíamos com todas as células cerebrais que teríamos durante a vida e que elas iriam se deteriorando em uma jornada deprimente até a velhice. De fato, perdemos conexões sinápticas com o passar dos anos (segundo algumas estimativas, chegamos a perder 30 mil neurônios por dia). No entanto, o cérebro adulto também continua a produzir neurônios em regiões normalmente envolvidas no aprendizado. Esses novos neurônios têm a mesma plasticidade das células neurais dos recém-nascidos. O cérebro adulto mantém, por toda a vida, a capacidade de modificar sua estrutura e de funcionar em resposta às experiências.

Será que é possível continuarmos a explorar o mundo à medida que envelhecemos? Quase consigo escutar Krebs e Fischer dizendo: "Bem, qual é a próxima pergunta?" É claro que nem sempre nos encontramos em ambientes que estimulam a curiosidade. Tenho a sorte de seguir uma carreira que me dá a liberdade de escolher meus próprios projetos. Antes disso, tive a sorte de ter tido minha mãe.

Dos dinossauros ao ateísmo

Ainda me lembro de, aos 3 anos, ter de repente me interessado por dinossauros. Não fazia ideia de que a minha mãe estava esperando por isso. Naquele mesmo dia, a casa começou a adquirir um ar jurássico. E triássico. E cretáceo. Imagens de dinossauros foram penduradas nas paredes. Comecei a encontrar livros sobre esses animais espalhados pelo chão e nos sofás. Minha mãe até chamava o jantar de "comida de dinossauro", e passávamos um bom tempo morrendo de rir, tentando fazer barulhos de dinossauro. Depois, de uma hora para outra, perdi o interesse naquilo porque um coleguinha da escola começou a falar de naves espaciais, foguetes e galáxias. O mais impressionante é que minha mãe aguardava por isso. Com a mesma rapidez com que meu gosto mudou, a casa começou a se transformar, abandonando as imagens daquelas grandes criaturas e adotando as do Big Bang. Os pôsteres reptilianos desapareceram e, em seu lugar, surgiram planetas pendurados nas paredes. Eu encontrava pequenas imagens de satélites no banheiro. Minha mãe conseguiu até "moedas espaciais" de sacos de batatinhas fritas, e eu acabei colecionando todas elas em um álbum.

Isso aconteceu por vezes seguidas durante a minha infância. Eu me interessei por mitologia grega, e ela transformou a casa no monte Olimpo. Minha atenção se desviou para a geometria, e casa se tornou euclidiana, depois cubista. Pedras, aviões, enfim... Aos 8 ou 9 anos, eu mesmo já modificava a casa.

Quando eu estava com cerca de 14 anos, disse a minha mãe que era ateu. Ela era uma pessoa muito religiosa, e achei que a notícia a deixaria arrasada. Em vez disso, sua resposta foi algo do tipo "Que legal, querido!", como se eu tivesse acabado de lhe contar que não gostava mais de fast-food. No dia seguinte, me chamou à mesa da cozinha. Em seu colo havia um pacote. Então, com toda a calma, me perguntou: "Você me disse que agora é ateu. É verdade?" Confirmei com um gesto, e ela sorriu. Em seguida, colocou o pacote na minha mão. "O nome deste homem é Friedrich Nietzsche, e o livro se chama *Crepúsculo dos ídolos*", explicou. "Se você vai ser ateu, seja o melhor que puder. *Bon appetit*!"

Fiquei atordoado. Em todo caso, compreendi uma mensagem muito forte: a curiosidade em si era o mais importante de tudo. E aquilo por que eu me interessava *era importante*. Nunca consegui desligar o interruptor da curiosidade.

A maioria dos psicólogos especializados em desenvolvimento acredita que a necessidade de saber que as crianças têm é um impulso tão puro quanto um diamante e tão dispersiva quanto uma barra de chocolate. Embora não haja consenso sobre a definição de curiosidade na neurociência cognitiva, concordo totalmente com essa ideia. Acredito que, se as crianças tiverem a possibilidade de manter a curiosidade, elas continuarão a usar suas tendências naturais de descobrir e explorar até chegarem aos 101 anos. Minha mãe parecia saber disso de maneira instintiva.

Para as crianças, a descoberta traz alegria. Como uma droga que vicia, a exploração cria a necessidade de mais descobertas para que mais alegria possa ser sentida. Trata-se de um sistema direto de recompensa que, quando encontra condições de florescer, se mantém ao longo dos anos escolares. À medida que vão ficando mais velhas, as crianças descobrem que o aprendizado, além de lhes proporcionar alegria, lhes dá domínio. A expertise garante segurança para correr riscos intelectuais. Se esses meninos e meninas não forem parar no pronto-socorro, podem acabar recebendo um Prêmio Nobel.

Acredito que seja possível romper esse ciclo, anestesiando tanto o processo quanto a criança. Quando chegam à primeira série, por exemplo, os alunos aprendem que educação é sinônimo de tirar nota 10. Eles começam a perceber que podem adquirir conhecimento não porque é interessante, e sim porque talvez obtenham algo com isso. O fascínio pode perder o lugar para o seguinte raciocínio: "O que preciso fazer para conseguir essa nota?" Mas eu também acredito que o instinto da curiosidade é tão forte que algumas pessoas superam a mensagem da sociedade - de que devem adormecer em termos intelectuais - e se desenvolvem, apesar de tudo.

Meu avô foi uma dessas pessoas. Ele nasceu em 1892 e viveu até os 101 anos. Falava oito línguas, enfrentou todo tipo de situação na vida e morou sozinho (cortando a própria grama) até os 100 anos, e com a maior energia. Na festa do seu centenário, ele me puxou de lado e disse: "Sabe, *Juanito*, 66 anos separam o avião dos irmãos Wright da chegada de Neil Armstrong à Lua." Sacudiu a cabeça, admirado. "Nasci na época da charrete puxada a cavalo. Vou morrer nos tempos do ônibus espacial. Mas o que é isso?" Os seus olhos brilharam. "Minha vida é boa!"

Ele morreu um ano depois.

Penso muito nele quando reflito sobre exploração. Penso na minha mãe e na casa que se transformava em um passe de mágica. Penso no meu filho mais novo fazendo experiências com a língua e na impressionante "necessidade" do meu filho mais velho de levar uma picada de abelha. E penso que precisamos nos esforçar mais para incentivar a curiosidade que dure por toda a vida, no local de trabalho e, principalmente, na escola.

Ideias

O Google leva a sério o poder da exploração. Durante 20% do tempo do expediente, seus funcionários podem ir aonde sua mente quiser levá-los. A prova do sucesso dessa estratégia está nos resultados: 50% dos novos produtos da empresa, incluindo o Gmail e o Google News, surgiram desses "20% de tempo livre". Como seria possível implementar esse tipo de liberdade em uma sala de aula? Houve quem tentasse utilizar nossa tendência natural à exploração por meio de modelos de aprendizado "baseados em problemas" ou "baseados na descoberta". Ambos têm fortes defensores e fortes críticos. A maioria das pessoas concorda que ainda não há resultados empíricos significativos o suficiente para revelar os efeitos a longo prazo de cada uma dessas propostas. Vou ainda mais longe e afirmo que o que falta é um laboratório "vivo" em que neurocientistas e pesquisadores da educação possam realizar investigações de forma permanente. Gostaria de apresentar o lugar para essa pesquisa.

Análise do sucesso das faculdades de medicina

No início do século XX, John Dewey criou uma escola-laboratório na Universidade de Chicago, em parte porque acreditava que o aprendizado deveria ser testado em situações da vida real. Embora essas escolas tenham perdido o prestígio em meados da década de 1960, talvez por bons motivos, uma versão do século XXI poderia examinar um dos modelos educacionais de maior sucesso que existem hoje - uma faculdade de medicina. Como disse William H. Payne, colega de Dewey: "A relação que a psicologia tem com o ensino é a mesma que a anatomia tem com a medicina." A frase ainda é válida, porém eu substituiria "psicologia" por "neurociência".

O melhor modelo de faculdade de medicina dispõe de três componentes: hospital-escola; corpo docente que, além de ensinar, trabalha na área; e laboratórios de pesquisa. Esse é um modelo bem-sucedido de tratar as pessoas. E também é um modo eficiente de transferir informações complexas de um cérebro para outro. Muitas vezes vi alunos sem formação científica básica serem aceitos em programas de faculdades de medicina e, depois de quatro anos de estudo, se tornarem médicos e cientistas maravilhosos.

Por que o resultado proporciona saúde e bom treinamento ao mesmo tempo? Estou convencido de que isso se deve à estrutura dessas faculdades.

1. Exposição contínua à vida real

Com a combinação do hospital-escola e do aprendizado tradicional por meio de livros, o aluno tem uma visão livre daquilo que está estudando *enquanto pratica o que aprende*. A maioria dos estudantes de medicina passa pelo interior de um hospital a caminho da aula todos os dias. Assim, confrontam com regularidade o motivo de terem decidido se tornar médicos. No terceiro ano, a maior parte deles permanece apenas metade do tempo na sala de aula. O restante do tempo é dedicado à prática no hospital-escola ou em uma clínica associada. As residências vêm em seguida, para proporcionar ainda mais experiência na vida real.

2. Exposição contínua a pessoas que atuam no mundo real

Os professores dos alunos de medicina são pessoas que ensinam aquilo que realizam como trabalho diário. Hoje em dia, esses profissionais não são apenas médicos, mas também pesquisadores envolvidos em projetos avançados que têm importantes implicações clínicas. Os estudantes de medicina são convidados a participar dessas pesquisas.

3. Exposição contínua a programas práticos de pesquisa

Vou citar uma experiência típica: o professor (médico) está dando uma aula tradicional e leva um paciente para ilustrar alguns pontos. Ele informa: "Este é o paciente. Observem que ele tem a doença X com os sintomas A, B, C e D." Depois, começa a discorrer sobre a biologia da referida doença. Enquanto todos estão tomando notas, uma aluna inteligente levanta a mão e pergunta: "Estou vendo os sintomas A, B, C e D. Mas e os sintomas E, F e G?" O professor faz uma expressão de ligeiro aborrecimento (ou animação) e responde: "Não sabemos dos sintomas E, F e G." Em momentos como esse, dá para escutar uma agulha caindo no chão, e as vozes impacientes que sussurram dentro da cabeça dos alunos são quase audíveis: "Bem, vamos descobrir!" Essas são as palavras introdutórias da maior parte das grandes ideias de pesquisa na medicina.

Essa é a magia da exploração genuína. Com a simples combinação das necessidades da vida real e do aprendizado tradicional por meio de livros, nasce um programa de pesquisa. A tendência é tão forte que é necessário interromper as discussões para impedir que ideias se formem. A maioria dos programas escolheu não suprimir esses debates. Como resultado, a maior parte das faculdades de medicina dos Estados Unidos apresenta setores de pesquisa muito desenvolvidos.

Esse modelo fornece aos alunos uma rica visão do campo da medicina. Além de serem ensinados por profissionais envolvidos nos aspectos cotidianos da cura, eles convivem com pessoas treinadas para pensar no futuro da medicina. Na minha opinião, esse é o método mais simples de utilizarmos nosso instinto como grandes exploradores naturais.

Uma faculdade para estudar o cérebro

Imagino uma faculdade de educação em que o programa seja inteiramente voltado para o desenvolvimento do cérebro. Sua estrutura seria igual à de uma faculdade de medicina. Haveria salas de aula comuns. Seria uma faculdade comunitária cujo corpo docente reuniria três tipos de especialistas: profissionais tradicionais da área de educação, professores de crianças e neurocientistas. Esse último grupo ensinaria em laboratórios de pesquisa dedicados a um único objetivo: investigar como o cérebro humano aprende em ambientes de ensino e, depois, testar essas hipóteses em situações da vida real.

Os alunos obteriam grau de bacharel em *ciência* da educação. O futuro educador teria assim profundos conhecimentos de como o cérebro humano adquire informação. As disciplinas poderiam variar de anatomia cerebral estrutural à psicologia, de biologia molecular aos avanços em neurociência cognitiva. Mas os trabalhos nessas áreas seriam apenas o início. Depois do primeiro ano de estudo, os alunos começariam a participar ativamente de experiências práticas.

Um semestre poderia ser dedicado à compreensão do desenvolvimento do cérebro adolescente. A prática envolveria o trabalho com estudantes dos ensinos fundamental e médio. No outro semestre, seriam abordadas patologias comportamentais, como o distúrbio do déficit de atenção, e os alunos atuariam como assistentes em uma turma de crianças com necessidades especiais. Além disso, investigariam os efeitos da vida em família sobre o aprendizado humano, participando de reuniões de associações de pais e professores e observando o relacionamento entre eles. Com essa interação de mão dupla, as ideias dos pesquisadores e as de quem está lidando com as situações reais poderiam se fundir em um único ambiente intelectual. O modelo cria um programa estratégico de pesquisa e desenvolvimento que é vigoroso e voltado para a experiência concreta. Os praticantes são elevados à posição de colegas e se tornam parceiros ativos que ajudam a definir a direção da pesquisa, enquanto o pesquisador auxilia o praticante a estabelecer os detalhes específicos do seu trabalho.

Esse modelo honra nossa necessidade evolutiva de explorar. Ele cria professores que conhecem o desenvolvimento do cérebro. E é um espaço que permite a realização das pesquisas no mundo real que são tão necessárias para descobrirmos como as regras do cérebro devem ser aplicadas à nossa vida. Ele poderia se estender a outras matérias acadêmicas também. Uma faculdade de administração que ensinasse a gerenciar uma pequena empresa poderia dirigir um pequeno negócio como parte da vida acadêmica.

Maravilhando-se

Se fosse possível voltar no tempo para conhecer uma das primeiras universidades no estilo ocidental, digamos a Universidade de Bolonha, e visitar os laboratórios de biologia, você daria muita risada. E eu me juntaria a você. Pelos padrões de hoje, as ciências biológicas do século XI eram uma piada, uma mistura estranha de influências astrológicas, forças religiosas, animais mortos e misturas químicas com cheiro horrível, algumas das quais, tóxicas.

Contudo, se você avançasse um pouco pelo corredor e desse uma olhada em uma sala de aula dessa universidade, não iria achar que estava dentro de um museu. Você se sentiria em casa. Há uma tribuna para o professor, rodeada por cadeiras em que os alunos absorvem o que é apresentado. À exceção da decoração, é tudo muito parecido com o que temos nas salas de aula de hoje. Será que já não está na hora de mudar?

Meus filhos provavelmente diriam que sim. Eles e minha mãe foram os melhores professores que tive.

Eu e meu filho Noah, então com 2 anos, caminhávamos pela rua em direção ao maternal quando ele, de repente, notou um pedregulho brilhante no chão. Noah parou, refletiu por um instante, achou aquilo maravilhoso e soltou uma risada. Depois, observou uma plantinha alguns poucos centímetros adiante, uma erva que lutava com valentia para crescer através de uma rachadura no asfalto. Ele a tocou de leve e riu mais uma vez. Atrás dela, Noah viu um pelotão de formigas marchando em fila única e se agachou para examinar aquilo mais de perto. Elas carregavam um inseto morto, e Noah bateu palmas de tão maravilhado que ficou. Por ali, havia partículas de poeira, um parafuso enferrujado, uma mancha brilhante de óleo. Quinze minutos tinham se passado, e nós só havíamos avançado 6m. Com a audácia de um adulto que tem horários a cumprir, tentei fazer com que meu filho seguisse em frente. Ele nem quis saber. Parei e fiquei admirando meu professorzinho, imaginando quando tinha sido a última vez que eu havia demorado 15 minutos para percorrer 6m.

A principal Regra do Cérebro é algo que não sou capaz de provar nem de caracterizar, mas acredito piamente nela. Como meu filho estava tentando me dizer, é a importância da curiosidade.

Pelo bem dele e o nosso, gostaria que as salas de aula e os locais de trabalho fossem planejados tendo o cérebro "em mente". Se começássemos tudo de novo, a curiosidade seria a parte mais importante tanto para a equipe de demolição quanto para a turma da reconstrução. Como espero ter registrado aqui, sou a favor de ambas.

Nunca vou me esquecer do momento em que meu pequeno professor me ensinou o significado de ser aluno. Eu me senti agradecido e um pouco envergonhado. Depois de 47 anos, eu finalmente estava aprendendo a caminhar pela rua.

Resumo

Regra nº 12

Somos grandes exploradores naturais

- O comportamento dos bebês é o modelo da maneira como aprendemos: em vez de reagirmos passivamente ao ambiente, realizamos testes ativos por meio da observação, da formulação de hipóteses, da experiência e da conclusão.
- Partes específicas do cérebro permitem essa abordagem científica. O córtex pré-frontal direito procura erros em nossas hipóteses ("Veja, o tigre não é inofensivo!") e uma região anexa nos diz para mudar de comportamento ("Corra!").
- É possível reconhecer e imitar um comportamento por causa dos "neurônios-espelhos" localizados em todo o cérebro.
- Algumas partes do cérebro adulto permanecem tão maleáveis quanto as de um bebê, e por isso podemos criar neurônios e aprender coisas novas ao longo de toda a vida.

Informações sobre os próximos lançamentos

Para receber informações sobre os lançamentos da EDITORA SEXTANTE, basta cadastrar-se diretamente no site www.sextante.com.br

Para saber mais sobre nossos títulos e autores, e enviar seus comentários sobre este livro, visite o nosso site www.sextante.com.br ou mande um e-mail para atendimento@esextante.com.br

EDITORA SEXTANTE
Rua Voluntários da Pátria, 45 / 1.404 – Botafogo
Rio de Janeiro – RJ – 22270-000 – Brasil
Telefone: (21) 2538-4100 – Fax: (21) 2286-9244
E-mail: atendimento@esextante.com.br